# 组织结构演变

## 解码组织变革底层逻辑

杨少杰 著

中国法制出版社
CHINA LEGAL PUBLISHING HOUSE

自序

# 何谓最佳组织结构?

也许很多人会问，组织结构怎么可能有“最佳”之说?组织结构本身处于动态调整中，如何才能称为“最佳”？其实“最佳”是与市场发展变化相对应的，不同的市场会有不同的组织结构与之相匹配，“最佳”是指组织结构与市场特征最匹配。

理解这一观点需要从理论说起。本书第一章简要介绍了组织形态管理理论，尤其是企业形态进化规律，为后面章节的所有结论提供了支撑，详细内容参见《进化：组织形态管理》一书。

从工业 1.0 时代到工业 4.0 时代，先后出现了四种企业形态，并与四个工业时代相对应，分别是股东价值形态、精英价值形态、客户价值形态、利益相关者价值形态，四种企业形态在各自的工业时代都是一种最佳形态。一旦企业形态最佳化，企业价值也会最大化。当然，时代改变，最佳企业形态就会跟着改变，这种规律就是企业形态的进化规律。

组织结构是企业形态的必要组成部分，四种最佳企业形态又对应着四种最佳组织结构，分别是直线型组织结构、职能型组织结构、流程型组织结构、网络型组织结构，无论东方企业还是西方企业，当它处于某一个工业时代时，都必须通过与之相匹配的组织结构形式实现企业价值的最大化。超前、落后的组织结构都会阻碍企业的发展，组织结构并非越超前越好。当企业形态进化时，组织结构也将随之改变，这就是组织结构的演变规律。

只要掌握组织结构的演变规律，组织结构变革就能有的放矢。

今天，中国经济正在经历一次划时代的转变，所有的改变都显得如此与众不同，中国的企业形态也将再一次实现“进化”，而组织结构自然也会从上一个时代的“最佳”向下一个时代的“最佳”演变。人们所熟悉的职能型结构是曾经的“最佳”，然而当市场即将进入新商业时代时，就需要尽快改变这个“最佳”，否则，如果企业形态的进化停滞，企业也将被新商业时代边缘化，甚至抛弃。

本书所有结论均建立在组织形态管理理论基础上，属于个人观点，所使用的案例素材也均来自于公开资料，特此声明。

杨少杰

# 目录

CONTENTS


## Chapter 1

## 企业形态进化规律 / 001

第一节　全新的管理学视角——组织形态管理 / 004

第二节　中国处于工业 ？ .0 时代 / 010

第三节　企业形态进化规律 / 022

## Chapter 2

## 组织结构演变规律 / 039

第一节　结构决定流程还是流程决定结构 / 041

第二节　组织结构的演变规律 / 046

第三节　工业 1.0 时代最佳组织结构——直线型结构 / 052

第四节　工业 2.0 时代最佳组织结构——职能型结构 / 057

第五节　工业 3.0 时代最佳组织结构——流程型结构 / 065

第六节　工业 4.0 时代最佳组织结构——网络型结构 / 071

Chapter 3

## 最佳组织结构实证研究 / 077

第一节　华为的组织结构演变过程 / 080

第二节　海尔的组织结构演变过程 / 088

第三节　宝洁的组织结构演变过程 / 095

第四节　U 型、H 型、M 型都是什么型 / 103

第五节　创新需要什么样的组织结构 / 111

Chapter 4

## 职能型结构与传统组织 / 117

第一节　职能型结构的历史价值 / 120

第二节　职能型结构与职位管理 / 125

第三节　职能型结构与产品管理 / 131

第四节　传统企业的“三支柱模型”/ 136

Chapter 5

流程型结构与未来新组织 / 143

第一节　流程革命的历史意义 / 146

第二节　流程型结构与角色管理 / 154

第三节　新组织的“三支柱模型”/ 163

第四节　海盗的“双核流程型结构”/ 169

第五节　合弄制的“圈子”是如何形成的 / 174

Chapter 6

矩阵型结构与转型企业 / 179

第一节　独一无二的矩阵型结构 / 182

第二节　矩阵型结构演变三部曲 / 191

第三节　矩阵型结构的“真”与“伪” / 199

第四节　矩阵型结构与项目管理 / 207

第五节　矩阵型结构与二元管理基础 / 213

第六节　转型企业的“三引擎模型” / 219

Chapter 7

## 矩阵型结构案例解读 / 227

第一节　阿里巴巴的“大中台、小前台” / 230

第二节　IBM 的“让大象跳舞” / 236

第三节　GE 的“无边界行为、群策群力、零层管理” / 244

第四节　稻盛和夫的“阿米巴组织” / 251

Chapter 8

## 新组织变革逻辑与方法 / 257

第一节　路径一：业务系统重新整合形成“链” / 261

第二节　路径二：职能系统转型升级为“三种角色” / 269

第三节　新组织变革五项重要管理机制 / 277

第四节　为何中国企业很难驾驭矩阵型结构 / 292

Chapter 9

**集团企业组织结构变革** / 297

第一节　为何是“管控”而不是“管理” / 300

第二节　集团管控“三分法”的误区 / 306

第三节　集团管控黄金法则与演变规律 / 312

第四节　“母子”关系变“伙伴”关系 / 320

Chapter 10

**平台型与生态型组织** / 327

第一节　生态型组织的三个阶段：“链”“平台”“生态” / 330

第二节　平台型组织结构特征与运行逻辑 / 337

第三节　生态型组织结构特征与运行逻辑 / 343

第四节　“自管理组织”乃大势所趋 / 351

**附录一**

组织形态管理理论研究成果 / 360

**附录二**

参考文献 / 362

**后　记 / 365**

# Chapter 1
# 企业形态进化规律

本章是全书的基础知识部分，主要介绍组织形态管理理论、市场生态发展规律以及企业形态进化规律，为后面的观点、结论提供理论依据。

工业时代，随着市场经济不断发展，企业形态沿着产业价值链不断演进，经历了股东价值形态、精英价值形态、客户价值形态、利益相关者价值形态等四种典型组织形态，实现了从低级组织形态向高级组织形态的进化。

股东价值形态是工业 1.0 时代的最佳企业形态，资本为企业创造主要价值，我国改革开放初期曾大量出现，现在很多中国企业已经摆脱了这个阶段；精英价值形态是工业 2.0 时代的最佳企业形态，20 世纪 90 年代后期开始出现，这也是人们常说的“传统企业”，少数精英为企业创造主要价值；客户价值形态则是工业 3.0 时代的最佳企业形态，创新团队为企业创造主要价值，这是新商业时代的最佳企业形态，西方的一些企业已经进化到这个阶段；利益相关者价值形态则是工业 4.0 时代的最佳企业形态，所有个体为企业创造无差别价值，尚未到来。从精英价值形态迈向客户价值形态，是企业进化过程中的分水岭，这是一次质的飞跃，而中国企业的转型恰恰处于这个阶段。

企业形态进化规律是组织形态管理理论的核心内容，是组织形态管理三大核心规律之一，只要掌握企业形态进化规律，就能掌握企业变革的节奏。组织结构是企业形态的必要组成部分，当企业形态呈规律性变化时，组织结构自然也会发生规律性改变，这是本书的主要内容。

第一节

# 全新的管理学视角——组织形态管理

何谓组织形态？“形态”是事物在时空中的形状与状态的表现，组织形态是指组织存在的形状与状态，适用于人类社会中存在的所有组织或系统，此处仅以企业组织进行说明。

何谓组织形态管理？组织形态管理以人性特征演变规律为基础，研究组织形态、经济生态与价值创造者三者之间的价值平衡关系，探索组织形态在经济生态中的进化规律，目的是通过有效的变革实现组织形态最佳，体现市场“物竞天择、适者生存”的生态法则。

组织形态管理理论则是从组织形态视角出发构建的一套管理学知识体系，于 2014 年正式提出，详见《进化：组织形态管理》一书。

## 一、全新的管理学视角

传统的管理思想主要对运动状态中的企业组织进行研究。工业革命之后，市场经济系统逐渐确立，企业组织成为主角，这时，西方管理学告别早期管理经验，逐步形成系统的管理学学科。迄今为止，管理学经历了古典管理理论、行为科学理论、现代管理理论三个阶段，而这个过程始终与企业组织发展良性互动，在企业不断发展的同时，新的管理思想也不断涌现，与组织管理实践相互印证、相互促进。从某种意义上看，始终在以一种动态的方式研究组织发展变化、功能特征以及与市场生态的关系。

组织形态管理思想主要对静止状态下的企业组织进行研究，把组织形态锁定在特定时间、空间中，研究组成结构与形态特征之间的关系、形态特征与市场生态之间的关系、形态特征与人性特征之间的关系，寻找组织形态之间的变化规律，并依据这种变化规律提出构建最佳组织形态的方案。

无论是动态还是静态的角度，其实都是在探索生态、组织、人，这三者之间的价值关系，只是组织形态管理以一种新的视角来理解组织管理，形成了一套全新的逻辑系统，塑造了一种新的管理思维。如果把组织形态置于一个坐标系统中，传统管理思想是在横坐标上研究组织，组织形态管理则是在纵坐标上研究组织，无论从哪种视角出发，组织的基本特征都是相同的，两者殊途同归。

变革是企业发展永恒的主题，而企业变革的最终目标是“进化”，每一次“进化”都是一次脱胎换骨。每个企业都能变革，但不是每个企业都能“进化”，只有能“进化”的企业才能突破发展瓶颈，基业长青。今天称得上基业长青的企业，与初建时相比早已今非昔比，这就是“进化”的结果。

组织结构能直观地体现一个组织的基本形态特征，也很容易理解工业时代的组织如何进行变革。本书关于组织结构的所有观点、结论都基于这套全新的管理学思想，从这个视角观察组织变革，视线更加清晰。

## 二、10S 企业形态分析模型

事物形态由结构（Structure）组成，组织形态也由结构组成，要想解构一个企业组织，必须剖析企业的组成结构。

组织形态管理认为，一个企业主要由十类结构（10S）组成，通过这十类结构可以描述出一个企业的形态，这 10S 分别是价值创造能力结构、股权结构、治理结构、组织结构、人才结构、管理基础结构、价值单元结构、客户结构、产品结构、文化结构。通过 10S 可以有效分析企业形态特征及其演变规律，这种分析方法叫作“10S 企业形态分析模型”，如图 1-1 所示。

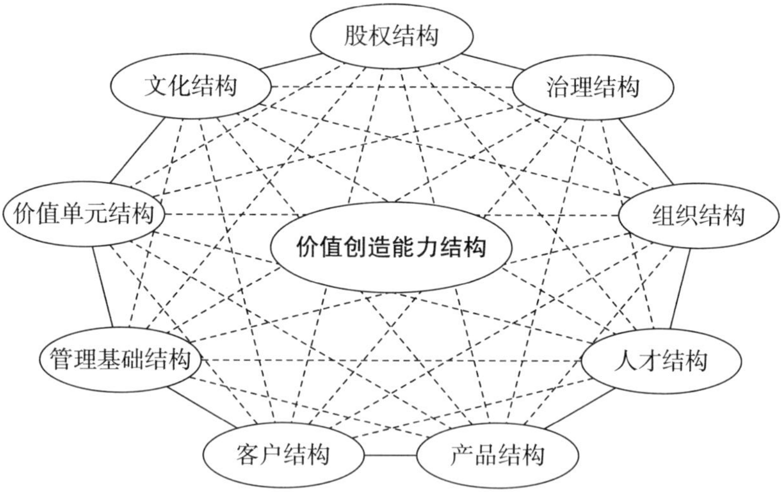


图 1-1　10S 企业形态分析模型

价值创造能力结构是不同群体的价值创造能力的组合关系，是企业价值创造能力的体现，它使企业在市场中体现出价值。价值创造能力结构是企业形态的DNA，决定着企业形态的主要特征。

股权结构是指公司把资本划分为等额份额，不同性质的股份所占的比例及其相互关系。股权结构反映了企业在市场中的“血缘关系”，决定了企业的人格特征。

组织结构是企业运行系统的“框架”，呈现着企业内部进行价值创造的秩序，体现了一个企业的基本运行规则。组织结构是企业形态特征最直观的反映，从中能够清楚地看到企业在市场生态中的形状与状态。

价值单元是指企业中能够独立完成价值创造活动、成果可以用来进行交换的最小单位，价值单元结构则是价值单元的组成关系。价值单元结构决定企业价值创造的形式，反映企业价值创造的能力水平。

管理基础是企业各项管理机制建立的依据，是管理思想、制度、措施实现的基础，缺乏管理基础，价值创造活动就无法正常进行，人才的价值就无法实现。

人才是具有价值创造能力、能够为企业创造价值的人，人才是企业价值创造能力的载体，具有不同价值创造能力的人是不同类型的人才。人才结构是指具有不同价值创造能力的人才之间的组合关系。

客户的真正“面目”是市场中的人类的需求动机，客户仅仅是这些需求动机的载体，客户结构是不同需求动机之间的组合关系，客户结构直接反映市场中需求动机的构成。

产品的真实“面目”是企业的价值创造能力，产品仅仅是价值创造的成果，产品结构与之相对应，是企业的价值创造成果的组合关系。产品结构直接反映企业价值创造能力的构成。

文化结构是指文化的构成元素在意识系统中的体现顺序与表现形式之间的关系，是其他组成结构在意识系统中的反映，也是人格特征的体现。

公司治理是指明确划分组织内部各价值主体的权力、责任和利益，形成相互制约与平衡的关系。治理结构则是维护组织形态平衡的结构设计，治理结构的目的是维护企业形态的平衡。

## 三、指导企业变革与发展的逻辑

由于对微观事物的研究不断深入，人类认识世界、改造世界的能力不断提升。同样，只有对组织不断进行深层次解构，才能对组织管理有更清晰的认识，因此可以说，组织被解构的程度决定了理解组织管理的程度，10S 提供的是一种解构企业组织的方法。

10S 之间相互关联、相互作用，共同构成了一个企业的价值形态，使人们识别企业形态的存在。不同的企业形态，其组成结构之间的组合方式不同，虽然都是由 10S 构成，但其表现出来的形态特征却完全不同，这一点和自然界中金刚石与石墨的道理一样。其中，价值创造能力结构是决定企业形态特征的主要因素，也是企业形态的 DNA。当企业处于平衡状态时，组成结构之间完全匹配，即十类组成结构能够有机契合在一起，这时，企业形态最佳。其中任何一个结构的变化都将引起其他结构的连锁反应，理解组成结构之间的变化关系，有助于发现企业的核心问题及变革方向，这就是从组织形态管理角度进行企业变革的基本逻辑。例如当组织结构改变后，必然会引起其他结构的相应变化，如果其他结构不进行相应调整，那么这次组织变革必然失败。

10S 相互作用的结果将改变企业的形态特征，企业形态进化就是 10S 共同发生演变的过程。当企业构建一个新组织形态时，可以从这十个结构入手，目标是让各结构之间达到最佳契合状态，形成最佳企业形态，组织形态最佳时，也是企业价值最大时。

本书聚焦组织结构及其演变规律，由于 10S 之间存在相关性，因此从组织结构的变革即可推导出其他结构的变革。

什么原因导致企业形态发生进化？答案是市场与人。由于市场、企业、人三位一体，其中任何两个发生变化都必然会引起第三个发生改变，我们主要从市场的角度理解企业形态的变化。

第二节

# 中国处于工业 ?.0 时代

每一次工业革命都绝不仅仅是科学技术的进步，它们推动着整个社会前进，从工业 1.0 时代一路走到了今天。中国不是自然进入工业时代的，因此对工业革命以及工业社会的认知尚不清晰，这也导致中国在高速发展期结束后开始变得彷徨与困惑。

要想洞见未来，必须看清历史，否则所有对未来世界的描述都是空中楼阁。当工业 4.0 时代被描绘得越来越清晰时，更需要全面了解社会发展规律、市场发展规律，更需要明确我们现处于工业 ?.0 时代、具有什么样的特征，以及这个时代赋予人类什么使命。

对于未来的思考，重点并不在于未来是什么，而在于现在要“变”什么、怎么“变”。对于这些问题的回答，涉及组织形态管理理论的三大核心规律——市场生态发展规律、企业形态进化规律、人性特征演变规律，由于不是本书主要内容，因此尽量用最小的篇幅进行介绍，为后面的组织结构变革奠定基础。

## 一、市场与企业到底是什么关系

这个问题看似简单，道理却深刻，这是理解工业时代市场特征的钥匙，也是解构企业、理解管理的必修课。

市场和企业代表了人性的两个基本特征——“需求”与“创造”，人类社会之所以能够发展，皆是因为“人”既有需求动机，又有创造能力。当人类进入工业社会，有需求动机就能形成市场，有创造能力就出现了企业——一个专门满足人类需求的经济组织。当人性特征发生改变时，两者就会相互作用，共同推动工业社会发展。因此，理解市场与企业的变化都需要从理解人性特征的变化开始。

人性特征如何变化？马斯洛的需求层次理论给出了清晰的答案。

如图 1-2 所示，马斯洛的需求层次理论分为上下两部分，共七个层次（常见的是五个层次），处于下面的是缺失需求，其特点是得到满足后，需求动机消失；处于上面的是生长需求，其特点是得到满足后，需求动机更加旺盛。从七个层次的内容不难发现，人类需求动机的变化规律是从具体到抽象、从集中到分散、从稳定到多变、从清晰到模糊、从简单到丰富，低层次需求满足后向高层次需求延伸，总体向上不断扩展，而人类的创造能力也体现出相同的变化规律，这也是为何我把它描述成“倒置”的“金字塔”。

有学者做过统计，人类 97% 的财富是在过去短短的 250 年间创造出来的。由此不难推断，未来人类创造的财富会更加惊人，因为需求动机将更多、更丰富、更繁杂，人类的价值创造能力（即生产力水平）和需求动机都将从低级迈向高级。只要是“人”的时代就会遵循这个规律，人类社会发展始终都是由需求与创造之间的相互作用推动着的。

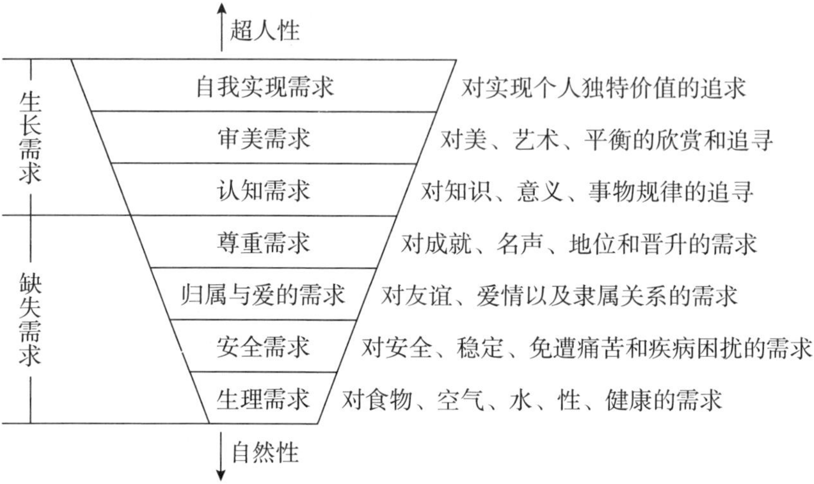


图 1-2　马斯洛的需求层次理论

新石器时代之前的人类追求低层次的缺失需求，从而爆发了农业革命，用以解决最低层次的缺失需求；当低层次的缺失得到满足后，人类便开始追求高层次的缺失需求，从而爆发了工业革命；当满足了高层次的缺失需求后，人类就会开始追求低层次的生长需求。从现状来看，整个工业时代主要体现着人类的高层次缺失需求以及低层次生长需求，这也是人性的主流特征，而企业的使命则是创造价值，满足这个范围内的人类需求。

依据需求特征的变化，工业时代被人为地划分为四个时代，即工业 1.0 时代到工业 4.0 时代，这四个工业时代的市场特征事实上反映了不同的人类需求动机。

## 二、四个工业时代的市场特征

### （一）工业 1.0 时代的市场特点——从自由竞争到垄断

工业 1.0 时代的主题是机械化生产，用来满足人类对物质世界的基本追求。

从 15 世纪开始，社会生产力不断提升，传统的农业生产方式发生改变，农村土地经历大规模的转让与兼并，逐渐形成了大牧场、大农场，为最先繁盛起来的纺织工业提供原料，这就是圈地运动的起源。圈地运动解放了大量农村劳动力，相当一部分农民流向城镇，变成产业工人，促使城镇兴起，工业革命终于爆发，拉开了工业时代的序幕。圈地运动是人类历史上最后一次农业革命，没有圈地运动，农业时代就不会离去，自然物的价值也就不会让位给人的价值。当人口聚集于某个地区从事稳定的生产与频繁的商品交换时，城镇（城市）就会形成，随后业主制企业大量出现，制造业逐渐形成气候。

工业 1.0 时代是工业社会的初建期，所有经济活动都是从满足人类低层次缺失需求出发，纺织业的兴起就充分说明了这一点。这个阶段的产业发展相对封闭，竞争主要体现在对独特资源的获取上，即谁占有独特资源，谁就能在竞争中取得优势地位，因此又从自由竞争状态发展成为垄断。美国杜邦公司的创始人在法国大化学家安东尼·拉瓦锡（Antoine-Laurent de Lavoisier）的实验室当学徒，掌握了当时最先进的黑火药制造技术，这种技术就是一种独特资源，它使得危险物品火药变得安全、稳定、可靠，因此迅速得到市场认可，也让杜邦在硝烟弥漫中发展成为一家垄断企业。垄断意味着产业发展非常封闭、市场需求非常稳定，轻易不会发生改变，只有这种特征才能让垄断维持下去。工业 1.0 时代出现的所有新技术、新产品，在需求发生改变之前都会延续这种发展路径，然而一旦人类的价值创造能力和需求动机发生改变，所有的垄断都会被打破。

西方社会进入工业 1.0 时代时，中国的专制王朝开始走下坡路，依然处于以农耕为主的农业社会，工业文明对中华民族还比较陌生，自给自足的农业经济系统与外界隔离，不知外面的世界正发生着翻天覆地的变化。

### （二）工业 2.0 时代的市场特点——产业集群

工业 2.0 时代的主题是工业化制造，用来满足人类对物质世界的极大追求。

第二次工业革命爆发，由于生产力大幅度提升，产业工人出现分化，中产阶级开始崛起，促进了第三产业发展。在工业 2.0 时代，人类需求动机有了明显提升，高层次的缺失需求特征日益明显，封闭的垄断经济被打破，产业价值链向下游挺进的同时，产业之间不断交叉融合，并繁衍出新的产业。工业 2.0 时代的经济系统进入高速发展期，产业之间形成了稳定的供应链关系，这就是产业集群。这时，企业也进入了高速发展期，企业之间的竞争主要体现在规模上，“做大、做强”是竞争方向，行业中纷纷出现一些大型、巨型企业，如 GE、IBM、宝洁、杜邦、福特等，这些老牌世界 500 强都是在工业 2.0 时代成为行业霸主，并借助规模优势开始走国际化发展道路，最终成为跨国公司的。

有了工业 1.0 时代的积累，西方发达国家凭借先进的技术，在世界范围内开始大规模殖民扩张，通过往来贸易获取其他国家的稀有资源，为自身产业经济的发展提供充足的原料。

### （三）工业 3.0 时代的市场特点——产业生态

工业 3.0 时代的主题是网络化创新，用来满足人类对精神世界的基本追求。

第三次工业革命爆发，把地球变成了“地球村”，人类生活的空间开始“缩小”，社会呈立体、多维发展态势，向外太空的探索以及互联网世界的形成就是最好的证明。网络式创新是指产业之间的交叉与融合提速、新产业的繁衍更加迅速、相互之间的依存更加紧密。人类需求再次提升，高层次的缺失需求以及低层次的生长需求特征更加明显，市场需求逐渐分散，且变化更加频繁，产品的更新换代加快。此时，产业集群之间相互渗透与融合，逐渐形成了产业群落，在一定范围内建立起一种稳定的产业生态圈。市场竞争主要体现在企业的创新能力上，企业为市场提供更多、更新的产品，带来了市场的空前繁荣。产业生态群落（产业生态圈）的形成说明市场经济系统走向了成熟。

20 世纪 80 年代，西方发达国家开始进入工业 3.0 时代，而这时的中国开始了改革开放，恰好与全球经济发展的新格局成功对接，抓住了这千载难逢的历史机遇。西方先进技术的引进极大地推动了中国经济发展，让中国迅速进入到工业 2.0 时代。“世界工厂”是工业 2.0 时代的标签，谁处于工业 2.0 时代，谁就扮演“世界工厂”的角色。同样，高速的发展是以透支自然资源以及牺牲生态环境为代价的。

### （四）工业 4.0 时代的市场特点——市场一体化

从工业时代的发展规律来看，第四次工业革命迟早会爆发，它将再一次改变人类社会的发展进程，工业 4.0 时代、大数据时代、智能时代等新概念获得前所未有的关注。从市场经济的发展特点可以判断，工业 4.0 时代的主题应该是个性化创造，用来满足人类对精神世界的极大追求。

到了工业 4.0 时代，跨区域经济生态圈开始相互融合，最终形成一体化的经济发展格局。如今，多份自由贸易协定的签订就说明了这点，任何生产资料都可以通过全球市场系统获得，人类的需求动机主要是低层次的生长需求，具有明显的独特性，此时，先进技术的涌现以及市场全球化，完全可以满足这类个性化的需求，而企业的竞争主要体现在品牌上，品牌承载着企业独特的价值创造能力。

工业 4.0 时代是产业经济发展的衰退期，预示着工业时代即将结束，人类将迈入知识经济社会。进入知识社会，人类追求的是高层次生长需求，自我价值实现是最突出的特征，所有价值创造活动都将围绕独特的需求动机展开。人类作为地球上的一个高级物种，将在这个星球上得到前所未有的重视。

表 1-1 体现了整个工业时代下人类需求动机的特点。企业组织的唯一使命就是满足这个时代的人类需求，而能否满足取决于企业的价值创造能力，谁能满足这些需求，谁就是时代的霸主。因此，企业要想持续发展，就必须不停地提升价值创造能力，满足人类不断变化的需求。

推动人类社会发展的是生产力，生产力是人类的价值创造能力，其代表是技术，是技术背后的科学，而科学是人类对所处世界的基本认知，人类对世界的认知达到什么程度，科学就会进步到什么程度。因此，一个社会系统的发达程度、文明程度归根结底取决于这个系统中的人，不是少数人，而是多数人。

**表 1-1 工业时代市场发展特征**

| 工业时代 | 1.0 时代 | 2.0 时代 | 3.0 时代 | 4.0 时代 |
|---|---|---|---|---|
| 发展阶段 | 初建期 | 发展期 | 成熟期 | 衰退期 |
| 产业发展 | 从自由竞争到垄断 | 产业集群 | 产业生态 | 市场一体化 |
| | 非常封闭 | 相对封闭 | 相对开放 | 非常开放 |
| 需求特征 | 低层次缺失需求 | 高层次缺失需求 | 高层次缺失需求以及低层次生长需求 | 低层次生长需求 |
| | 具体、清晰、集中、稳定、简单 | | 抽象、模糊、分散、多变、丰富 | |
| 竞争特征 | 获取独特资源 | 规模扩张 | 持续创新 | 具有独特人格 |

## 三、市场生态发展规律

1990 年，经济合作与发展组织（OECD）把人类的经济形态划分为四种：原始经济、农业经济、工业经济、知识经济，与之相对应的是四种社会形态：原始社会、农业社会、工业社会、知识社会。原始社会的人类追求最低层次的缺失需求，结果爆发了农业革命，农业革命后人类进入农业社会，满足了最低层次的缺失需求；然后开始追求较高层次的缺失需求，结果又爆发了工业（科技）革命；工业革命后人类进入工业社会，满足了人类较高层次的缺失需求及低层次生长需求；人类继而又开始追求更高层次的生长需求。知识革命迟早会爆发，而人类将进入知识社会，这就是人类社会的发展轨迹。

从这个轨迹再看工业时代市场经济系统发展的四个阶段，可以总结如下：工业 1.0 时代是由自由经济发展到垄断经济，这是工业时代的初创期；工业 2.0 时代是形成产业经济联盟与合作，或者产业集群，这是工业时代的发展期；工业 3.0 时代是形成跨区域、稳定的经济共同体，也可以称为产业群落，这是工业时代的成熟期；工业 4.0 时代是实现全球经济系统一体化，这是工业时代的衰退期，它最终完成工业时代使命，如图 1-3 所示。

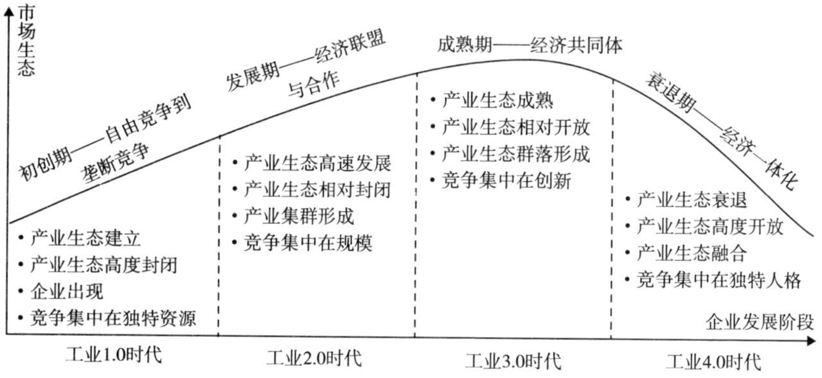


图 1-3　市场生态发展规律

这个过程体现了两种方式：一是需求动机不断提升，社会生产力水平逐步提高，推动产业价值链向下游延伸，经济系统依次向前；二是产业之间不断交叉与融合，衍生出新兴产业，产业结构逐渐复杂化。这是由四个阶段、两种方式演绎出的工业时代的产业经济发展规律，中国经济改革也正沿着这个规律不断向前。

1973 年，美国学者丹尼尔·贝尔（Daniel. Bell）把人类社会历史划分为三个阶段：前工业社会、工业社会和后工业社会，不同的社会依据不同的轴心建立起来。前工业社会以传统主义为轴心，是人与自然界的竞争，土地是资源。工业社会以经济增长为轴心，是人与经过改造的自然界的竞争，机器是资源。后工业社会则以理论知识为轴心，是人与人之间知识的竞争，人是资源。从这种划分方式来看，后工业时代是人的创造能力的竞争，与经济合作与发展组织的划分不谋而合，只是视角不同而已。

如果人创造的价值在一个社会系统中没有占据主导地位，或者这个社会系统依然以土地、矿山等自然资源为价值主导，那么无论这些自然资源是否经过改造，这个社会系统都不可能进入后工业时代，更不用说知识社会。在人类社会发展的进程中，等待着这个社会系统的是被陈列和研究的结局，如同在现代文明中，依然在个别区域存在的原始文明一样。

## 四、中国目前处于工业？.0 时代

如果要问中国目前处于哪个工业时代，那么从以上规律来看，是从工业 2.0 时代向工业 3.0 时代转变的阶段。这个阶段的典型特点是从产业集群迈向产业生态，传统的区域型经济发展格局被一一打破，而跨区域经济发展格局逐渐形成，经济系统开始从封闭走向开放。这一变化正在潜移默化中发生，例如这几年来提出的“京津冀一体化”“四大板块”“五大城市群”“自贸区”等都是跨区域经济发展策略，推动产业集群相互融合，目的是形成区域经济生态圈。这是中国经济系统内在生态化的表现，而“一带一路”则是典型外在生态化的表现。这一切都充分反映出中国经济系统正发生巨变，而这一变化发生的根源是人们的需求特征发生了根本改变，尤其是生长需求的出现，让这次变革的意义显得与众不同。未来的市场不仅不会萎缩，反而会更加扩大，只是企业的价值创造能力相对落后，无法满足市场需求罢了。在这个阶段的所有改革措施，目标都应该是提高企业的价值创造能力，这是供给侧结构性改革的重要内容。

近几年来，中国出现了几家全球知名的互联网公司，但这并不意味着我们离工业 4.0 时代不远了。现实是，在绝大多数的产业领域，中国企业并没有优势，大多数工厂中还在进行着“物理反应”，说明整体的经济发展还很薄弱，生产力整体水平较为落后，如果一味好高骛远，对经济以及企业的伤害只会更大。今天，中国在基础科学领域的研究尚显不足，一旦输入管道不畅，就会影响整个系统的活力，甚至使发展停滞。

发达国家早在 20 世纪 80 年代就开始全面进入工业 3.0 时代，生产力的提高推动了西方社会的进步，与中国今天面临的情况非常相似。未来中国是否能够顺利进入工业 3.0 时代，同样取决于科学的发展程度，这是人类发展的基本规律。

## 五、新商业时代的市场特征

新商业时代的市场具有什么特征？

相对于工业 2.0 时代的市场特征而言，新商业时代的市场特征最主要有两个——分散与多变。这是高层次的缺失需求以及低层次的生长需求的特征，它们使个性化的需求越来越明显。宝洁公司首席运营官罗伯特·麦克唐纳（Robert. McDonald）曾借用一个军事术语来描述这一新商业世界的特征：“这是一个 VUCA 的世界。”VUCA 指的是不稳定（Volatile）、不确定（Uncertain）、复杂（Complex）、模糊（Ambiguous），这种描述也是一种补充，无论如何表达，已经到来的新商业时代的市场都体现出了明显的变化。

如果说工业 1.0 时代的经济是线性发展，那么工业 2.0 时代的经济就是平面状发展，到了工业 3.0 时代则变成了立体空间式发展，分散与多变的市场需求相互交集，打破以往线条式、集群式的发展模式，形成了一个个“生态”。今天，各种先进技术正在加速这一过程的形成，而传统的工业制造形式将在这个过程中被彻底改造，这就是新商业时代的市场特征。

理解新商业时代的市场特征还需要重新解读“客户”。在以前，如果说谁是“客户”，谁就代表“需求”的话，那么在新商业时代，谁承载“需求”，谁就是“客户”，未来企业将聚焦在“需求”上，而不再是“客户”上，“二八法则”被“长尾理论”取代也充分说明了这一点。当需求变得分散且多变时，客户的忠诚度便荡然无存，取而代之的是“喜新厌旧”和“见异思迁”。在这种情况下，作为“创造”的载体，企业要想获得市场青睐就只有一条路可走——创新，而且是持续创新。这将是新商业时代的主题，只有当“创造”和“需求”紧密结合时才能实现，它意味着企业与客户将开始零距离接触。

在这样一个大变局中，中国企业正面临着空前的挑战。因为传统企业形如“金字塔”，在这种立体式、生态型的市场环境中，这种结构只会造成“栓塞”，阻碍市场的健康发展，不是被市场淘汰，就是被市场边缘化，于是“转型”就成了中国企业的重要课题。

中国企业要转型就必须正视三个问题，一是现状是什么，二是未来是什么，三是如何迈向未来。只有回答好这三个问题，企业转型才能顺利进行，否则困惑与迷茫、恐惧与无助将始终伴随着中国企业。我们可以试着从企业形态进化规律中寻求这三个问题的答案。

第三节

# 企业形态进化规律

在工业时代市场发展的四个阶段，出现了四种典型的组织形态：股东价值形态、精英价值形态、客户价值形态、利益相关者价值形态，这四种组织形态分别对应四个工业时代，成为每个工业时代的最佳组织形态，同时也描绘出了企业发展的轨迹，这就是企业形态进化规律。

企业形态进化规律主要呈现企业在市场生态发展过程中的变化过程。从西方企业的发展史中可以看出，那些基业长青的企业与成立之初相比，早已“面目全非”，其形态特征发生了巨大改变，这就是“进化”。掌握企业进化规律有助于企业总结过去的经验得失，诊断当前的健康状态，明确未来的发展方向，当市场生态发生变化时，使企业能够掌握变革节奏，既防止“瞻前顾后、畏缩不前”，又避免出现“过度超前”，促使企业采取有针对性的措施，顺利实现企业形态的演变。

## 一、四种最佳组织形态

### （一）工业 1.0 时代的最佳组织形态——股东价值形态

人类进入工业 1.0 时代后，最佳组织形态是股东价值形态。

第一次工业革命后，资本让企业成为市场中主要的价值创造组织，使人类第一次能够有效聚集社会资源，进行大规模的价值创造活动，社会生产力得到极大提升，创造出了前所未有的物质财富。然而，只有劳动才能创造价值，资本只能以间接的方式创造价值，这种间接性体现为：资本通过获取独特资源，把劳动者创造的价值凝聚在一起，从而使资本成为企业价值的主要创造者，资源越独特，资本的价值就越高。股东价值形态中，一般股权结构高度集中，有控股股东，企业以维护和体现股东价值为主要原则，因此称之为股东价值形态。

股东价值形态的内部主要以情感、奖惩、纪律为主要管理手段；客户通常被企业的独特资源所吸引，企业提供的产品相对成熟，占领市场的速度为主要市场竞争手段；企业的经营理念体现为追求资本收益最大化，由于创造价值的方式比较简单，故企业的规模受到限制。股东价值形态的企业在我国改革开放后大量出现，到 20 世纪 90 年代后开始减少。今天很多企业，如华为、海尔、联想、美的等，以及互联网企业阿里、腾讯等都是从股东价值形态开始，一步步发展起来的。

股东价值形态是市场发展初期的产物，企业价值主要取决于股东的个人能力以及对独特资源的占有及优势的发挥。随着市场不断开放，市场机制逐渐完善，公平竞争的特点越来越明显，股东个人能力以及资源独特性的作用越来越弱，资本（股东）的价值会逐渐降低。这时，企业要想继续发展，就必须让劳动者的价值呈现出来。

股东价值形态的组织可以用三角形来代表，如图 1-4 所示，它们通常采用直线型组织结构，用最简单的方式来形容这种组织形态特点，就是“有顶无层”，“顶”代表管理权威，“层”代表不同的责、权、利群体。“有顶”是企业中存在股东或老板之类的绝对管理权威，“无层”是指还没有形成稳定的，有着不同责、权、利的主体，所有管理者都需要“顶”进行临时授权，这种形态下的组织主要依靠股东的资本、老板的能力获取独特资源来创造价值。

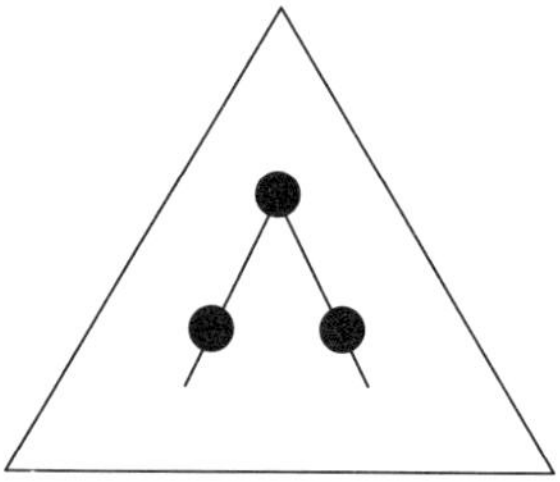

图 1-4　股东价值形态示意图

### （二）工业 2.0 时代的最佳组织形态——精英价值形态

人类进入工业 2.0 时代后，最佳组织形态是精英价值形态。

“精英”一词意指“精选出来的少数”或“优秀人物”。精英理论认为，社会的统治者是社会的少数群体，但他们在智力、性格、能力、财产等方面超过大多数被统治者，对社会的发展有重要影响作用。在企业中，“精英”一般为管理权威和专业权威，多数都是经理人，虽然属于少数，但对企业的发展起着重要的作用。

精英价值形态出现在社会化分工逐渐明显的时期。这时，市场生态系统初步成型，当资本价值的创造能力开始降低之后，精英获得崭露头角的机会，其价值创造的能力逐渐显现出来。市场的逐步开放迫使资本把企业经营权让渡给精英团队，于是职能型结构取代直线型结构，让精英群体的领导能力、专业能力在不同职能单元中得到发挥，使企业迅猛发展。精英价值形态下，一般股权结构相对集中，控股股东消失，仅存在控制权股东，企业以维护和体现精英价值为主要原则，因此被称为精英价值形态。

精英团队取代股东，使企业的价值创造能力有了极大提升，经营权的让渡使精英团队的价值需要通过业绩体现，因此，企业的经营理念主要体现在追求业绩最大化上。为了迅速提升业绩，企业必然采取能够实现标准化、规模化生产的产品管理方式，并将目光锁定在那些需求稳定、对业绩贡献明显的大客户上。企业主要通过规律扩张形成竞争优势，“做大做强”是这个形态的主要发展方向，今天中国的绝大多数企业都处在精英价值形态阶段。

精英价值形态的组织可以用梯形表示，如图 1-5 所示，该形态下的组织通常采取职能型结构，用最简单的方式来形容这种组织形态特点，就是“有顶有层”，既有管理权威，但并非绝对权威，又有稳定的不同责、权、利主体。这种组织形态就是由精英团队的领导力创造了主要价值，只有在这种形态下的组织才有“顶层设计”之说。

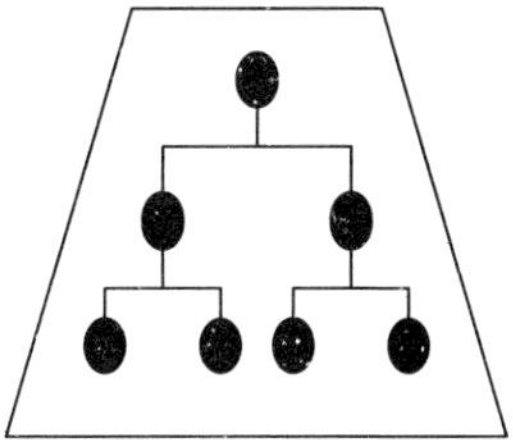

图 1-5　精英价值形态示意图

三角形与梯形式的组织形态可以统称为金字塔形，都是封闭型组织形态的代表，只是由于股东价值形态的“金字塔”的规模具有一定的局限性，因此本书后面提及的金字塔形的企业，均特指精英价值形态下的企业。

### （三）工业 3.0 时代的最佳组织形态——客户价值形态

人类进入工业 3.0 时代后，最佳组织形态是客户价值形态，这里的“客户”是广义的，包含内部客户与外部客户两层含义。

客户价值形态出现在市场经济成熟阶段，客户需求变得分散且多变，必然要求企业运行灵活，且具有较强的创新能力，这便对企业的价值创造能力提出了较高的要求，企业只有与客户紧密结合才能完成价值创造活动。此时，要么客户走进企业，要么价值创造者走出企业，总之两者必须结合，这是创新的必然要求，企业形态也由封闭转变为开放。面对日益多元化的客户需求，部门开始消失，以知识型员工为主的各类创新型团队开始崛起，流程型结构把这些团队集成在一起，成为众多可以满足客户需求的业务流程。这时，内外部客户共同为企业创造价值，真正体现了客户的概念，也是第一次由多数群体为企业创造主要价值。客户价值形态下，一般股权结构相对分散，没有了具有股权优势的股东，企业以维护和体现内、外部客户价值为主要原则。

客户价值形态具有较强的灵活性，能够通过调节业务流程，随时应对市场环境的频繁变化。鉴于客户需求的特征，企业已无法为客户提供标准化的产品，而是提供一整套的需求解决方案，个性化特征越来越明显。

客户价值形态的组织用八边形（也可以称为链形）来代表，如

图 1-6 所示，通常采用流程型组织结构，纵向管理模式被横向管理模式取代，让企业与市场的接触范围更广泛，成为一种开放的组织形态。用最简单的方式来形容这种组织形态特点，就是“有层无顶”，这时，“顶”的新陈代谢开始频繁，没有稳定的管理权威群体，类似于“无顶”，然而具有不同责、权、利的主体依然存在，骨干力量为企业创造了主要价值，这些群体的人数较多，能够在价值创造活动中独当一面，创新大部分来自于这部分群体。中间力量的壮大也象征着企业的发展进入成熟阶段。

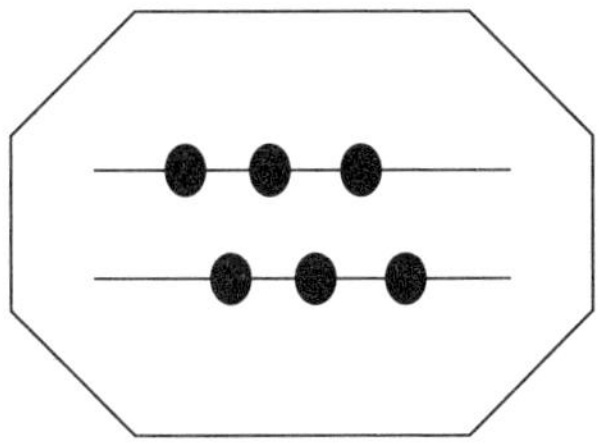

图 1-6　客户价值形态示意图

### （四）工业 4.0 时代的最佳组织形态——利益相关者价值形态

人类进入工业 4.0 时代后，最佳组织形态将是利益相关者价值形态。

利益相关者是指在经济生态中与企业产生价值关系的组织或个人，包括股东、债权人、管理者、员工、客户、竞争对手、供应商等，所有能够影响企业价值的都是利益相关者。利益相关者价值形态下，一般股权结构高度分散，人的劳动开始资本化，资本的历史使命即将结束，所有劳动者创造的价值无差别化，企业以维护和体现利益相关者的价值为主要原则，即价值平等原则，因此称之为利益相关者价值形态。

利益相关者价值形态将出现在市场生态的衰退时期，此时，全球一体化市场已经形成，客户需求将高度分散，并逐渐演变为各种独特需求。要想满足这类需求，企业就必须具有独特的人格特征，这种独特人格即企业品牌，只有独特的企业人格才能与独特的客户需求相互吸引。利益相关者价值形态是一种更加开放的组织形态，内部团队消失，价值创造者可以独立进行价值创造，能够进行自由组合，企业随时可以依据客户需求即时形成与其需求相匹配的价值创造链条，众多的价值创造链条构成错综复杂的网络型结构。这种组织形态今天看起来似乎无法实现，但随着先进技术在组织管理中的应用，如区块链技术，利益相关者形态的企业最终将会成为一种智能型企业，西方发达国家已经开始出现这种组织形态的雏形。

利益相关者价值形态的组织可以用圆形来代表，如图 1-7 所示，组织结构是由散点组织成的网络状结构，虚线代表了即时性，而非稳定存在，组织形态全面开放。用最简单的方式来形容这种组织形态特点，就是“无顶无层”，既没有稳定的管理权威，也没有稳定的具有不同责、权、利的主体。责、权、利都是动态配置，当需要“顶”与“层”时，“顶”与“层”就会出现，它完全取决于客户需求以及组织的价值创造能力。组织内部所有个体创造了主要价值，这样的组织内部消耗最小，运行效率最高。

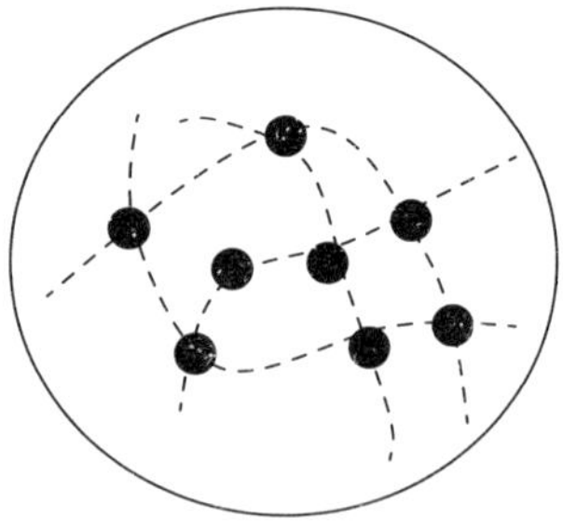

图 1-7　利益相关者价值形态示意图

人类的社会组织其实只有这四种最佳组织形态，只是在不同的时间、空间中周而复始地出现，依据不同的组织属性表现出不同的形式罢了。

## 二、企业形态的 DNA——价值创造能力

在生物学中，生物的基本形态与 DNA 结构密切相关，而基因片段决定生命的特征。对于企业而言，价值创造能力结构就是企业形态的 DNA，不同价值主体的价值创造能力即 DNA 上的基因片段，哪一个基因片段发挥决定性作用，企业就会显现出什么样的形态特征。

四种最佳组织形态分别由四种价值创造能力发挥决定性作用：资本收益力、精英领导力、团队创新力、组织人格力，这四种价值创造能力组合形成企业价值创造能力结构，即企业形态 DNA，如图 1-8 所示。

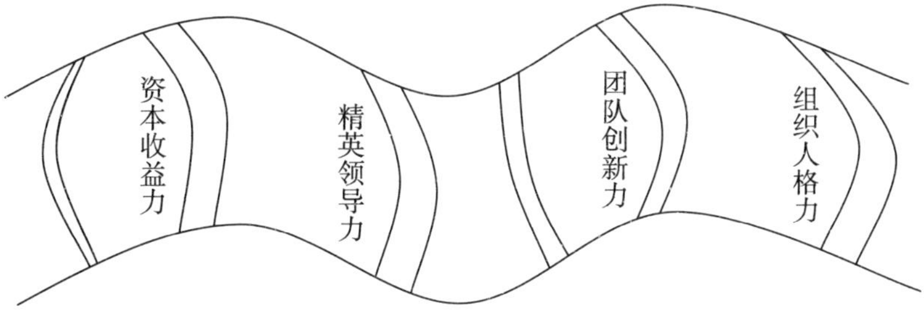


图 1-8　企业形态 DNA——价值创造能力

四种价值创造能力分别由不同的价值创造主体承载，在四种价值创造能力的作用下，企业体现出四种典型组织形态：股东价值形

态、精英价值形态、客户价值形态、利益相关者价值形态，企业形态进化的根本原因在于价值创造能力发生了改变，而企业之间的竞争本质上也是价值创造能力的竞争。

股东价值形态下，资本收益力为企业创造主要价值。在工业 1.0 时代，股东的资本为企业提供了生存与发展的可能，没有资本就不会有企业诞生。资本之所以能为企业创造价值是因为资本占有独特的资源，这些独特的资源与劳动相结合，可以创造出满足市场需要的商品。在这个阶段，只有资本才能激发出人类的价值创造本能，进行大规模的价值创造活动，其他主体根本无法与资本相比。

精英价值形态下，精英领导力为企业创造主要价值。在工业 2.0 时代，市场需求改变，削弱了资本的价值创造能力，劳动者的价值创造能力开始体现，资本被迫让渡企业经营权。精英团队之所以能够取代资本成为企业经营者，是因为精英具备使企业可持续发展所必需的领导能力与专业能力，精英团队的领导力通过“分工”与“协作”的方式在不同职能单元中充分发挥作用，使企业的价值创造能力得到极大提高，可以开展较为复杂的价值创造活动，从而满足市场需求的变化。

客户价值形态下，团队创新力为企业创造主要价值。在工业 3.0 时代，精英团队领导力在频繁变化的市场面前显得束手无策，企业必须激发更多的主体发挥其价值创造能力，此时，以骨干人才为核心的各类团队从职能单元中脱离出来，成为企业主要的价值创造力量。为了满足分散且多变的市场需求，客户与价值创造者开始直接结合，形成团队创新力，为市场提供大量的创新型产品，使市场生态空前繁荣。

利益相关者价值形态下，组织人格力创造主要价值。企业人格是不同价值创造者具备的、趋同的人格特征，这种人格特征能够让所有个体的价值创造能力得到发挥，因此，人格特征成为一种价值创造能力，而且特征越明显，价值创造能力就越强。在工业 4.0 时代，当客户需求转变为一种独特需求时，团队创新力也无法满足市场要求，此时就需要组织人格力为企业创造价值了。这是一种独特的价值创造能力，由所有价值创造者的价值创造能力共同形成，客户将被企业这种独特的人格所吸引。

无论企业如何变革，最终目标都是改变企业的价值创造能力，如果价值创造能力没有发生变化，那么所有的变革措施都属于对现有组织形态的修修补补，对企业发展没有实质性的影响。

## 三、企业形态进化规律

从工业 1.0 时代到工业 4.0 时代，企业以四种组织形态依次出现，体现了企业形态进化规律，如图 1-9 所示。每次进化都是市场生态发生了剧变，重新选择企业形态，可使市场生态与企业形态之间的关系形成最佳。

股东价值形态是工业 1.0 时代的最佳组织形态，资源的独特性让资本有了创造价值的机会。随着市场不断发展，各项机制逐渐完善，竞争的公平性越来越明显，资源独特性带来的优势越来越弱，这时，资本完成了历史使命，股东价值形态将发生演变。

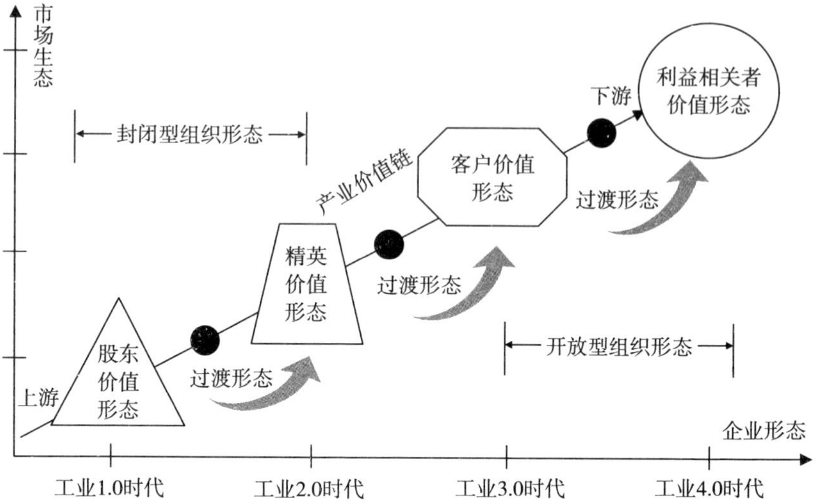


图 1-9　企业形态进化规律

精英价值形态是工业 2.0 时代的最佳组织形态，精英团队领导力取代股东资本收益力。精英团队依靠集体的创造力取代资本，使企业规模迅速增大，但是当客户需求不断分散且多变时，企业形态就显得越来越僵化，这时，精英团队完成了历史使命，精英价值形态将发生演变。

客户价值形态是工业 3.0 时代的最佳组织形态，团队创新力取代精英领导力，市场生态达到空前的繁荣。然而人类始终都在追求自我实现，客户需求终将变成一种独特需求，显然客户价值形态无法满足这类市场变化，这时，骨干群体完成了历史使命，客户价值形态将发生演变。

利益相关者价值形态是工业 4.0 时代的最佳组织形态，组织人格力取代团队创新力，客户的独特性与企业的独特性相互吸引并结合在一起。由于价值创造者能够独立进行价值创造，组织形态反而成为一种束缚，这时，企业完成了历史使命，企业边界将逐渐无形化，开始演变为无形组织。

股东价值形态与精英价值形态下，是由少数劳动者创造主要价值，在工业时代，一般处于产业价值链上游，因此属于低级组织形态，由于这两类组织形态与市场中其他主体的价值交换较少，因此也是一种封闭型组织形态；客户价值形态与利益相关者价值形态由多数劳动者创造主要价值，在工业时代一般处于产业价值链下游，因此属于高级组织形态，这两类组织形态与市场中其他主体的价值交换较多，也是一种开放型组织形态。所谓“进化”，就是指从低级组织形态迈向高级组织形态，从封闭形态迈向开放形态。在一个产业链上，企业创造的价值也将从低级组织形态流向高级组织形态。

每一次进化，企业的形态特征都会发生一次根本改变。四种最佳企业形态其实是一种静止状态下的理想形态，由于形态特征非常明显，所以能够被清晰地识别。现实中，企业的形态多数处于过渡形态，兼有相邻两种组织形态的特征，通过对两种最佳组织形态的对比，即能把过渡阶段的组织形态特征清晰地描述出来。

企业变革必然遵守企业进化规律，掌握规律即能指导企业顺利实现变革目标，这就是组织形态管理理论的主旨，本书关于组织结构变革的观点即以这种逻辑为依据。

## 四、企业变革也是“变形”

企业变革是为了更好地适应市场的变化，使企业获得更强的生命力，因此可以说，变革最终就是为了“变形”，它体现了“适者生存、优胜劣汰”的法则。无法“变形”的企业，都将被市场生态无情抛弃或被彻底边缘化，这一点在历史发展的进程中有无数例证。

世界上一些长寿的企业已经有 200 多年的历史，与初创时期相比，组织形态已经发生了根本变化，这些变化并不是体现在规模上，而是体现在其内部组成结构的彻底改变上——除了企业名称没有变化以外，组织形态已经“面目全非”。这些企业之所以能够延续 200 多年，是因为它们能在不断变化的市场系统中持续改革、变革，始终追求与之最适应的组织形态。翻开这些企业的发展史，展现出来的都是一部企业变革史、企业形态进化史。

基业长青的企业一定是能够“变形”的企业，在近 300 年的工业经济发展历程中，西方一些优秀的企业率先进化到高级组织形态。我们虽然无法知道这些企业在发展历程中经历了多少次变革，但可以肯定的是，每一次变革都是一次痛苦的煎熬。值得尊敬的企业必然有值得尊敬的事迹。“基业长青”“百年老店”一直以来是中国企业的共同目标，但当企业发出呐喊时，首先要冷静思考一下自己是否具备“变形”的能力。企业的发展从来都不是建立在呐喊中的，更不是建立在彷徨中的，而是建立在实实在在的改变之中的。没有一种企业形态、没有一种管理模式可以在不断变化的市场生态中维持下去，当市场需求发生变化时，是否能够把握住机遇，尽快“变形”，对企业来说具有现实意义。

近几年来出现了一个企业比较关心的问题，那就是在企业形态进化的历程中，能不能“弯道超车”，实现跨越式“进化”。答案是绝无可能，除非原来的组织形态彻底崩溃，重新建立一种新的组织形态。因为企业的价值创造能力在市场发展过程中呈现出有序的改变，而组织形态的变化不会违背这种规律，即便重新构建新组织形态，也必须彻底改变原有的价值创造能力，如同 DNA 再造一样。

## 五、传统企业转型也是“转形”

当中国处于工业 2.0 时代向工业 3.0 时代转变的阶段时，中国企业遇到了传统企业的转型问题。精英价值形态就是人们常说的传统企业，而客户价值形态则是未来的最佳组织形态，从精英价值形态迈向客户价值形态，就是传统企业转型。当然，这不是中国企业第一次转型，上一次转型是在 20 世纪 90 年代，民营企业进行的家族企业传承以及国有企业进行的现代企业制度的构建都是在从股东价值形态迈向精英价值形态，如图 1-10 所示。

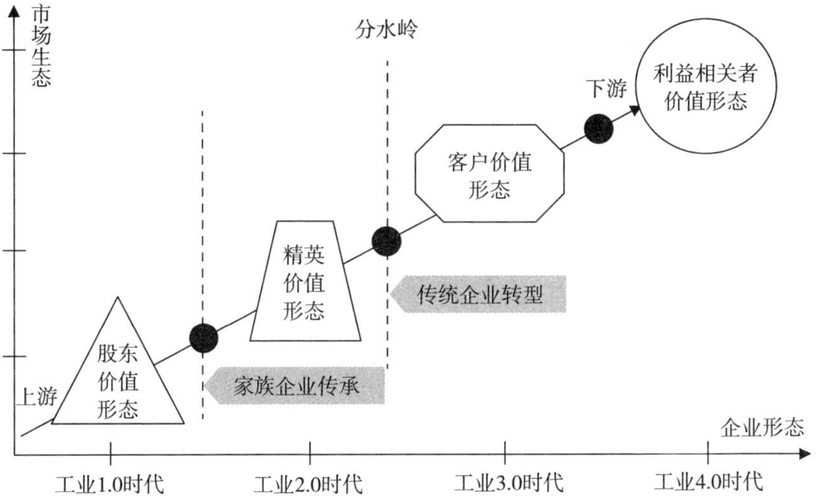


图 1-10　传统企业转型示意图

传统企业转型是企业形态进化过程中的分水岭，意味着企业形态将从封闭走向开放，从低级走向高级。这是一次质的飞跃，它让中国企业的这次大变革显得非比寻常，堪称史无前例。

好在我们有前车之鉴，这将会大幅度降低我们的变革成本，前提是中国企业必须充分掌握其中的变革逻辑。让时间回到20多年前，GE、IBM、HP、宝洁、ABB、雀巢、宝马、壳牌、施耐德、爱立信这些名字如同今天的谷歌、苹果、微软一样如雷贯耳，它们都是工业2.0时代的行业霸主，也是中国企业热衷学习的标杆。20多年过去了，虽然这些企业还可以称得上“一条好汉”，但显然已大不如前，在中国甚至不如BAT企业风光，毕竟属于它们的时代已经远去。然而对中国企业而言，它们的变革却极具研究价值，因为这些企业的昨天，就是中国企业的今天。

20世纪80年代到90年代，西方发达经济体率先进入工业3.0时代，当时遇到了中国企业今天面临的同样的问题。相对于中国企业而言，这些企业转型的难度有过之而无不及，而所采取的变革措施更加值得借鉴。例如蓝色巨人IBM的“让大象跳舞”，GE的“零层管理、无边界行为、群策群力”，宝洁的“产品经理系统”等都是在那个时期出现的，甚至很多变革过程都被详细记录下来，现在再来看真是太精彩了。只要用心解读这些信息，就能找到其中的逻辑与规律，获得我们所需要的工具。可惜的是，那时中国企业刚刚进入工业2.0时代，还未能理解其中变革之道，甚至出现误解，对很多现成的方法与工具弃之如敝屣，只有少部分企业能够发现其中的价值，相信这些企业已经从中获益匪浅。

中国的企业变革既要防止裹足不前，更要防止“过度超前”，现阶段尤其要提防后者。变革措施不是越先进越好，而是要选择最适合的方式，但中国企业恰恰习惯犯这样的错误，以为越先进的管理手段越有效，结果很多企业不但没有解决问题，反而把企业推向绝境。这样的案例实在太多了，虽然企业的愿望与初衷是好的，但殊不知这种“过度超前”的变革方式往往是压倒企业的最后一根稻草。

无论传统企业采取何种转型策略，都必须做一件事，那就是调整组织结构，这是谁也无法回避的问题，而且这件事变得越来越紧迫。接下来就是本书的重点内容——组织结构变革。

# Chapter 2
# 组织结构演变规律

组织结构是组织运行系统的“框架”，是企业内部进行价值创造的基本秩序，任何一个组织都有其组织结构，组织结构支撑组织有序运行。组织结构是组织形态的重要组成部分，是 10S 之一。四种最佳组织形态对应着四种最佳组织结构，保障组织形态顺畅运行。当企业形态随市场不断进化时，组织结构也会发生规律性改变，这就是组织结构的演变规律，企业变革无一不遵守这个规律。

组织结构演变规律是本书的核心内容，理解组织结构演变规律即能掌握组织变革的基本逻辑。在解读企业变革时，我们通常用组织结构的变化进行说明，因为组织结构能够直观地说明组织形态是如何发生改变的，这也是笔者为何在组织变革领域，率先写作本书——笔者希望用更容易、更直接的方式把组织形态管理理论的精髓呈现出来，后面会用大量案例说明这一演变规律。

理解组织结构演变规律，首先要从一个问题开始。

第一节

# 结构决定流程还是流程决定结构

“是组织结构决定业务流程，还是业务流程决定组织结构？”其实这个问题的核心在于明确组织结构与业务流程之间的关系，以便进行组织结构变革。

对于这个问题的思考，影响了笔者对组织结构的认知，也终于让笔者跳出传统思维的禁锢，看清了未来组织形态的特征，也从这个问题开始，理解组织结构变革。

## 一、追寻问题答案

对于这个问题，有几种不同的答案：有的说组织结构决定业务流程；有的说业务流程决定组织结构；有的说以前是组织结构决定业务流程，未来则是业务流程决定组织结构；有的说组织结构与业务流程相互作用。

姑且不论这些答案哪一个正确，事实上也无法简单用正确与错误评价。它们都在试图明确组织结构与业务流程之间的关系，而随着争论逐渐增多，也说明两者之间的关系越来越复杂。

如果这个问题始终没有定论，就需要思考问题本身，反而可能得到意想不到的结果。

笔者认为，“这个问题本身就是一个问题，这是一个伪命题”。因为这个问题把业务流程和组织结构进行了天然分割，即组织结构是组织结构，业务流程是业务流程，将组织结构与业务流程划分为两个不同的领域。以此种认识为基础，无论如何都不会有结果，也就是说以上答案可能都是正确的，也可能都是错误的。

因此出现了另外一种答案，即业务流程即组织结构，组织结构即业务流程。一旦得到这个答案，未来组织到底是什么样的，就跃然纸上了。

## 二、为什么有这样的认知

首先需要明确何谓组织结构。组织结构是组织运行系统的框架，是进行价值创造的一种秩序，任何组织都必然有其组织结构，组织结构支撑组织的有序运行。既然组织结构的本质是人们进行价值创造活动的秩序，那么，只要是能使组织有序运行的秩序形式，都可以被称为组织结构。

一个组织无论是如何构成的，都必须存在发出指令的权力主体。指令双方即形成一种秩序关系，共同进行价值创造活动，但是没有规定必须采取何种方式，因此既可以采用纵向的垂直方式，也可以采用横向的水平方式，或者是纵横交错的方式。只不过长期以来指令都是从上至下的，导致今天的人们将这种方式作为一种思维程式，认为在企业中，组织结构必然采用垂直方式，而业务流程只不过是把不同功能连接在一起，共同完成一个价值创造活动。殊不知，业务流程的本质也是一种组织结构，只不过它强调一种横向的组织运行秩序，此时，权力主体从上到下的关系，变成了双方的对等关系，秩序由单向变为双向。

在组织发展史上，以垂直管理方式为主的组织结构曾使企业取得过辉煌成绩，因此在很多人的潜意识中，从上至下的管理方式顺理成章，在传统企业中更是如此——很多员工在没有指令的前提下，根本不知道如何工作。这导致人们一旦提及组织结构就会被禁锢于这种认知框架，并且深信不疑。难道人类的价值创造方式与秩序仅此而已？显然不是，20 世纪 60 年代以后出现了业务流程理论，自诞生之日起就开始颠覆传统的组织结构，试图用一种全新的组织结构形式取而代之，这就是流程型组织结构。

这种组织结构形式率先出现在产业价值链的下游企业中，例如研发公司、创新型企业、金融公司等。这些企业通常面临激烈的竞争、风险大、投资回报高，需要组织结构更加灵活，具有较强的市场应变能力。

## 三、这种认知的意义

这种认知的意义在于思维创新，为构建新组织创造条件。所有创新都是对传统的改变，如果传统没有被改变，如何能称为创新？很多传统企业一边大声呼喊创新，一边又坚定地固守传统，在转型过程中岂能不感到困惑与迷茫？

业务流程也是一种组织结构，因为传统管理文化影响深刻，让传统企业接受它并非一件容易的事情。西方世界在迈入工业社会前，经历了几个世纪的思想启蒙运动，封建等级意识被弱化。对于企业变革而言，这种社会背景便于横向运行秩序改造的实现，因此，类似流程型组织、学习型组织等的新理念能够找到合适的土壤；相比较而言，中国企业受传统文化的影响较为明显，与传统企业管理模式相得益彰。在市场经济改革初期，这种理念尚能有力推动企业发展，让中国企业在短时间内实现爆发式成长，但是当企业逐渐进入成熟阶段时就会发现，传统思想与管理模式形成了一种极大的阻碍，它们会自发地拒绝这种全新的组织运行秩序，这就是传统企业转型遇到的最大困难。

中国传统企业并非没有进行过创新尝试，只不过多以失败告终，ERP 就是一个典型案例。从 ERP 的特征来看，它与横向管理模式相匹配，但是中国企业非要在垂直的管理模式中对它进行实践，最终发现效果并不理想，甚至还有一些企业家产生了极大困惑，不理解为何投入如此巨大，收获却如此可怜——如果不理解组织运行的基本逻辑，再好的技术都无法达到应有的效果。这么多年过去了，如果困惑依然没有解决，可怜就会变成可悲。

## 四、变革从认知开始

传统的组织结构是否能够直接转变为流程型结构？笔者在这个问题上徘徊了一段时间，最后得到的答案是否定的。如同人类的进化一样，企业进化也是有序进行的，从传统组织结构到流程型组织结构的转变不可能一蹴而就，除非企业进行新设、兼并、重组等破旧立新之举，否则中间就一定会有一个过渡阶段，在这个阶段，两种运行秩序将同时存在。过渡阶段的组织结构应该兼有两种组织结构的特点，传统企业转型需要先转变为过渡阶段的组织结构，然后再转变为流程型结构。到了流程型结构时企业就会发现，组织结构就是业务流程，业务流程就是组织结构，这一逻辑将可以指导中国企业现阶段的组织结构变革。

当然，传统企业转型不能仅仅依靠组织结构转变，这将是一个系统工程的建设，与组织结构相匹配的是整个组织形态的转变，至少十个组成结构都要进行相应调整，从而达到一个新的最佳组织形态。

现在再回来看这个问题，我们也就能更好地理解这个答案的意义，如果依然把组织结构与业务流程分割来看，就会陷入传统思维中不能自拔。用传统思维解读未来组织，是这几年最常见的事情，很多变革理念变得似是而非，始终无法形成一个连贯的逻辑，这也导致了中国企业的转型迟迟没有实质性进展。由于没有理解组织变革的基本逻辑，企业只能通过学习先进经验弥补。殊不知在新商业时代，组织形态开始从静态向动态转变，业务流程本身就是一种以客户为导向的动态价值创造程序，流程型结构自然就是一种动态的组织结构形式，所有的“最佳实践”在新商业时代都变得苍白，不仅学不会，还会把企业引入另一个误区，成为企业变革的障碍。笔者认为，发现规律与逻辑才是变革前需要解决的认知问题。

第二节

# 组织结构的演变规律

在企业形态的进化过程中，四种最佳组织形态对应着四种最佳组织结构：直线型结构、职能型结构、流程型结构、网络型结构，这四种组织结构直观地体现出了四种最佳组织形态的基本特征。

由于多数企业并非处于这四种理想的组织形态下，而是处于一种进化状态中，因此，这些企业形态将兼有相邻两种组织形态的特征，而组织结构也具备两种典型组织结构的特点。掌握组织结构的演变规律，就能有效地指导组织结构变革。

## 一、组织结构演变规律

在图 2-1 中，笔者用“点”与“线”把直线型、职能型、流程型、网络型四种组织结构进行了简单描绘。直线型、职能型属于低级组织形态采取的组织结构形式，也是一种封闭型组织结构，而流程型、网络型属于高级组织形态采取的组织结构形式，也是一种开放型组织结构。当一种组织结构向另一种组织结构演变时，往往具有两种组织结构的特点，属于一种混合型的组织结构形式，需要对主体形态的特征进行分析识别，由于多数企业都处于过渡形态，因此现实中的组织结构多数是这类复杂的形式。

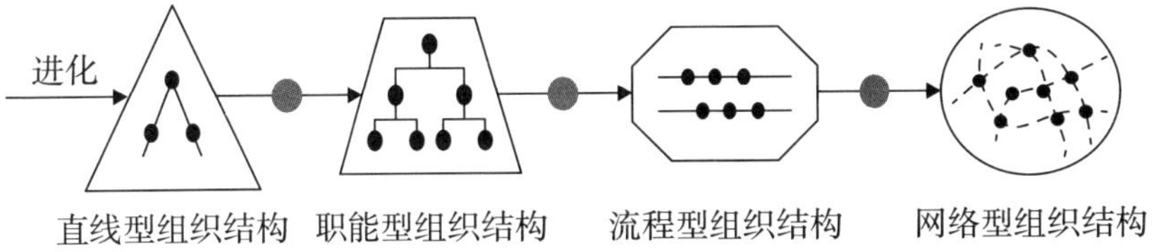


图 2-1 组织结构演变规律

股东价值形态下，资本为企业创造主要价值，股东及其代理人具有绝对权力。因此，以指令型为基础的直线型结构是股东的首选，直线型结构强调集权，权力集中在不同管理者身上，最后统一服从于一个绝对权威。所有价值创造活动严格按照管理者的指令要求进行，便于指令的贯彻执行，采取直线型结构的企业虽然一般规模较小、价值创造活动较为简单，但运行机制相当灵活。

精英价值形态下，精英团队为企业创造主要价值，企业内部出现职能分工与专业化合作，需要以职能型结构配置各项职能。精英的领导力和专业能力可以在不同职能单元中得到发挥，价值创造活动主要在职能单元中进行。职能分工的细化与职位等级的深化使企业形态可以在纵与横两个方向上同时发展，迅速实现规模上的突破。事业部是职能型组织结构的最终形式，也是精英价值形态的巅峰状态。

客户价值形态下，骨干群体为企业创造主要价值。职能型结构在市场需求变化面前显得越来越僵化，开始向流程型结构转变，企业内部纵向的运行秩序逐渐转变为横向的运行秩序。职能分工与专业协作被集成化、系统化的流程管理所取代，流程型结构使客户与创新团队结合在一起，共同进行价值创造活动，提高了企业价值创造能力。企业规模可以通过业务流程的增减进行调节，企业形态变得灵活起来，更能适应市场生态的变化。

利益相关者价值形态下，品牌为企业创造主要价值，品牌凝聚着所有个体的价值创造能力。此时，企业内部价值交换市场逐步成熟，个体能够独立进行价值创造活动，固定的业务流程消失，呈散点状分布的价值创造者可以根据客户需求即时组建成价值创造链条。这些纵横交错的价值创造链条构成了网络状的组织结构，组织结构更加复杂，但企业形态更加灵活。

当企业内外部市场逐步融合时，组织边界逐渐消失，企业从有形组织向无形组织转变，无形组织的运行效率更高、运行成本更低，新技术的运用将促进无形组织的发展，这将是未来知识社会经济系统的主要价值创造组织的基本形式。

## 二、组织结构演变规律的特点

从工业 1.0 时代到工业 4.0 时代，企业经历了四种最佳组织形态，出现了四种最佳组织结构形式，简单总结，可以发现以下几个特点，而这恰恰也是企业形态进化的特点。

从简单到复杂。直线型结构最简单，反映了工业社会发展初期，企业从无到有，规模小，在管理上呈现从上到下的单向管理，相对简单；到了职能型结构时期，企业开始迅速发展，纷纷进入集团企业阶段，纵向秩序中出现母子格局，组织结构开始复杂化；进入流程型结构时期，不仅要求企业运行灵活，而且要求企业的创新能力要强，组织结构体现出横向秩序，复杂程度进一步提升；到了网络型结构时期，固定的业务流程消失，价值创造链条依据客户需求随时组建，组织结构横向且交错，复杂程度显而易见。

从稳定到松散。直线型结构是纵向管理模式，这是一种固定的权力设计，也是一种非常稳定的秩序；职能型结构时期，纵向管理模式中出现了“分工”，固化的秩序中出现了一定的灵活性，需要不同功能之间相互“协作”；在流程型结构时期，静态秩序变成了动态秩序，所有业务流程都需要依据客户的需求设计；到了网络型结构时期，完全变为动态秩序，没有了固定程式，所有业务流程都需要临时设计。

从封闭到开放。在直线型结构中，除了老板，其余员工不需要考虑外部客户需求，甚至也不会过多接触外部客户；在职能型结构中，能够代表公司的变成了精英团队，同时出现了专门的销售职能，与外界客户接触的点开始增多；在流程型结构中，以客户为导向的业务流程让企业与客户全面接触，企业的边界也逐渐开放；在网络型结构中，客户成了企业价值创造活动中不可缺少的一个环节，两者已经充分融合在一起，企业边界完全开放。

在市场生态不断发展的过程中，组织结构变化是对市场的积极反应，没有一种组织结构可以包打天下。一旦市场发生变化，组织运行秩序必须及时调整。什么样的市场对应什么样的组织结构，一旦两者脱节，组织效率必然降低。所有的最佳组织结构，都是市场选择的结果。

## 三、组织结构变革新思路

掌握了组织结构演变规律，在组织变革过程中就能设计出与组织形态相匹配的组织结构，这种组织结构的设计逻辑与传统的设计思路有着本质区别，这是由组织形态管理理论特征所决定的。

传统的组织结构设计通常从战略出发，组织结构承载公司战略意图。美国学者钱德勒（Alfred. D. Chandler）最早对战略与组织结构的关系进行研究，1962 年出版了专著《战略与结构：美国工业企业历史的篇章》（*Strategy and Structure*：*Chapters in the History of the Industrial Enterprise*）。钱德勒描绘了美国工业企业在不同历史发展阶段所产生的战略，以及伴随这些战略形成的组织结构。通过组织结构把任务、功能、权力和责任进行有效组合和协调，是在从动态的视角看静态组织的变革，这种观点逐渐成了西方管理学的主流。也就是说，当企业确定战略之后，为了有效地实施战略，必须分析和确定实施战略所需要的组织结构。因为战略是通过组织来实现的，要有效地实施一项新的战略，就需要一个新的，或者至少是被改革了的组织结构，这也是几乎所有中国企业的组织结构变革思路。

然而，当战略设计不出来时，组织结构该怎么办？战略设计需要设计者对市场发展与变化了如指掌，而当客户需求越来越分散、市场发展变得越来越不确定时，战略设计就会越来越难，甚至根本无法设计，最后发现一套战略仅仅剩下了方向，这时组织结构变革依据也就消失了。现阶段这种情况正在发生，未来将会越来越明显。

从组织形态管理的视角出发则可以规避这个问题。组织结构设计的原则是使组织结构与其他结构共同形成一种最佳组合，让组织形态实现最佳，是从静态的视角看动态组织的变革。当中国市场全面向工业 3.0 时代迈进，客户价值形态将是新商业时代的最佳组织形态，这时组织结构设计就要变革传统组织结构，向最佳组织结构演变，使构成组织形态的十项组成部分的契合方式达到最佳，让各项管理机制推动企业新的价值创造能力的形成，组织结构设计的各项要素承载新组织的动态变化。

在这种逻辑中，无须过多考虑战略规划，有方向就够了。变革重心在于组织结构各要素能够承载新组织形成过程中的动态变化，即十类组成结构之间要有效契合、管理制度要无缝对接、传统组织形态特征要弱化、新组织形态特征要增强等。虽然这是一种完全不同的思路，但与西方管理学的目标殊途同归。

接下来就让我们分别了解一下这四种最佳组织结构是如何支撑四种最佳组织形态运行的。

第三节

# 工业 1.0 时代最佳组织结构——直线型结构

直线型结构是人类进入工业时代、企业成为最活跃的经济组织后，最先采取的组织结构形式。现在看来直线型结构有些简单，但在当时却为企业发展奠定了坚实基础，也推动了工业社会大踏步向前发展。

直线型结构让人类可以有效组织社会力量，进行比农业社会更复杂的价值创造活动，在直线型结构的支撑下，人类能够迅速聚集社会力量开展有组织、有计划改造世界的活动，使社会生产力有了极大的提升。

## 一、起源

早期的企业脱胎于手工工厂，因而带有这类组织的管理模式特征，尤其体现在组织结构上：这是一种以指令为基础的组织运行秩序。股东价值形态基本都是采取以指令为基础的直线型结构，这种组织运行秩序可以使企业充分利用独特资源的优势，把所有价值创造者的劳动有效聚集在一起，形成一种合力，与手工工厂相比，可以进行规模更大的价值创造活动，能够实现“人多力量大”“团结就是力量”的效果，极大地提高人类的价值创造能力。这是工业 1.0 时代出现的组织结构形式，在今天看来虽然显得比较简单，但是在当时看来具有明显的优越性，这是由当时人的价值创造能力以及需求动机特征所决定的。

工业革命之后，股东价值形态崛起。西方世界在此后的 100 年中都是这种组织形态，直线型也成为这个时期的最佳组织结构。中国没有自然发展进入工业时代，而是被“拖”进工业时代的。此后的历史让中国的工业发展几乎停滞，甚至倒退。改革开放后的中国企业并没有摆脱企业形态进化规律，它们延续了股东价值形态，在中国的长三角、珠三角地区，股东价值形态的企业遍地都是。正是这些带有作坊模式色彩的公司为中国经济带来了活力，唤醒了沉睡百年的民族创造力，极大地推动了中国市场经济的发展。

## 二、特点

直线型组织结构的形状像一个三角形，体现出单一负责人或单一决策者的垂直型管理方式。这是一种高度集权的管理模式，下级只接受一个上级的指令，上级对下级的价值创造活动负全责，便于指令的上传下达，责、权、利在授权层级上体现得非常清晰，如图 2-2 所示。直线型结构成功地把所有企业成员的价值创造凝聚在一起，充分保障了股东价值的实现，在这种情况下，资本虽然没有创造价值，却能直接体现出价值，劳动者虽然创造了价值，但绝大多数体现不出价值。

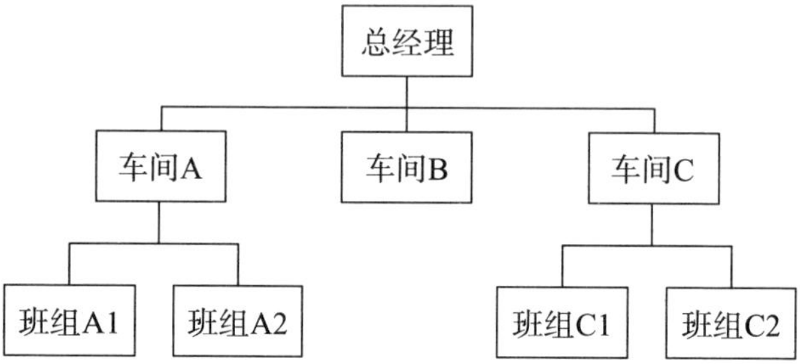


图 2-2　直线型组织结构

直线型结构形如三角，最上面是公司的最高权威，通常只有一个，就是那个“顶”，高高在上，具有绝对权力。公司内部通常只有两种人：管理者和被管理者，只要被最高权威授权，就会成为管理者。因此，这是一种垂直管理模式，组织内部没有责、权、利层级，是一种“有顶无层”的组织形态，直线型结构恰恰为这种组织形态提供了有效支撑。

直线型组织结构比较简单，因此企业的运行系统相对灵活且高效，但是这种组织结构只能进行相对单一、成熟的价值创造活动，适合于规模较小的企业，企业的发展受制于绝对权威的个人的能力或特质。直线型结构以指令型管理方式为基础，保证了权力集中在绝对权威身上。这时，指令的正确性决定了企业的运行效能，也决定了企业的发展命运。当指令错误时，执行得越彻底，对企业的伤害就越大，企业中的“能人”或“强人”也多出现在这个阶段。

这个阶段的企业竞争的关键在于老板，或者是企业“强人”，“顶”的能力边界决定了企业的发展边界。没有“强人”的公司，很容易在市场竞争中被淘汰，因此笔者把工业 1.0 时代的企业竞争模式称为“老板之战”，所有能够顺利进入工业 2.0 时代的企业中，都有一个“强人”，回顾一下中国企业的发展历程，就能发现这一特点。

## 三、演变

工业 1.0 时代的最佳商业模式是“壁垒型”，其表现形式是产品在某个领域形成独占或垄断，于是企业会获得丰厚的利润。这种商业模式只有在市场比较封闭、客户需求非常稳定的情况下才能实现，因此给了资本绝佳的机会，只要能获得产业发展的资源，企业就能迅速成长起来，完成原始积累。在工业 1.0 时代，产业发展刚刚成型，而企业的规模普遍不大。

人类的需求动机从来都难以满足，因此封闭的产业必将难以为继，企业将面对一个广阔的发展空间。此时，强人管理的风险开始提升，只要一个重要决策失误，就会把企业带入泥潭，这就是股东价值形态的致命伤。

当客户需求变化越来越明显时，“能人”也变得越来越“无能为力”，直线型结构也就无法继续支持企业的有效运行，要想实现突破只有两条路可走：第一条路，是用一个能力更强的“能人”取代现有的“能人”，这样就能保持原有形态及模式，沿着老路继续前行；第二条路，是用一群人取代现有的“能人”，但是会改变原有的企业形态特征及其企业形态的 DNA——资本收益力。这两种选择在企业发展史上都被称为“传承”，处在这个历史阶段的东西方企业也都曾尝试过这两条路。

要走第一条路，企业就必须“能人”辈出，一代更比一代强，但这对“能人”的要求太高，不具有可持续性，只有在市场化程度非常低的产业中才会继续存在，在现实中很容易找到这样的案例；而随着市场的发展，多数企业将选择第二条路，即用一群人取代一个“能人”，这群人则被称为企业精英，精英领导力开始取代资本收益力，为企业创造主要价值。这时候，职能型结构取代直线型结构，精英价值形态正式形成，企业形态实现了一次进化。

第四节

# 工业 2.0 时代最佳组织结构——职能型结构

工业 2.0 时代是市场生态快速发展的阶段。直线型结构很难进行大规模的价值创造活动，因此必然被市场边缘化，取而代之的是职能型结构，其“分工”与“协作”的特征让精英价值形态很快成为市场的主流，但凡采取职能型结构的企业都将通过分工细化、增加职能单元、增加职位层级等方式实现规模扩张，迅速壮大企业规模。当企业规模扩大到一定程度时，直线职能型结构将演变为事业部型结构，单体企业将变成集团企业。

直线职能型结构与事业部型结构都是职能型结构，因为事业部在集团企业中也承担某种具体职能，是其中的一个业务单元。事业部是管理学领域的概念，并不需要具备法人资格，因此事业部可以是一个公司、一个团队，甚至一个人，或者几个公司、几个团队，只要符合事业部基本特征，就可以按照事业部型结构进行设计与管理。

## 一、起源

随着人们需求动机的提升，企业的价值创造活动也开始复杂化，社会劳动分工不断细化，催生了职能型结构，与其一起出现的是精英群体，“分工”与“协作”式的价值创造方式使企业向前迈进了一大步。职能分工导致企业内部逐渐出现具有不同责、权、利的群体，划分出不同的管理层级，“能人”开始被精英团队取代，决策需要经过团队的协商才能作出。这些变化颠覆了股东价值形态的基本特征，因此直线职能型结构的形状像个梯形：公司经营权由精英团队拥有，接受股东委托负责企业的经营管理，而不同的职位与职位层级承载经营活动所必需的各项功能。精英团队的崛起是由于资本的价值创造能力已无法满足市场需求，需要人的价值创造能力体现在企业价值系统中，而首先能够被体现出来的就是精英群体。

进入工业 2.0 时代，全球市场进入高速发展期，精英价值形态崛起。在此后的 100 年中，西方世界都是这种组织形态，而职能型结构也成了这个时期的最佳组织结构。从某种意义上说，中国进入工业 2.0 时代是在 1993 年，其标志是第一部《中华人民共和国公司法》的颁布，这是一部与精英价值形态相匹配的法律，在法律层面推动中国企业全面向精英价值形态的组织转变。在这一时期，中国还开展了两项与之相匹配的重要工作，一是明确了“现代企业制度”内容，建立了以市场经济为基础、以企业法人制度为主体、以公司制度为核心，以产权清晰、权责明确、政企分开、管理科学为条件的新型企业制度；二是进行了“改制”这样具有中国特色的企业变革活动，“改制”本身就是一次进化，让中国企业经历了第一次痛苦的转型。在这个时期，大量股东价值形态的企业消失，“改制”过后的企业开始具备精英价值形态特征。自此，精英价值形态的企业开始活跃在中国经济系统中，为中国经济的发展起到了极大的推动作用，今天，绝大多数中国企业都是精英价值形态组织，采取了清一色的职能型结构。

## 二、特点

精英价值形态分为两个阶段，自然也存在两种职能型结构形式，首先出现的是直线职能型结构，是单体公司采取的组织结构形式。

### （一）单体组织——直线职能型结构

由于精英价值形态是由股东价值形态进化而来的，组织结构中依然带着一点原来的特征，主要体现为垂直型管理模式被保留下来。因此，精英价值形态初期，企业多采取直线职能型组织结构，“直线”说明从上到下的垂直管理模式，且规模并不大，“职能”说明企业内部出现了专业分工与职能协作，如图 2-3 所示。

直线职能型结构使价值创造活动首先在不同职能单元中进行，提高了专业化水平，然后再由不同的职能单元以合作的方式共同形成完整的价值创造链条，生产可以满足客户价值需求的产品。相对直线型结构而言，直线职能型结构的价值创造活动更加复杂。为了保障价值创造活动在各职能单元有序进行，职能单元内部出现了职位与职位层级，不同的职位与职位层级承担着不同的责、权、利，精英团队位于顶层。选择“梯形”代表精英价值形态，主要体现了“有顶有层”的组织形态特点，只要有“顶”即代表有权威主体，集权特征明显，但在精英价值形态下，这个“顶”已经不再是一个“能人”或“强人”，而是一个精英管理团队。直线职能型结构保障了处于顶层的精英团队的领导力和专业能力的发挥，提高了企业整体的价值创造能力水平——美国钢铁公司（United States Steel）就是以这种组织结构形式在 1901 年成为世界上第一个资产达 10 亿美元的企业。

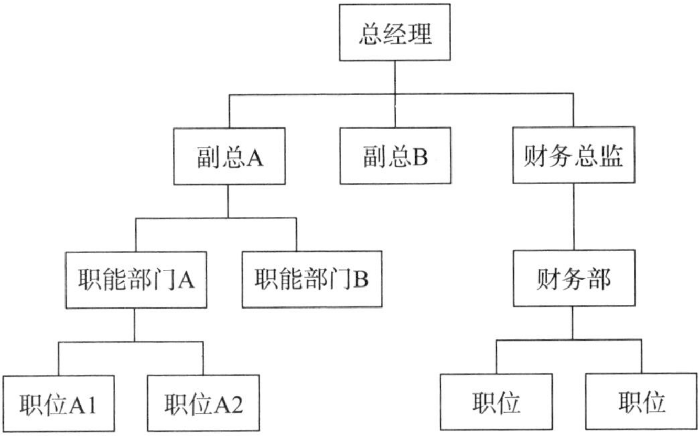


图 2-3　直线职能型组织结构

直线职能型结构建立在分工与协作的基础上，职能单元之间的配合与协作决定着企业的运行效率。而在职能分工不断细化、职位层次不断深化的过程中，内耗也将不断产生，这是因为职能分工与专业协作本身呈二律背反关系，要分工就需要减少协作，而若想使协作顺畅，则需要集成职能，以便于统一管理。因此，分工与协作同时增多时，价值创造活动在职能单元内部以及职能单元之间就会产生大量消耗，这是精英价值形态在发展壮大的过程中必然会出现的问题。企业规模越大，内部的官僚风气就越严重，各自为政与推诿扯皮的现象就越明显，当市场需求频繁变化时，直线职能型结构将使企业的运行逐渐僵化。

为了缓解这个问题，精英价值形态在原来的框架中做了一些优化，即通过减少分工提高灵活性。这时，横向集中、纵向分离，事业部出现，当事业部型结构出现在精英价值形态中时，就说明企业进入了精英价值形态的巅峰阶段。

### （二）集团组织——事业部型结构

事业部型结构最早由美国通用汽车公司总裁斯隆（Alfred. P. Sloan）于 1924 年提出，时隔不久，在日本有着“经营之神”之称的松下幸之助也采用了事业部型结构，这种组织架构在当时被视为划时代的组织变革。

事业部型结构实际上把企业划分成了上下两个部分，形成母子关系或总分关系，如图 2-4 所示。集团总部集中一些共同的、重要的职能，事业部则集中那些能够实现某项价值创造所必需的职能，这样，总部与事业部之间进行职能划分，母子关系形成。由于事业部没有战略决定权，因此所有事业部只能为集团创造价值，成为大型集团企业战略发展中不可缺少的一个组成部分。我们看到，集团企业通常都是在采取事业部型结构时开始走上多元化、国际化的道路。事业部承担着这些重要使命，中外企业在这个阶段时莫不如此。

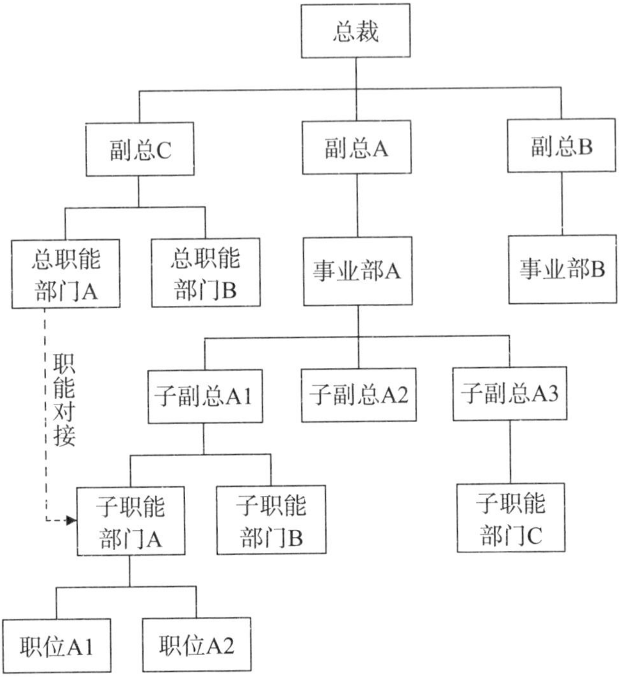


图 2-4　事业部型组织结构

事业部型结构适用于规模庞大、产品品种较多、技术复杂的大型企业。这些企业将相关的职能单元集合成一个相对独立的事业部，每一个事业部都能够独立核算、自负盈亏，通过这种方式体现事业部承担着的某项功能的价值；同时，权力向事业部转移，事业部承载着集团运营的一部分权力，形成“一大多小”的多核引擎，使集团企业能够灵活地应对市场变化。当企业规模达到一定程度时，必须具备多个权力主体才能带动组织的庞大身躯，到了这个阶段，就已经达到了精英价值形态的巅峰状态。事业部的出现其实是大型企业自我优化的结果，组织形态并未发生根本改变，主体结构依然是职能型。

精英价值形态的企业竞争的关键在于精英，精英团队的领导力水平甚至可以决定企业在行业里的地位，集团企业中的事业部负责人也是精英，因此笔者把工业 2.0 时代的企业竞争模式称为“精英之战”。

## 三、演变

精英价值形态的演变来自内外部两种力量的驱动。

来自内部的驱动力量是，由于职能型结构中出现了事业部，导致总部与事业部之间的关系很难理顺：做大，事业部希望能够单飞；做小，必然会被总部摆布。而在垂直型管理模式下，这个“度”很难把握，这也是人们常说的“母子矛盾”。由于所有事业部都没有战略决策权，因此要想获得发展就必须争夺集团的资源，容易在事业部之间产生本位主义和短期行为，因此还存在“子子矛盾”。这两类矛盾都属于由“分工”与“协作”之间的二律背反关系引发的问题，无法在精英价值形态中得到有效解决。

来自外部的驱动力量是，由于市场发生了巨变，传统商业模式难以为继。工业 2.0 时代的最佳商业模式是“集群型”，具体表现形式是加盟与分销，这个时期的企业要么让别人分销自己的产品，要么自己分销别人的产品，总之只要获得畅销产品，并能向市场大批量销售这些产品，就能迅速发展壮大，并在行业发展中占有一席之地。然而，这种商业模式只有在市场变化不大、客户需求相对集中的情况下才能实现，因此给了精英们施展才华的机会，“做大做强”自然而然就成为衡量精英价值的最有力的指标，进入工业 2.0

时代后，企业纷纷发展成集团企业。

然而，当市场需求开始分散且变得多变时，精英价值形态的优点就会变成缺点，职能型结构的使命也将终结，一种新的组织结构形式开始伴随着企业形态的进化而出现。

第五节

## 工业 3.0 时代最佳组织结构——流程型结构

工业 3.0 时代是市场生态成熟阶段，客户需求变得分散且多变，二八法则被长尾效应替代，传统企业标准化、规模化的生产制造方式显然无法继续满足市场需求。职能型结构采用分工与协作的方式，分工虽然提高了专业性，但也人为割裂了整个价值创造的过程，拉大了企业与客户之间的距离，降低了企业对市场的反应速度。

当市场变得分散且多变时，就必然要求企业的运行足够灵活，且具有较强的创新能力。显然，精英价值形态与职能型结构均无法满足这种市场特征，到了退出历史舞台的时候。而当企业进化到客户价值形态时，就将采用流程型组织结构形式，实施系统化、集成化的流程管理，通过员工创造力的提升，为客户提供一整套的需求解决方案，而不再是标准化的产品。客户价值形态下，由骨干人才为企业创造主要价值，这是在企业形态进化过程中第一次由多数人为企业创造价值，只有流程型结构才能达到这个效果。

由于流程型结构的特征与职能型结构相去甚远，于是在演变过程中出现了一种中间结构——矩阵型结构，它兼具职能型结构与流程型结构的特点。这种组织结构形式是本书的重点内容，将放在后面详细介绍，下面让我们先来了解流程型结构。

## 一、起源

流程型结构以客户为导向，通过业务流程搭建企业的运行秩序。企业的价值创造活动以及价值形式都体现在业务流程上，相对于职能型结构而言，不但更加复杂，而且是一种水平型的管理模式。

20 世纪 80 年代初到 90 年代，西方许多规模庞大的企业结构臃肿，运行效率低下，难以适应市场生态的变化，出现了所谓的“大企业病”。为了改变这种状况，美国学者迈克尔·哈默（Michael. Hammer）与詹姆斯·钱皮（James. A. Champy）提出了企业再造理论，两人联名出版了专著《企业再造》。在书中，他们系统阐述了企业流程再造（BPR，也译作“企业流程重组”）的思想，提出只有通过流程再造才能使企业彻底摆脱传统管理模式的弊端。这一全新的思想一经提出，就立刻震动了西方管理学界。

业务流程是由一组价值创造活动构成的一个相对完整的价值创造过程，这组活动有一个或多个输入，输出一个或多个价值成果，而这些价值成果对业务流程上的客户来说是一种增值。业务流程始于客户的需求动机，终于需求动机的满足，其使命就是为客户创造价值，因此客户价值形态以流程型结构支撑其有效运行，充分体现客户价值。

早在 20 世纪，西方企业就开始探索流程型结构，到了 21 世纪更是以惊人的速度发展，互联网企业、金融企业、高科技企业属于这种探索的早期实践者。在中国，目前虽然一些商业银行看到了流程型结构的优点，尝试进行流程银行改造，但是几年下来发现流程是流程、银行是银行，还是一个地地道道的传统银行。流程银行不是“流程 + 银行”，而是一整套全新的银行管理模式，没有掌握流程型结构设计基本原理只是这次改造失败的原因之一，更重要的原因是内外部条件都没有达到客户价值形态的要求，过于超前的变革只会给企业带来更大的伤害。客户价值形态是新商业时代的最佳组织形态，流程型结构也是对应的最佳组织结构，而中国企业的变革必然沿着这个方向演变。

## 二、特点

业务流程的出现为企业创建了一种新的运行秩序，这是对传统组织运行秩序的颠覆，彻底改变了精英价值形态的管理模式，开启了组织管理的新篇章，让企业从低级组织形态迈向高级组织形态，从封闭型的组织形态迈向开放型的组织形态。相对于三角形、梯形而言，流程型组织结构形如八边形，整体的外观从纵向变成了横向，形状上的改变更为明显。在我们呈现的所有组织结构图中，都是以横向设计取代纵向设计，就是为了体现这种变化，如图 2-5 所示。

在流程型组织结构中，职能分工与专业协作结束，取而代之的是集成化、系统化的流程管理，团队成为企业最小价值创造单元，不同的团队完成不同的业务流程，这时，团队的创新力为企业创造主要价值。在客户价值形态下，稳定的经营团队被变动的流程管理者所取代，相同的业务流程可以有不同的流程管理者，这使流程管理者与价值创造活动的结合更加紧密，灵活性更加明显。

客户价值形态下，没有固定的精英团队，这是一种“无顶有层”的组织形态：“无顶”代表没有稳定的管理权威与专业权威，经营管理团队的新陈代谢加快，这是为了能够迅速响应市场变化，“有层”说明企业内部还有不同的责、权、利主体，而骨干成为企业内部最大的群体，他们都是创新团队的核心人才。

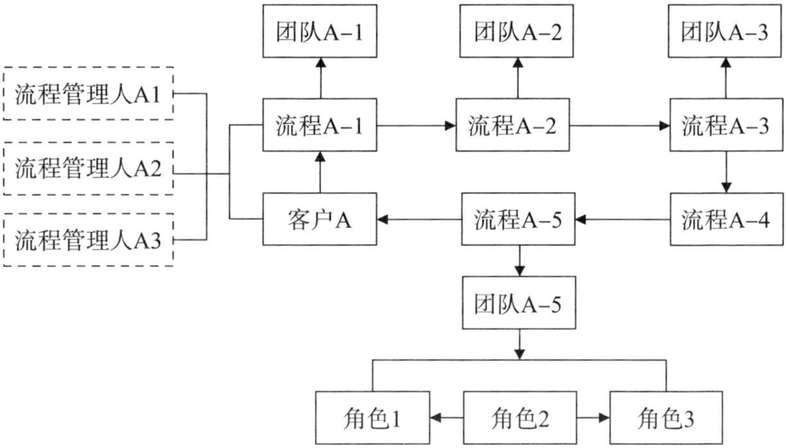


图 2-5　流程型组织结构

流程型结构通过业务流程把不同的功能集成在一起，解决了由于客户需求不断变化而出现的职能单元之间协作不畅的问题，同时依据客户需求对业务流程进行灵活调整，打开了企业与客户之间的边界墙，使企业与市场的契合度增强。因此，流程型结构是一种开放型的组织结构，这是封闭型组织不具备的特征。

搭建流程型结构，需要先进的信息技术的支持，以使价值创造活动在业务流程之间有效对接，使复杂的流程管理变得简单。从组织结构的演变过程中可以发现，科学技术在管理实践中的运用对企业的发展起着推动作用，促使组织形态从低级向高级转变，流程型组织结构在信息技术发展到一定程度时才会出现在组织形态中。

客户价值形态下的竞争关键在于骨干，骨干人才是数量相对较多，能够独当一面、承担独立任务的团队核心人才，谁能培养出骨干人才队伍，谁就能立于不败之地，因此笔者把工业 3.0 时代的企业竞争模式称为“队长之战”。

## 三、演变

客户价值形态看似已经很完美了，但其实依然存在致命伤，只是这种组织形态在我们的市场中还见不到，因此问题就显得没那么重要了。但是，我们有必要知道，客户价值形态虽然属于高级形态，但还不是最高级的形态，流程型结构还不是运行效率最高的组织结构形式。

客户价值形态的演变来自于内外部两种力量的驱动。

内部驱动力量来自于团队内部。集成化、系统化的流程管理彻底解决了业务流程不同功能之间的协同问题，但无法确保集成后的功能达到最优效果——这个问题在客户价值形态以及流程型结构中根本无解。原因在于，业务流程依然是由企业而不是由客户设计的，企业必须按照事先设计好的业务流程开展价值创造活动、满足客户需求，虽然实现了以客户价值为导向，但尚未达到完全统一，也就是说，尚未达到“客户价值就是企业价值”，这也成了客户价值形态的进化空间。

外部驱动力量来自于市场的再一次巨变，使传统商业模式难以为继。工业 3.0 时代的最佳商业模式是“生态型”，具体表现形式为平台或生态，这个时期的企业，要么让商务伙伴成为自己生态系统中的物种，要么让自己成为商业伙伴生态系统中的物种，总之要与市场中的其他价值主体形成一种共生体。然而随着市场不断发展，当客户需求分散到极致时，就是一个个个性化需求，每个需求都代表一个变化，市场已经发展到无法“集成”的地步。客户价值形态根本无法满足这种市场变化，流程型结构也将变得越来越僵化，业务流程上的团队开始瓦解。这时，企业将不得不再一次进化，而这次进化最终将彻底把客户价值与企业价值统一起来，工业时代最高级的组织形态即将形成，所有的利益相关者都能为企业创造无差别价值，这就是利益相关者价值形态，采取网络型组织结构。

第六节

# 工业 4.0 时代最佳组织结构——网络型结构

工业 4.0 时代是市场生态衰退阶段，全球经济将逐渐实现一体化，人类在工业时代的使命即将结束，接下来世界将进入另一个崭新的阶段——知识社会。人力生产力将再一次实现飞跃，至于知识社会是什么样子的，其实已经可以看出一些特征。

在工业时代的最后一个阶段，客户需求终于演变成为一个个独特需求。人类个体的需求特征从未变得如此明显，要想满足独特的客户需求，客户价值形态显然无法胜任，于是利益相关者价值形态崛起，一种全新的组织运行秩序——网络型结构将出现。在这种组织结构中，没有固定的业务流程，所有的价值创造者都散落在企业内部，但是可以依据客户需求即时形成业务流程，客户与价值创造者都是业务流程中必要的组成部分，客户既是需求提出者，也是需求制造者。此时，企业价值与客户价值完全融为一体，企业的运行效率达到最高。

## 一、起源

工业 4.0 时代让社会个体价值凸显，而利益相关者价值形态则让员工能够独立进行价值创造。个体价值得到凸显是因为生产力得到了极大的提升，它再一次改变了社会生产方式以及劳动者自身，这就是工业 4.0 时代的特征。

英国著名的经济学家罗纳德·科斯（Ronald. Harry. Coase）认为，当市场交易成本高于公司内部的管理协调成本时，公司便产生了，公司的存在是为了节约市场交易费用，即以费用较低的企业内交易代替费用较高的市场交易。当市场交易的边际成本等于公司内部的管理协调的边际成本时，就是公司规模扩张的界限。在企业形态进化过程中之所以会出现部门、团队、流程，甚至是职位、角色，皆是因为它们能够降低企业内部交易费用、提高运行效率。然而，当企业内部逐渐成为一个成熟的价值交换市场时，部门边界、团队边界、流程边界，甚至是职位边界、角色边界也都将随之一一消失。最后，价值创造者将独立且无差别地存在于一个组织中，企业形态将彻底开放，仅留下一个组织边界维持组织形态，这就是利益相关者价值形态。

显然，现阶段这种组织形态还不可能大量出现，在西方发达经济体中也仅仅有个别组织具备了这种组织形态的雏形。利益相关者价值形态下，利益相关者为组织创造无差别价值，这是人类社会发展的必然。仔细研究会发现，工业时代有一条主线贯穿着企业发展史：工业 1.0 时代体现了股东（资本）的价值，工业 2.0 时代体现了精英的价值，工业 3.0 时代体现了骨干的价值，工业 4.0 时代则体现了利益相关者的价值。伴随着企业形态不断进化，这一主线把所有主体的价值性依次呈现出来。能够让利益相关者体现无差别价值的组织结构，只能是网络型结构。

## 二、特点

在利益相关者价值形态下，固定业务流程逐渐消失。因为在客户价值形态下，业务流程是依据客户需求事先进行设计的，可以说业务流程在客户需求出现之前已经确定，已经考虑到了企业资源配置的环境，价值创造活动按照业务流程进行，通常变动不大，因而这种集成后的功能不一定能达到最优效果，只有依据客户需求特点定制的业务流程才能实现功能最优化，才能实现客户需求与公司价值创造能力的充分结合。因此，固定存在的业务流程必然会被即时性的业务流程所取代。

在利益相关者价值形态下，价值创造者以散点的形式分布在企业中，当客户价值需求出现时，价值创造者将与客户即时组成一个价值创造团队，完成一个价值创造活动；当一个企业内部出现众多这类业务流程时就构成一种网络状的组织结构，这是一种完全意义上的动态组织结构。在利益相关者价值形态中，部门、职位以及团队等彻底消失，完全实现无边界化，各类边界消失后，所有的流程都是即时封装、独立呈现其价值的。这时，企业运行效率最高、内耗最小。

网络型结构的复杂程度不言而喻，要想有条不紊地运行起来，就必须借助更加先进的技术。这是有形组织的最高级形态，可以用圆形来体现这种网络型结构的特点，圆形边界使用了虚线，表示这是一种开放型的组织形态，网络型结构中也使用虚线连接，表示一种动态性和即时性，如图 2-6 所示。这是一种“无顶无层”的组织形态，“无顶”并非指没有权威存在，而是指所有权威都将依据客户需求特征即时配置，客户需求满足时，权威即消失；“无层”也并非指具有不同责、权、利的主体消失，而是指责、权、利将依据客户需求即时配置给不同的价值创造者，价值创造活动结束，责、权、利即消失，其效率显然比客户价值形态更胜一筹。

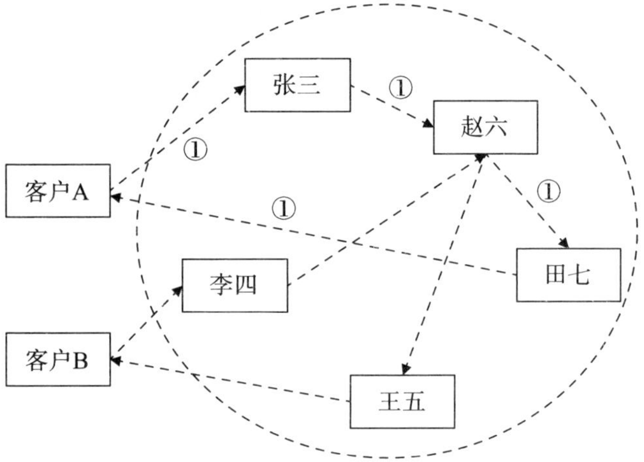


图 2-6 网络型组织结构

利益相关者价值形态下，企业可以依据独特的客户需求进行价值创造，具有极强的灵活性和市场反应能力。这时，企业内外部的价值交换更加紧密，维系企业形态存在的是企业的独特人格，即企业品牌，它凝聚着某种独特的力量，吸引志同道合的人共同为之奋斗。利益相关者价值形态的企业竞争关键在于每个个体，即利益相关者，因此，笔者把工业 4.0 时代的企业竞争模式称为“品牌之战”。

网络型组织结构虽然使企业的运作效率达到最高、资源消耗降到最低，但必须承认，以目前的技术水平很难实现，只能寄望于未来。

## 三、演变

利益相关者价值形态是工业时代最后一个最佳组织形态，因为企业的价值由所有个体创造，并且都能体现出价值，而其他组织形态都没有把所有个体的创造力释放出来。因此，这个时期的最佳商业模式是"价值型"，表现形式为独特人格或文化。

为了满足客户的独特需求，企业必须能够进行个性化的价值创造，客户与企业为了某种独特价值而走到一起。企业要想实现价值最大化，就必须在市场中具有某种独特的人格特征，这种人格特征不仅能聚集趋同人格特征的人，更能吸引市场中具有独特需求的客户，没有独特性的企业将无法在市场中生存。

利益相关者价值形态仅仅是工业时代最后一个最佳组织形态，而人类社会还将继续发展，因此，利益相关者价值形态也还有进化空间：当工业社会迈向知识社会时，有形的组织形态将进化为无形的组织形态。由于市场生态已经实现一体化，因此，有形组织边界将消失，无形组织将出现，它将承载某种价值创造使命，能够在全球范围内进行资源配置，这就是知识社会的组织形态特征。网络型结构将继续演变，突破有形组织的边界，支撑无形组织的运行，价值创造组织无形化将使运行效率更高、运行成本更低，创造出的价值将会更大，更符合未来人性的特征。

在工业时代的四个阶段出现了四种最佳组织形态，这四种组织形态由四种最佳组织结构提供有力保障。工业时代所有企业的发展都遵循组织结构演变规律，理解了四种最佳组织结构，就能有效指导组织结构变革。下面，我们就通过中外企业案例来说明这一规律在实践中的运用。

# Chapter 3
# 最佳组织结构实证研究

中国目前正在从工业2.0时代迈向工业3.0时代，直线型结构、职能型结构都已经在中国企业形态的进化过程中出现，成为人们比较熟悉的组织结构形态，有大量案例可以说明。本章主要从一些“非传统”企业以及一些特殊的组织结构形态中探索最佳组织结构的演变轨迹，尽量直观地展示复杂的组织结构变革。

中国经济系统在全球产业价值链中的位置决定了多数中国企业采取职能型组织结构，还有一部分采取直线型组织结构，不太可能出现较多的高级组织结构形态，如流程型结构，更不可能出现网络型组织结构。但是，随着经济系统发展，已经有少数企业构建起矩阵型组织结构，这些企业都已摆脱了“传统”的标签，这也让矩阵型结构成了“传统”与“非传统”之间的“边界线”。当然，传统企业转型并非只有组织结构需要变革，其背后是一整套管理模式的转变，组织结构变革仅仅是其中之一，而矩阵型结构是企业组织结构由“传统”走向“非传统”的必由之路。

从华为、海尔、宝洁这些中外企业发展与变革的过程中我们可以清晰地看到组织结构演变规律是如何在实践中发挥作用的，而未来，组织结构的变革也依然会沿着这个规律持续下去。

很多时候，我们要想看清未来，重要的是要看懂历史。

第一节

# 华为的组织结构演变过程

最近几年，华为逐渐成为中国企业的代表，并且有了相当一批追随者，其管理变革上的一举一动，都会引起相当大的反响；华为也成了中国企业的一个典范，但遗憾的是很少听到哪家企业学到了华为的精髓，甚至连“形似”都很难做到。

这是为何？笔者认为，很大一部分原因是，通过实践得到的经验在相对简单的系统中还能模仿，一旦要将它应用在复杂的系统中，就必须掌握基本逻辑，才能“学得会”。这就如同盖一个厕所和建一座摩天大厦的区别：通过认真观察、仔细思考，也许可以成功地盖出一个厕所，却很难建成一座摩天大厦，因为后者的复杂程度要求建造者掌握基本逻辑。

如果说华为是一家优秀的公司，那么这种“优秀”其实得益于它参与了国际市场竞争。在一个相对开放、规则相对清晰、机制相对完善的国际市场中，企业必须让自己变成一个符合市场要求的规范主体，否则就会被市场自发排斥，什么时候规范什么时候才会被接纳。

不仅仅是华为，中国其他“走出去”的知名企业，在管理上也都相对强于国内企业。

## 一、华为的直线型结构阶段（1987~1991 年）

改革开放给了中华民族一次新的选择，延续了中国工业的 1.0 时代。44 岁的任正非在 1987 年年底和五个志同道合的朋友，在南油新村的一个居民楼里成立了深圳华为技术有限公司。华为在创业初期是股东价值形态，虽然名为技术公司，一开始做的却是贸易，经过几番市场抉择，选择代理单位用小型交换机，算是正式走上了通信行业的道路。这种发展模式在 20 世纪其实非常普遍，万科、中兴、联想……都曾以这种方式开始自己的发展历程，这是时代的选择，所有企业都需要野蛮生长。

在这个阶段出现的企业都是股东价值形态的，采取的也都是直线型结构，如图 3-1 所示。这种组织结构让组织管理相当灵活，市场需要什么，公司就能卖什么，简单灵活，管理重心在于如何迅速占领市场，把产品卖出去。

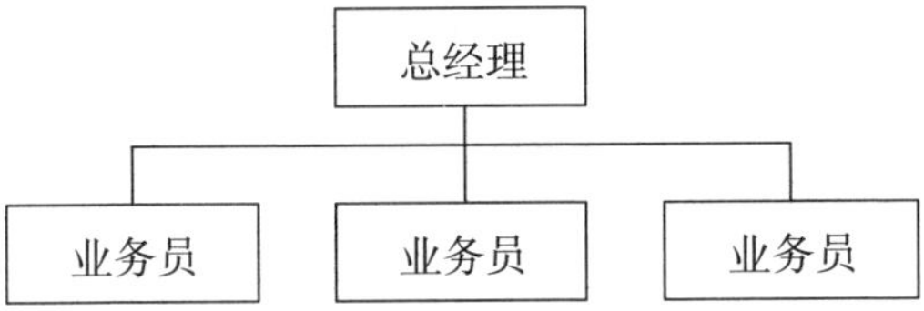


图 3-1 华为的直线型组织结构

股东价值形态下，企业需要“能人”或“强人”，而任正非就是一个名副其实的“强人”。他为当时的华为创造了主要价值，其创业历史早已深入人心，激励着众多的年轻创业者。然而没有谁是天生的“强人”，“强人”都是训练出来的，睡过地板、想过自杀，只有经历过这些才能具备“强人”的基本素质，经不起市场考验，就称不上“强人”。如果华为没有任正非或任正非不具备“强人”素质，华为早已被市场淘汰，这是股东价值形态的特征。由于缺乏“强人”，同时期的企业死掉的有多少，恐怕已无法统计了。作为当时仅比“摊位”强一点的“小铺子”，人没多少、资产没多少，华为不需要复杂的组织结构，直线型结构是当时的最佳组织结构，它孕育了华为，也为华为后期的发展奠定了基础。

从商贸起家的公司，成也销售、败也销售。销售能力影响企业形态 DNA，通常这些企业走到今天，也依然很难摆脱对销售的依赖，它直接影响了转型速度，甚至有些企业的销售能力过于强大，以致无法进行任何演变。

## 二、华为的职能型结构阶段（1992 ~ 2003 年）

商贸活动处于产业价值链的末端，时刻受供应链上游的控制，这种模式无法长久，于是任正非决心走自主研发的道路。经过几年努力，技术上终于实现了突破，能够自主控制生产、产品核心部件等关键环节。1992 年，华为销售额突破 1 亿元，华为决心开始开展运营商用交换机研发生产业务，此后，运营商用通信设备业务一直是华为的主营业务。

这时，中国开始进入工业 2.0 时代。经过工业 1.0 时代的原始积累，中国企业开始不满足于现状，一些志存高远的企业开始放眼全球市场，华为就是其中之一，率先践行了国家倡导的“走出去”

战略。

这时的华为已经进化到精英价值形态，采取了直线职能型结构，在发展过程中逐步出现内部分工与协作，如图 3-2 所示：管理、研发、生产、销售等基本功能都已具备。伴随着职能分工与专业化协作的出现，精英群体开始在华为崛起，并在不同的职能领域发挥了重要作用，华为也从当初的“游击队”转变为一支“正规军”，而且是一支强大的“正规军”。

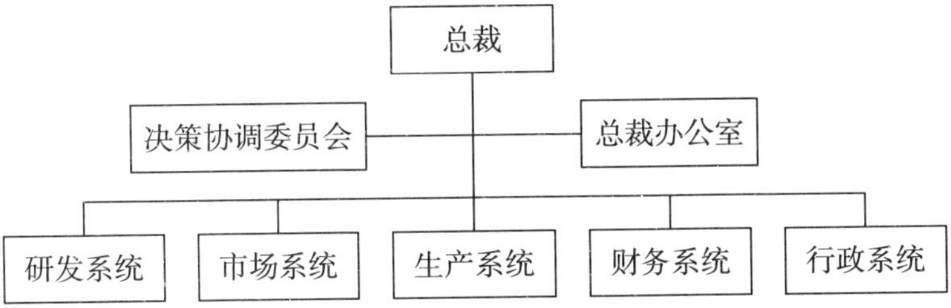


图 3-2 华为的直线职能型组织结构

1995 年，华为公司的销售规模已经达到 15 亿元，员工数量也已经达到 800 人，成为全国电子行业百强中排名第 26 位的民营企业。组织结构由直线职能型转变为事业部型，华为迎来了精英价值形态的巅峰阶段。在这段时期，华为从单一的研发、生产、销售交换机产品，逐渐进入移动通信、传输等多类产品领域，企业战略也开始朝着多元化、国际化的方向发展，成了一个能提供全面通信解决方案的公司。

在事业部型组织结构的支撑下，华为多元化、国际化的发展得到了有力保障。华为的员工数量也极速增加，到 1998 年，员工总数已经接近 8000 人，销售规模也接近 90 亿元，华为发展成为一个集团企业。如图 3-3 所示，华为的国内营销部与国外营销部是承担着两种营销功能的两个事业部，这就是比较简单的事业部型结构形式。

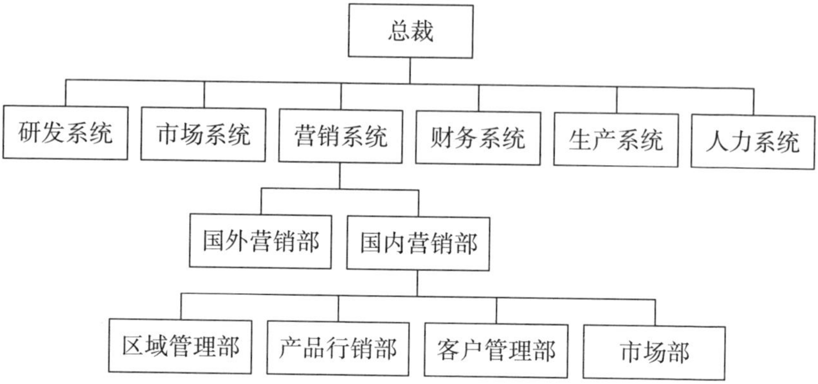


图 3-3　华为的事业部型组织结构

## 三、华为的矩阵型结构阶段（2003 年至今）

由于积极参与国际市场竞争，华为成为最早一批进入转型阶段的中国企业。在这个阶段，华为把基本组织结构定位成一种二维结构，严格意义上讲，这是一种产品事业部矩阵型结构，是规模型企业矩阵型结构的第一个阶段，这部分内容将在第六章进一步介绍。如图 3-4 所示，在产品事业部矩阵型结构中，既存在产品事业部，在华为被称为战略性事业部，基本职责是在公司规定的经营范围内承担开发、生产、销售和用户服务的职责；同时又存在区域事业部，基本职责是在公司规定的区域市场内有效利用公司的资源开展经营。两类事业部（战略性事业部和地区公司）都拥有完全独立的经营自主权，实行独立经营、独立核算，它们都是利润中心，承担实际利润责任。

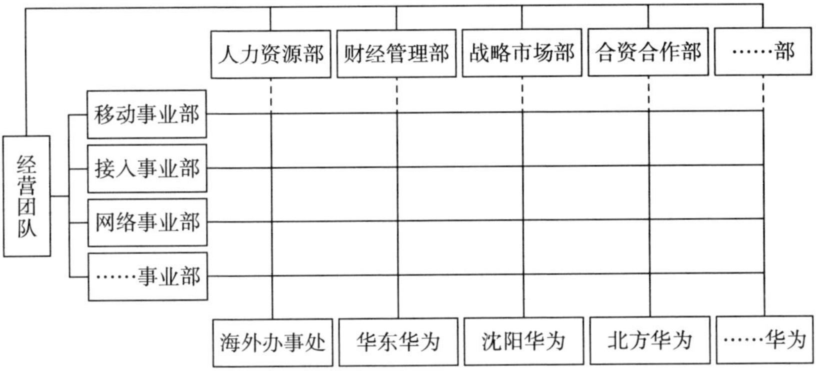


图 3-4　华为的二维矩阵型组织结构

从图中可以看到，华为的二维矩阵型结构体现在以区域差异划分的事业部和以产品差异划分的事业部上，海外业务并不明显，华为的重点布局还在国内市场。华为的总部功能定位是代表集团对公司资源进行统一管理，对各事业部、子公司、业务部门进行指导和监督。总部主要做重大决策控制和服务，以集中优势资源和精力突破市场难点。地区公司在规定的区域市场和事业领域内，充分运用公司分派的资源、尽量调动公司的公共资源寻求发展。在地区公司负责的区域市场中，总公司及各事业部不与其进行相同事业的竞争。各事业部如有拓展业务的需要，可采取会同或支持地区公司的方式进行。总部与战略性事业部、区域公司的定位形成了典型的战略管控风格，总部在一定程度上集权又能激活战略性事业部、地区公司，便于依据市场需求开展各自业务。

2004 年以后，华为基本上仍能保持超过 40% 的年增长率，海外业务有了长足发展，首次进入全球 500 强企业；到了 2017 年，已跻身全球 100 强。这时候，华为已经成为一个国际化大公司，产品事业部矩阵型转化为产品事业部群（BG）矩阵型，由于业务类型越来越多、业务构成越来越复杂，开始向平台型组织转化，如图 3-5 所示。华为的平台型组织依然是一种二维矩阵，主要由三类功能组群构成，即职能平台、业务组织、区域组织，并延续了战略管控风格。

华为的发展历程完全符合组织形态进化规律，其组织结构的变化同样遵守了组织结构演变规律。在中国，不仅仅是华为一家公司，所有企业组织的发展都遵循着这一规律，只是表现形式不同，中国企业的另一个典型企业海尔同样可以证实这一点。

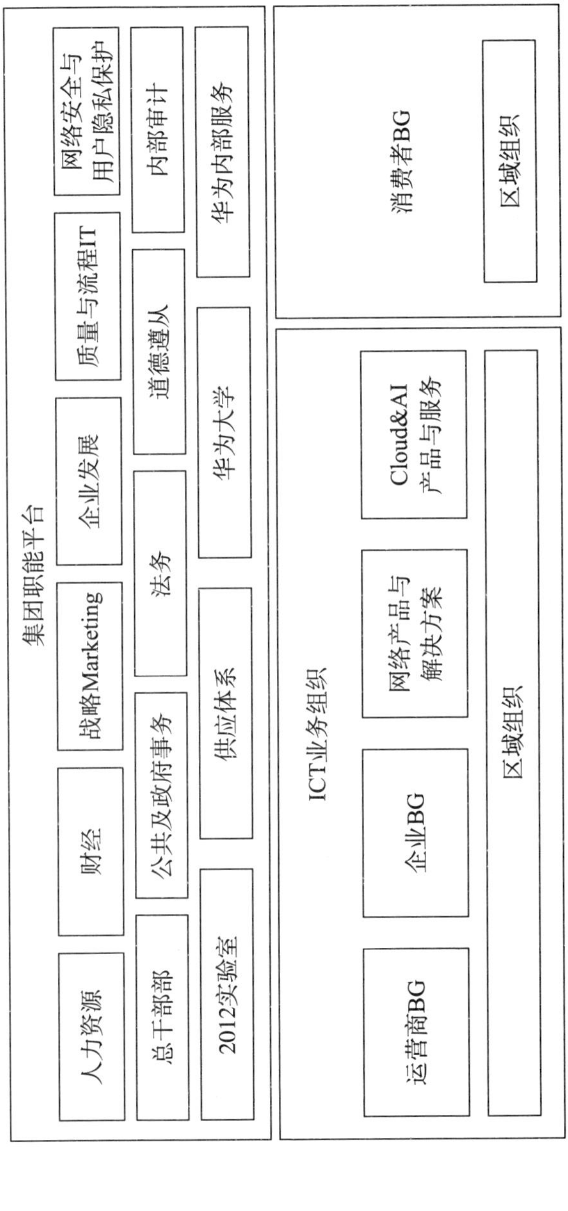


图 3-5 华为的平台型组织结构

第二节

# 海尔的组织结构演变过程

从严格意义上说，华为还不能算是最具代表性的中国企业，海尔才是。与其他本土企业相比，海尔的产权性质、发展历程几乎与中国经济的市场化进程同轨，是中国改革开放的一个缩影，无论成败都深深影响着中国企业，给中国的企业家、管理学者带来了丰富的案例与研究素材。

海尔是一个集体所有制企业，即传说中的“大集体”，这种所有制形式由于所有权范围特定，因此有别于传统国有企业以及一般民营企业，也正因为这一点，让海尔在中国的市场生态中更具典型性。

海尔几十年的发展史，也是一部中国企业的进化史。如今中国又进入了一次历史性的变革阶段，海尔也开始转型，直到今天依然处于“转型进行时”。至于它是否能够转型成功，让我们拭目以待。本书仅仅从组织结构的演变出发，探索海尔的变革特点。

正如海尔董事局主席张瑞敏所说，“没有成功的企业，只有时代的企业”，这恐怕是对企业进化的最佳诠释。

## 一、海尔的直线型组织结构阶段（1984～1991 年）

青岛电冰箱总厂终于到了资不抵债、濒临倒闭的地步，一年之内换了四任厂长，而张瑞敏就是被上级——青岛家电公司派来的第四任厂长。从此，海尔开始了新的生命历程，进入股东价值形态，在“强人”张瑞敏的带领下，海尔走上了品牌战略之路。

股东价值形态的海尔到底什么样？从“海尔 13 条”中可以看得清清楚楚。这些内容强调奖惩与纪律，成了当时海尔重要的管理手段，虽然现在看来有些简单粗暴，却非常有效，它们把一个粗糙的企业迅速带入正轨，企业焕然一新，员工的工作状态也得到了彻底改变。

海尔在这个阶段的发展主要借助德国制造技术。德国拥有当时较为先进的冰箱制造工艺，在获取这种独特资源后，海尔开始走上名牌之路，充分发挥了独特资源的价值。股东价值形态的海尔采取了直线型组织结构，实施“工厂制”管理，如图 3-6 所示，重点布局在市场、营销领域，很快就产生了明显的效果。在当时的改革大潮中，海尔脱颖而出，让人眼前一亮，很快就家喻户晓。

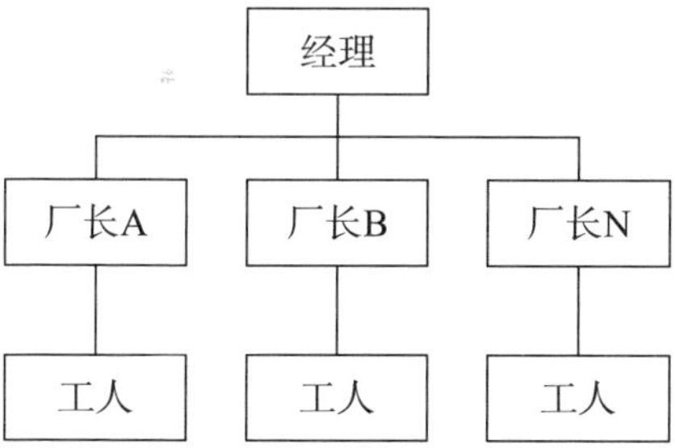


图 3-6 海尔的直线型组织结构示意图

不得不说，在海尔初创期，张瑞敏起到了决定性的作用。当时很多情况相似的企业由于没有“张瑞敏”式的人物掌舵，很快就消失得无影无踪。改革开放初期，大批国有性质的企业倒闭，出现了大量的“下岗”工人，都是因为这个原因。在相同的时空背景下，企业的生与死很大程度上取决于当时的变革者，这就是股东价值形态特征：如果张瑞敏没有出现在青岛电冰箱总厂，也就没有今天的海尔。现在看来，张瑞敏虽然不是股东，但却是股东代理人，海尔的成功归因于股东，在股东价值形态时，股东为企业创造了主要价值，笔者把海尔的这个阶段称为“海尔的张瑞敏时代”。

## 二、海尔的职能型组织结构阶段（1992～2012 年）

这个时期中国改革开放进入了第二阶段，企业改革目标是建立“产权清晰、权责明确、政企分开、管理科学”的现代企业制度。“产权清晰”是市场经济系统运行的基础，“权责明确”是社会化分工的必然要求，“政企分离”是指所有权与经营权分离，将经营权正式让渡给精英团队，而“管理科学”则是以制度管理取代强人管理。建立现代企业制度的核心是经理人团队的建设，通过经理人之间的职能分工与专业协作，突破个人能力边界，推动企业迅速发展，而这恰恰是精英价值形态的特征。

有了股东价值形态的积累，1991 年 12 月，海尔集团正式成立，张瑞敏任总裁。“总裁”一词象征着海尔经理人团队正式成型，全面进入精英价值形态，开启了“海尔的经理人时代”，张瑞敏也开始从股东直接代理人向职业经理人转变。

职能型结构必须有配套的系统化制度建设。人们耳熟能详的海尔“OEC 管理”是海尔为经理人量身定制的一套本土化的管理系统，其精髓在于如何让员工“做好本职工作”——这是职能型结构的基础，一旦“人岗匹配”上，职能型结构就会把企业变成一台高速运行的机器。

“OEC 管理”的目标是让经理人的价值得到充分体现，也正因为有这样的管理系统，海尔才能安心地走上“多元化”“国际化”道路，并在国内市场中大规模收购与兼并那些硬件不错，但经营不善、濒临倒闭的企业，不断完善白电产品线，如图 3-7 所示。同时，海尔在国际市场上加紧布局，成为第一批“走出去”的本土企业之一。在海尔精英团队的共同努力下，海尔逐渐形成了一个大型企业集团，同时从一个全国性品牌变成一个国际性品牌。

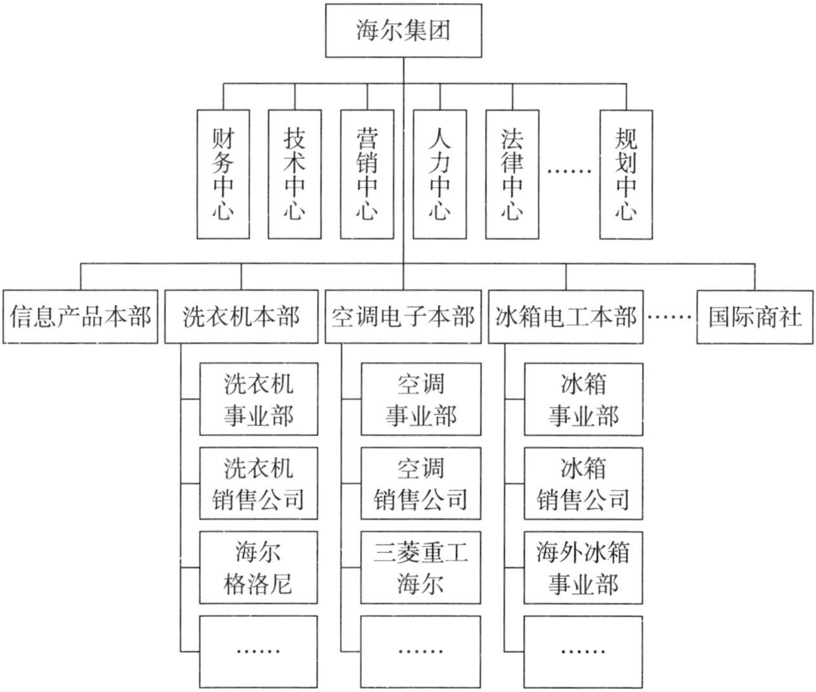


图 3-7　海尔的职能型组织结构示意图

海尔集团除了传统的白电产品线以外，也逐渐开拓其他业务板块，旗下聚集了电视、电脑、手机、软件、物流、金融、房地产等产业，甚至还涉足了餐饮、医药、保健品等领域。这时候，就需要通过事业部型组织结构支撑如此多元化的产业布局了。

## 三、海尔的矩阵型结构阶段（2013 年至今）

2012 年以来，全球经济格局出现新变化，直接影响到中国经济的发展，转型升级成为当务之急。如今的市场并不缺少需求，恰恰相反，需求越来越多元化，只是中国企业的整体价值创造能力不高，原创能力更弱，导致产品、服务严重滞后于市场需求。市场在扩大，业务却开始停滞甚至萎缩，因此“供给侧结构性改革”成为解决方案。

当市场处于不断分散且频繁的变化中时，企业就必须变得灵活且具有较强的创新能力。作为改革的急先锋，海尔的变革从“瘦身”开始：“海尔在两年内裁员 2.6 万人，多数是中层”，组织结构也变为“倒三角”，并开始实施“平台化战略”，“小微”“自主经营体”等概念应运而生，在管理模式上也出现了相应调整，“人单合一”成为海尔在这个阶段的典型特征。

“小微”“自主经营体”的崛起说明海尔的主要价值创造主体开始发生转变，从原来的少数精英开始变成众多的“平台主、小微主、创客”。这是一些能够承接企业战略、有明确的客户价值主张、能够端到端满足客户需求、独立核算、共创共享的经营团队；“人单合一”的“人”是价值创造者，“单”是客户需求，“人单合一”就是价值的创造者与需求者两者合二为一，体现了员工与客户的双重价值，让员工在为客户创造价值的同时实现自身价值，如图 3-8 所示。

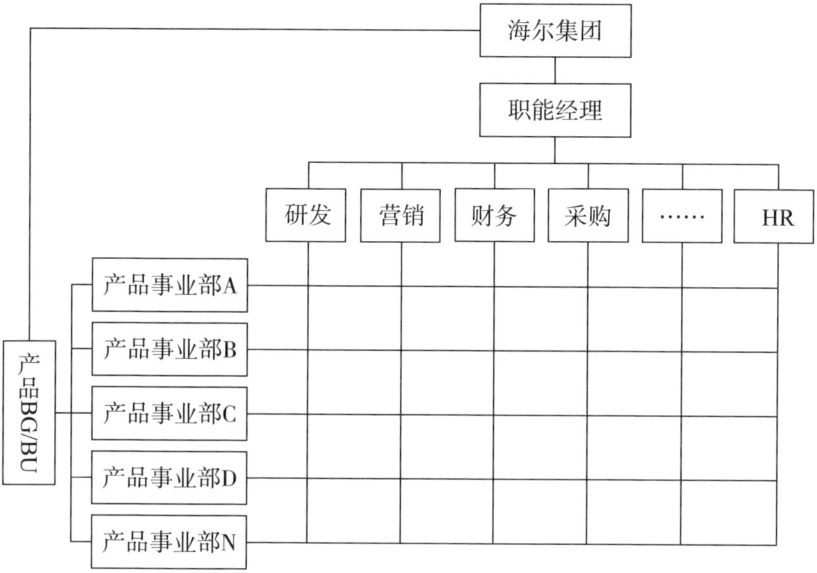


图 3-8 海尔的矩阵型组织结构示意图

这次，海尔所有的变革表象都在充分说明它开始向客户价值形态迈进，而能够支撑这些变革的只有矩阵型结构。这是一种纵横交错的组织结构形态，表现形式多元，“倒三角”仅仅是其中之一，后面将会详细介绍。

以上就是海尔的进化历程，具有一定的普遍意义。海尔从股东价值形态一路走来，经历了直线型结构、职能型结构，进入转型阶段后采取了矩阵型结构，这一过程是所有传统企业必然经历的过程，中外皆然。只有新创企业的起点可能会高一些，比如成立之时可能会直接采取矩阵型结构，但依然会严格遵循组织结构演变规律，下一个阶段必然还会是流程型结构。

客户价值形态下，创新力为企业创造主要价值，但是企业的创新能力培育却是在转型过程中完成的，不经历矩阵型结构，创新能力就不会出现在客户价值形态中，这是影响所有转型企业发展的关键因素。

第三节

# 宝洁的组织结构演变过程

人类社会的组织只有四种典型形态，在不同的时空中以不同的形式表现出来。工业时代，企业组织按股东价值形态、精英价值形态、客户价值形态、利益相关者价值形态的顺序依次演变，不仅中国企业华为、海尔遵循了这一规律，西方企业也是如此，本节就以宝洁为例说明。

宝洁（Procter & Gamble，P&G），众人皆知的全球最大的日用消费品公司之一，在 2017 年发布的《财富》美国 500 强排行榜中排名第 36，在 2018 年发布的《财富》世界 500 强排行榜中位列第 135。宝洁的进化史，见证了 20 世纪美国经济发展史上每一个波澜壮阔的时代，并和美国一起成了工业 2.0 时代的霸主。但宝洁和其他老牌世界 500 强企业一样，到了工业 3.0 时代就会被新生力量超越，要想保持在市场中的地位，就必须把变革坚持到底。

## 一、宝洁的股东价值形态（1837~1914 年）

宝洁公司的历史要追溯到 1837 年，那时，美国还处于工业 1.0 时代。前往美国西部寻找发展机会的英格兰移民威廉·普罗克特（William. Procter）和爱尔兰移民詹姆斯·甘保（James. Gamble）到辛辛那提落户。普罗克特从事肥皂生意，而甘保则开始学习蜡烛制造手艺，如果不是因为他们凑巧娶了两姐妹，这两个人也许永远也不会走到一起——他们的岳父成功说服两个女婿成为合伙人。1837 年，普罗克特和甘保共同出资，注册了以两人名字命名的宝洁公司，共同生产、销售肥皂和蜡烛，一个工业 2.0 时代的霸主正式诞生。宝洁的首间办公室兼生产厂位于辛辛那提市，这也是今天宝洁公司的总部所在地。

宝洁在初创阶段的发展模式与同时代的其他企业没有什么区别，都是从作坊式的工厂开始。这时，公司必然采取直线型组织结构和从上至下的垂直管理模式，管理者通常都是创始人本人或其亲朋好友，实行车间、班组、工人三级管理活动，如图 3-9 所示。简单、直接、有效，是精英价值形态的基本要求，由于生产力水平不高，分工与协作还未出现，只能为市场提供成熟型产品，但只要质优价廉就能不断提升市场份额。创业期的宝洁满足了这种条件，于是一步步发展壮大起来，到了 20 世纪初开始在外埠建立分厂。随着生产工艺不断提高，分工越来越明显，这时，在直线型结构中开始出现职能分化：生产、销售、财务等功能陆续剥离，首先由独立的人员承担，然后慢慢形成部门，直线型组织结构演变为直线职能型组织结构。

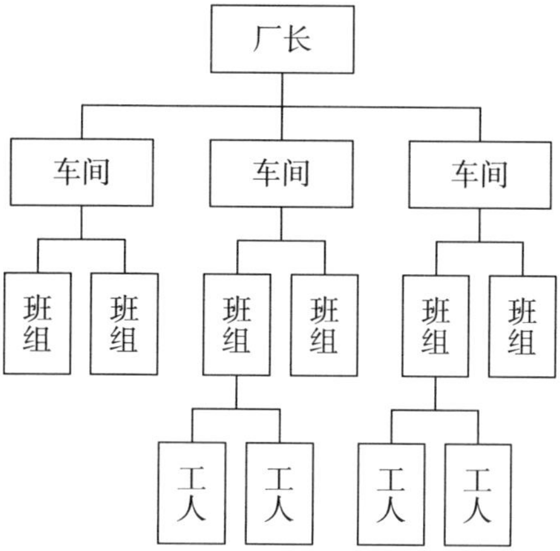


图 3-9　宝洁的直线型结构

宝洁从 1837 年成立到现在已经有 180 多年的历史，堪称基业长青，从一家制作肥皂与蜡烛的小作坊到享誉全球的消费品巨擘，这就是企业的“进化”。没有“进化”就没有发展，无法“进化”的组织迟早会消失在历史的尘埃中，所有的战略都是为了实现“进化”，中西方企业的发展都遵循着这一规律。只是在进化过程中，越是后出现的企业越容易度过低级组织形态阶段，毕竟，工业时代一直都在发展。

## 二、宝洁的精英价值形态（1915~1998 年）

进入工业 2.0 时代，宝洁从股东价值形态进化到了精英价值形态。作为一代霸主，宝洁终于开始发力，在职能型组织结构强有力的支撑下，走上了多元化、国际化的发展道路，其中，宝洁实施的多品牌战略成了商学院中的必修课。

无论市场前景多么美好，直线型组织结构始终都会限制企业规模，要想实现扩张就必须转变为直线职能型结构，企业内部出现分工与协作，但依然保留着垂直管理模式，只是出现了承担不同功能的职能部门。由于日用消费品的消耗量远远大于其他类型产品，对管理的要求明显提升，因此宝洁很快就从直线职能型结构转变为事业部型结构，进入精英价值形态的巅峰阶段，形成了母子公司格局。有了事业部型结构，宝洁多元化、国际化发展的速度明显加快，并于 1915 年首次在美国以外的加拿大安大略省建立生产设施，如图 3-10 所示。

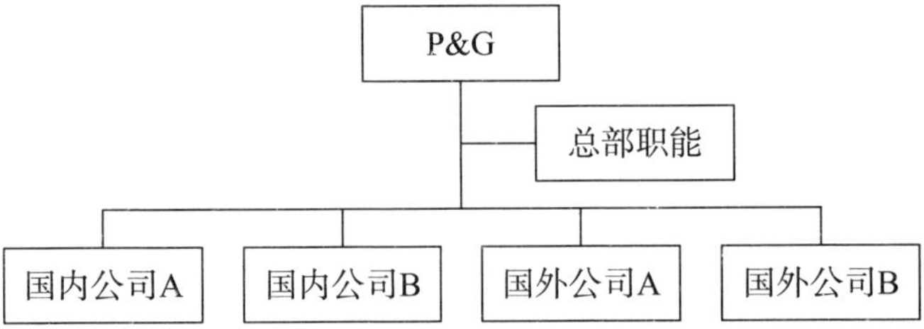


图 3-10　宝洁 1915 年的职能型组织结构示意图

随着国际业务的蓬勃发展，1948 年，宝洁在墨西哥建立了在拉丁美洲的第一家公司，同时，总公司成立了国际分部，开始对国际业务进行统一归口管理，以利于国际业务的整体布局。但这依然是职能型组织结构，华为也采取过同样的事业部型结构。从时间上来看，“二战”后，美国开始利用优势地位积极向西方扩张，并取得了极大成功，宝洁在这个过程中很快成为美国最大的跨国公司之一，确立了行业霸主地位，如图 3-11 所示。

1988 年，宝洁在广州成立了其在中国的第一家合资企业——广州宝洁有限公司，从此开始了其中国业务的发展。1995 年，宝洁放弃地区上国内国外的二分法，将其转变为四个全球地域性机构来管理全球生意：拉丁美洲、亚洲、西欧、CEEMA（中欧、东欧、中东和非洲），这依然是一种职能型组织结构，如图 3-12 所示。

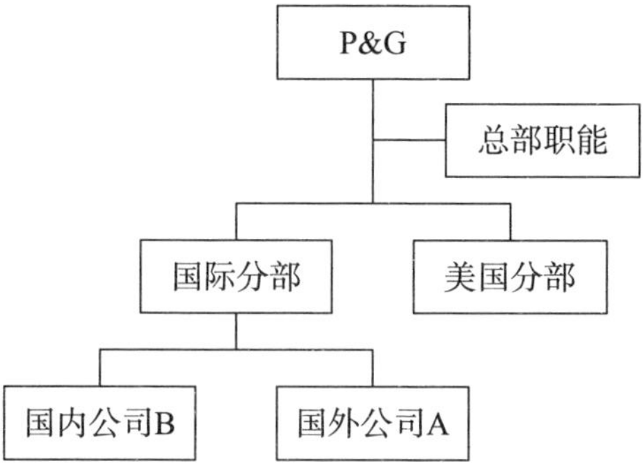


图 3-11 宝洁 1948 年的职能型组织结构示意图

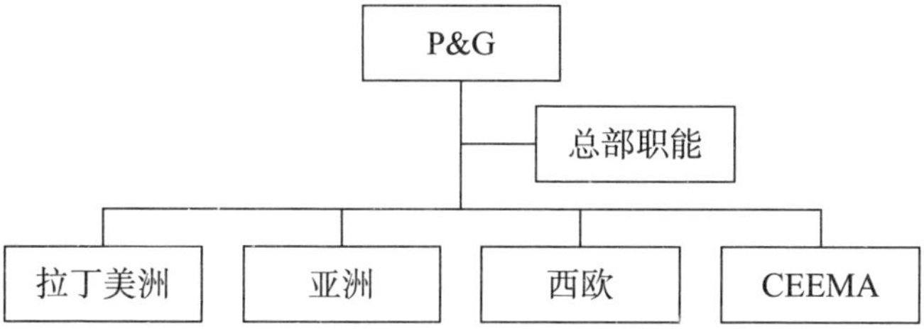


图 3-12 宝洁 1995 年的职能型组织结构示意图

职能型结构的特点是在垂直管理模式中出现了分工与协作，但无论如何变化，都是在突出某种特定功能——在精英价值形态阶段的几次变阵都没有改变这一基本逻辑，直到 1999 年雅格（Durk. Jager）上任，才终结了这种情况。仔细观察可以发现，很多中国企业发展到集团企业时，所实施的变革也不外乎这几种，同样没有跳出传统管理思维模式，直到今天依然处于进行时。因此，传统企业的问题无法得到根本解决。这一时期，IBM、GE、惠普都遇到了相同的问题，于是转型成为这些企业的当务之急，虽然形式各有差异，但是基本逻辑相同。

## 三、宝洁的转型阶段（1999 年至今）

1999 年年初，刚刚升任 CEO、之前在宝洁工作了 30 多年的迪克·雅格开始了新一轮的改革。这一轮改革与前几次不同，它推动了宝洁的转型。与今天中国企业转型的背景相同，为了打破大公司保守、官僚、不思进取、远离市场的积弊，雅格推出了名为“组织 2005”的变革计划，取消了原有的四个地域性机构，将旗下所有品牌划分为五大品类，依此设立了五个全球战略事业部，并设立了八个地区市场发展部与战略事业部进行协作。这一次，宝洁终于打破了职能型结构的框架，构建出矩阵型结构，但这次变革的影响较大，不仅新产品纷纷以失败告终，老品牌的市场份额也不断下滑，股价半年下跌了 50%。于是，雅格在仅仅干了一年零五个月后便离职了，由雷富礼（A.G. Lafley）接任。

雷富礼上任后，并没有改变迪克的矩阵型组织变革思路，依然坚持设立不同的“全球业务单元”（GBU，Global Business Unit），承担规划、创新、设计、生产等核心功能，并保留了区域营销单位，将其称为“市场开发组织”（MDO，Market Development Organization），负责完成区域内的销售目标与市场份额，MDO 与 GBU 形成二维矩阵关系，这也是传统企业转型过程中常见的矩阵型结构形式。

同时，宝洁将职能体系分为两部分：一部分如行政、信息化、人力资源、财务、采购等与业务决策系统非直接相关，且可以进行标准化工作的事务性功能，形成了共享服务体系，称为“全球商业服务”（GBS，Global Business Service）；另一部分如公关、法务、资本运作等，则成为公司的总部职能。GBU-MDO-GBS 成为宝洁矩阵型结构的典型特征，如图 3-13 所示。

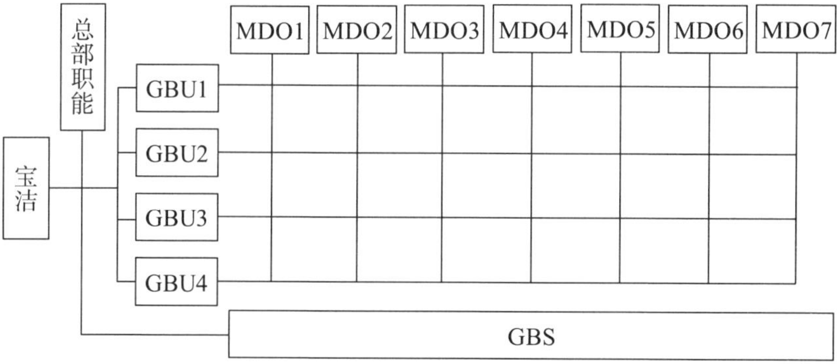


图 3-13　宝洁的矩阵型组织结构示意图

宝洁从 20 世纪末到今天为止，都在由矩阵型结构支撑，这是所有进入转型阶段的企业必然采取的一种组织结构形式，而在未来，也会随着变革的持续深入，迈向流程型组织结构。

顺便说一下，很多人奇怪为何宝洁一直坚持多品牌策略，其实答案并不复杂。日用消费品直接反映客户需求，每个品牌对应一类需求特征，当客户需求发生改变时，改换产品品牌即可，而如果是单一品牌战略的话，产品品牌与公司品牌就会重叠，当客户需求改变时，必然影响到公司品牌价值。然而，多品牌战略不是所有产业都能实施的，这也注定了宝洁在工业 3.0 时代必须构建日用消费品生态帝国，否则很难满足见异思迁、喜新厌旧的市场需求特征，这对一个曾经的工业 2.0 时代霸主而言，绝非易事。

可以看出，无论中国企业还是西方企业，无论表现形式如何复杂多样，都遵循了组织结构演变规律。不同工业时代对企业有不同的要求，要想成为最佳组织形态，就必须具有最佳组织结构。

第四节

## U 型、H 型、M 型都是什么型

U 型、H 型、M 型等组织结构形式经常出现在教科书以及一些公开资料中，很多读者曾经问过笔者其与组织结构演变规律的关系。其实这个问题并不复杂，U 型、H 型、M 型不仅印证了组织结构演变规律，更为组织形态演变规律添加了佐证。

西方学者威廉姆森（Oliver. Eaton. Williamson）根据钱德勒的考证将公司内部管理的组织形式分为 U 型（一元结构）、H 型（控股结构）和 M 型（多元结构）三种基本类型。这种结构形式的划分，是从资产关系、产权结构的角度进行的，与提出者的专业背景有关，因此没有与组织发展和变革建立必然联系。从这个角度出发，很难解构一个企业组织，更无法预知未来的组织结构特征，但却能够对组织结构演变规律进行有效补充。

## 一、U 型组织结构

在提出者看来，19 世纪末 20 世纪初，西方大企业普遍采用的是一种按职能划分部门的纵向（垂直）一体化职能结构——U 型结构（Unitary Structure）。这是一种高度集权的结构形式，直到 20 世纪 60 年代，U 型组织架构都是主流的组织结构形态。

U 型组织结构通常分为三种类型：

1. 直线结构（Line Structure）。在直线结构下，人员沿着指令链进行各种作业，每个人只向一个上级负责，且必须服从这个上级的命令。直线结构适用于规模小、生产技术简单，需要管理者具备生产经营所需要的全部知识经验的企业。管理者应当是“全能式”的人物，特别是企业的最高管理者。

2. 职能结构（Functional Structure）。在职能结构下，按职能分工的管理办法取代直线结构的全能式管理。下级既要服从上级主管人员的指挥，也要服从上级各职能部门的指挥。

3. 直线职能制结构（Line and Functional Structure）。直线职能制结构形式能保证直线统一指挥，充分发挥专业职能部门的作用。

U 型组织结构的最大特点是垂直管理模式。在直线职能制结构下，企业的生产经营活动按照功能划分为若干个职能部门，每一个部门又是一个垂直管理系统。各部门的独立性很小，企业实行集中控制和统一指挥，每个部门或系统都由企业高层领导直接进行管理。

U 型结构最早从美国 GE 发展起来，至 1917 年，美国制造业 236 家公司有 80% 采用了这种结构。U 型结构可以使企业达到必要的规模和效率，适用于市场稳定、产品品种少、需求价格弹性较大的环境。

如果把 U 型组织结构放到组织结构演变规律中来看，它与直线型结构、直线职能型结构相对应，两者最大的特点是垂直管理，集权特征明显，主要出现在从工业 1.0 时代迈向工业 2.0 时代的阶段。

## 二、M 型组织结构

M 型组织结构（Multidivisional Structure）也被称为事业部制或多部门结构，有时也被称为产品部式结构或战略经营单位，是由一种相对独立的单位或事业部组成的组织结构，组织按地区或所经营的各种产品和事业来划分部门。在这种设计下，每个单位或事业部拥有较大的自主权，事业部总经理对本单位的绩效负责，拥有经营决策权。各事业部独立核算、自负盈亏，集团总部通常扮演业务外部监管者的角色，协调和控制各事业部的活动，同时也提供诸如财务和法律方面的支持服务。

M 型组织结构按职能机构的设置层次和事业部取得职能部门支持性服务的方式划分为三种类型。

1. 产品事业部结构（Product Division Structure）。总公司设置研究与开发、设计、采购、销售等职能部门，事业部主要从事生产工作，总公司有关职能部门为其提供所需要的支持性服务。

2. 多事业部结构（Multi-Division Structure）。总公司下设多个事业部，各个事业部设立自己的科研、设计、采购、销售等部门，并进行支持性服务。各个事业部生产自己设计的产品，自行采购和销售。

3. 矩阵式结构（Matrix Structure）。这是职能部门化和产品部门化两种形式相融合的一种管理形式，通过使用双重管理线条、信息以及报告关系和网络把职能设计和产品设计结合起来，同时实现纵向与横向的联系。

M 型组织结构由三个互相关联的层次构成：第一个层次是由董事会和经营团队组成的总部。它是公司的最高决策层，也是采取 M 型组织结构的公司的核心。它的主要职能是战略研究与协同、向集团各子公司输出战略设计，并最大限度地实现资源和战略协同。第二个层次由职能部门和支持、服务部门组成。例如财务部负责集团的资金筹措、运用和税务安排，子公司财务只是一个相对独立的核算单位。第三个层次是围绕公司主营或核心业务的、互相依存又互相独立的子公司。子公司不是完整意义上的利润中心，更不是投资中心，它在本质上是一个在统一经营战略下，承担某种产品或服务的生产或经营单位。

M 型组织结构主要适用于产品多样和从事多元化经营的组织，也适用于面临的市场环境复杂多变，或所处地理位置分散的大型企业和巨型企业。

如果把 M 型组织结构放到组织结构演变规律中来看，它与事业部型结构、矩阵型结构相对应，两者最大的特点是出现了事业部，相当一部分权力配置给了事业部，总部与事业部之间的定位与关系成为组织管理的重要内容。

## 三、H 型组织结构

H 型结构（Holding Company Structure）被称为控股公司结构。严格来讲，它并不是一个企业的组织结构类型，而是企业集团的组织形式。在采用 H 型结构的公司中，母公司持有子公司或分公司的部分或全部股份，下属各子公司具有独立的法人资格，是相对独立的利润中心。

在提出者看来，H 型结构较多地出现在横向合并而成的企业中。H 型结构的显著特征是体现出明显的分权，各子公司保持了较大的独立性，但是为了协调全公司的业务，母公司要对子公司进行计划管理、财务管理和人事管理。母公司和子公司不是行政上的隶属关系，而是资产上的联结关系。母公司对子公司的控制主要通过股权实现，即在股东会和董事会的决策中发挥作用，并通过任免董事长和总经理来贯彻、实施集团公司的战略意图。子公司是在法律上具有法人地位的独立企业，有自己的公司名称和公司章程，其财产与集团公司的财产彼此独立注册，各有自己的资产负债表。子公司自主经营、独立核算、自负盈亏，独立承担民事责任。

采取 H 型结构的公司分权程度明显，除不拥有战略决定权以外，子公司完全可以独立经营，具有相当高的灵活性，因此集团企业很难对其进行控制，与“控股公司结构”一词并不匹配。由于集团总部与子公司始终难以实现协同，因此，H 型结构逐渐被 M 型结构所取代。

通过上面这段描述可以发现两点：一是 H 型结构具有部分 U 型结构特点；二是在 U 型结构的基础上实现战略管控的效果不佳，H 型结构被迫由 M 型结构取代。因此，H 型结构在当时并不是一种稳定的组织结构，只能说是一种集团组织形式。在U型结构中无法实现战略管控意图，必须转变管理模式，关于这一点，本书将会在其他章节继续介绍。

到了21世纪初，市场变化越来越频繁，随着各种投资基金、资产管理业务的兴起，这种结构形式反而有了广阔的发展空间，成为一些平台型组织、生态型组织的首选，当然，其背后的管理逻辑也发生了改变，这就是流程型组织结构。H型结构的出现再一次印证了分权组织运行系统绝不可能在传统企业中获得实现。

## 四、U型、M型、H型的关系

U型、M型、H型其实体现了组织结构的一种演变过程，无论是从出现的时间，还是结构自身的特点看，均符合组织结构演变规律，只不过是截取了演变规律的一段。例如，在U型结构中提出的职能结构，恰恰是直线结构与直线职能结构中间的一种过渡形式，增加了从股东价值形态到精英价值形态的进化依据；又如，M型结构中的产品事业部结构、多事业部结构，都属于事业型组织结构，这是精英价值形态巅峰阶段的组织结构形式，紧接着，又出现了矩阵式结构，恰恰反映出三者之间的进化关系。H型结构既想实现分权又想达到对子公司的控制，显然是一个矛盾状态的结构形式，根本无法在处于精英价值形态的企业中实现，所以必然随着组织形态的进化，转变为流程型组织结构形式，如表3-1所示。

**表 3-1 U 型、M 型、H 型结构与组织结构演变规律的关系**

<table>
<tr><td rowspan="3">四种典型组织形态</td><td colspan="2">股东价值形态</td><td colspan="3">精英价值形态</td><td colspan="3">转型阶段价值形态</td><td>客户价值形态</td><td>利益相关者价值形态</td></tr>
<tr><td colspan="2" rowspan="2">直线型结构</td><td colspan="3">职能型结构</td><td colspan="3" rowspan="2">矩阵型结构</td><td rowspan="2">流程型结构</td><td rowspan="2">网络型结构</td></tr>
<tr><td colspan="2">直线职能型</td><td>事业部型</td></tr>
<tr><td rowspan="3">威廉姆森的组织结构划分</td><td colspan="4">U 型</td><td colspan="4">M 型</td><td>—</td><td>—</td></tr>
<tr><td>直线结构</td><td colspan="2">职能结构</td><td>直线职能</td><td colspan="2">产品事业部结构</td><td>多事业部结构</td><td>矩阵结构</td><td>—</td><td>—</td></tr>
<tr><td colspan="7">—</td><td colspan="2">H 型</td><td>—</td></tr>
<tr><td>管理特征</td><td colspan="4">垂直管理</td><td colspan="4">以垂直为主</td><td>以水平为主</td><td>水平管理</td></tr>
<tr><td>分权程度</td><td colspan="4">低</td><td colspan="4">较高</td><td>高</td><td>非常高</td></tr>
<tr><td>适用企业</td><td colspan="4">中小企业</td><td colspan="4">大中企业</td><td>平台/生态</td><td>生态企业</td></tr>
</table>

U 型结构强调垂直管理和集权管理，研究样本应该是从股东价值形态向精英价值形态迈进的那些企业，这些企业体现了工业 1.0 时代、工业 2.0 时代企业的组织管理特征，因此涵盖了直线型结构和直线职能型结构。

M 型结构在强调垂直管理的同时提出了分权管理，从高度集权变成了相对集权，研究样本应该是处于股东价值形态巅峰阶段的企业。事业部普遍出现在集团企业中，这些企业开始走上多元化、国际化的道路，因此主要涵盖了事业部型结构以及事业部矩阵型结构。

H 型结构开始强调分权管理，横向管理线条开始出现，研究样本应该是从精英价值形态迈向客户价值形态的那些企业，它们兼有工业 2.0 时代和工业 3.0 时代企业的组织管理特征，到了客户价值形态阶段时基本都体现出这种产权关系。这些组织在 20 世纪 80 年代后才开始出现，数量非常少，因此威廉姆森也没有详细介绍。殊不知，这种结构很快就转变为流程型结构，替代了 U 型结构、M 型结构，成为新商业时代的主流。

威廉姆森对组织结构的划分，既受当时研究样本的影响——当时很多新兴组织还没有诞生，或者处于萌芽状态，例如微软、谷歌、高通、苹果等，也受学者自身局限性的影响——很多经济学领域的学者并不善于解构微观主体。

第五节

# 创新需要什么样的组织结构

当中国经济进入转型升级阶段，最常被提到的就是“创新”一词，在组织结构方面甚至出现了“创新型组织”的提法。这又是什么样的组织？它是如何实现“创新”的？当“创新”成为这个时代的主题，就有必要专门撰文讨论这个问题。

任何创新都离不开人，脱离人谈“创新”，都是无稽之谈。创新是人类的基本活动之一，是人类创造力的集中体现，也是人性的重要组成部分。因此从这个意义上说，所有组织都具有创新能力，所有的组织结构都支持创新，只不过这个创新有所不同。这个阶段的创新是什么创新？这是一次多数人的创新，是一种普遍意义上的创新，而这恰恰是传统企业普遍缺乏的。

让我们先看看不同组织形态下的创造特点，看看其组织结构是如何支撑创新的实现的，而后就会理解创新型组织应该是什么样的。

## 一、直线型结构的创新

直线型结构是股东价值形态下的组织结构形式，股东的资本收益力为企业创造主要价值，企业的创新能力体现在资本收益力中。在工业 1.0 时代，任何资本如果没有掌握创新技术，就很难在产业中形成垄断，或垄断很容易被其他资本打破；之所以能够形成垄断，就是因为资本占有了某种创新成果，才能开辟出一个领域，并在这个领域设置一定的壁垒，让其他资本无法进入，或使进入的成本较高，否则壁垒早就被冲垮了。而且，创新成果的技术含量越高，进入壁垒就越高，垄断也就越容易形成，于是垄断自然成为工业 1.0 时代的最佳商业模式。

直线型结构形如三角形，唯一能体现价值的是老板，其他人的价值创造都凝聚在产品中，根本无法识别。因此，在这样的组织结构中，只有一个人具有创造动力与创新热情，这种动力和热情在其他人身上几乎看不到。一个组织仅仅依靠一个强人的创新，这样的组织能为社会创造多少价值？因此，但凡股东价值形态的企业，规模都不大，通常出现在工业 1.0 时代，即产业刚刚形成阶段，这也是笔者把股东价值形态企业之间的竞争称为“老板之战”的原因之一。

股东价值形态下的“创新”并不是我们今天意识中的“创新”，直线型结构仅仅支撑个别人的“创新”。正是由于创新成果少之又少，所以工业 1.0 时代的创新成果被资本获得后通常并不会立刻投入市场替代现有产品，而是等到现有产品的价值实现最大化后，资本才会开始思考如何以新代旧。试问，这种情况在今天还会发生吗？

## 二、职能型结构的创新

职能型结构是精英价值形态下的组织结构形式，精英团队的领导力为企业创造主要价值，企业的创新能力体现在精英领导力中。在工业 2.0 时代，精英如果没有创造力，资本如何肯把企业的经营权让位给精英群体？这些管理权威、技术权威，要么在管理机制上进行了创新，要么在生产技术上进行了创新，然后再通过职能型结构将其释放到市场中。创新让他们成了企业中的精英，精英团队必须通过分工与协作的方式把创新成果变为经济效益，这也是笔者把精英价值形态企业之间的竞争称为“经理人之战”的原因。工业 2.0 时代的最佳商业模式是“集群”，即让外部商业主体对自己产生依靠，以达到迅速扩张的目的，而这种商业模式的基础也是创新，如果厂家没有创新，有谁会代理、加盟？有谁会主动进入到厂家的商业系统中？

职能型结构形如梯形，能体现价值的是精英团队，这些精英在各自的分工领域进行价值创造，不但极大提升了企业的专业化程度，而且其价值也充分体现在各职能领域，但其他人的价值却被淹没，几乎看不到。这符合二八法则，即 20% 的精英创造了 80% 的价值，其余 80% 的人创造剩下 20% 的价值。在这样的组织结构中，只有 20% 的人有创造动力与创新热情。一个组织仅仅依靠 20% 的人创新，能为社会创造多少价值？虽然精英价值形态企业的巅峰状态都是集团企业，但这些集团企业也仅仅是人多，价值贡献不一定多。

职能型结构虽然让企业规模有了明显变化、给市场带来了更多的产品，但并未提供更多的创新产品，因为精英价值形态生产的是标准化、同质化的产品，所以才会出现产能过剩的情况。显然，精英价值形态下的“创新”也不是我们今天意识中的“创新”，职能型结构也仅仅能够支撑少数人的“创新”。当客户需求分散且多变时，精英价值形态的创新就无法满足市场，而这就是中国市场的现状。所谓“供给侧结构性改革”，就是提高企业端的创新能力，为社会提供更多的创新型产品，满足人们日益变化的需求，而“供给侧结构性改革”的核心，就是中国传统企业形态的转变——不改变组织形态，就不会在供给侧出现我们所期望的创造力。

## 三、流程型结构的创新

流程型结构是客户价值形态下的组织结构形式，团队创新力为企业创造主要价值，企业的创新能力体现在团队创新力中，多数人为企业创造主要价值。在工业 3.0 时代，要不是多数人的创造力有了极大提升，精英又如何肯退出历史舞台？创新力一旦被团队承载，不同的团队就会展现出不同的创新能力，对应外部市场中分散与多变的客户需求，让一个企业的内部呈现出百花齐放的局面。这也是为何在这个阶段，明明是团队为企业创造主要价值，企业却被定义为客户价值形态。这是企业的价值创造能力第一次与外部市场需求融合，实现真正意义上的融合，所谓“创新型组织”必然是客户价值形态的，否则就无法体现“创新”的含义。

工业 3.0 时代的最佳商业模式是“生态”，一个“生态”的繁荣在于所有物种的共同作用。这时，企业的规模是否能够扩大已经不重要，因为企业的边界已经开始变得模糊了，只有多数物种都有创造力，“生态”才能具有强大的生命力。这时，长尾理论取代了二八法则，一个“生态”的价值主要取决于数量众多，且单位价值贡献占比较小的“物种”，它们通过累积效应发挥决定性作用。“生态”与“物种”彼此依存，当这个“生态”中的“物种”的创造力降低时，或者“物种”没有发挥应有的角色作用时，“生态”就会停止发展甚至枯萎。这是一种只有相互依存才能共同繁盛的商业系统。

流程型结构形如八边形，能体现价值的是众多、各类团队，这是企业创新的主体，团队的创造力越强，企业的价值创造能力就越强，这也是笔者把客户价值形态企业之间的竞争称为“队长之战”的原因。流程型结构开发了企业中绝大多数人的创造力，在满足客户需求的同时，也让大多数人的价值得到了充分体现。显然，客户价值形态下的“创新”才是我们今天意识中的“创新”。

## 四、网络型结构的创新

网络型结构是利益相关者价值形态下的组织结构形式，组织人格力为企业创造主要价值，企业的创新能力体现在每个个体中，所有人为企业创造无差别价值。在工业 4.0 时代，科学技术达到了工业社会的巅峰，个体可以独立进行价值创造，其所创造的价值完全取决于个人的创造力，且一个人创造的价值完全可以超越今天若干人所创造的价值，规模对于企业已经没有任何意义。那么，如何让个体发挥出这种创造力？答案是依托于组织的信仰与使命，组织的信仰与使命将成为组织的人格力。虽然这是完全意义上的“创新”，但离我们现处的阶段还有一段距离。

工业 4.0 时代的最佳商业模式是“价值”，市场中的客户需求已经分散成一个个独特需求，而每个企业也在市场中寻求存在的意义——具有某种独特价值的创造能力。客户的独特需求与企业的独特价值创造能力由于相互吸引而结合在一起，企业的价值创造能力越独特，就越容易和客户需求对接，企业要想发展，就必须承载某种独特的价值创造能力，否则就无法在市场中生存下去。所有不同的个体也是因为这种独特的人格才聚集在一起，共同组成一个价值创造组织。企业的独特人格将成为企业品牌，这也是笔者把利益相关者价值形态企业之间的竞争称为“品牌之战”的原因。

网络型结构形如圆形，在这种结构中，所有利益相关者都能体现价值，每个个体都是独特价值创造能力的载体，所有人价值创造活动的本身就是创新。利益相关者价值形态存在的意义就是创新，创新开始与价值结合，创新就是价值本身。

中国目前正处于从工业 2.0 时代迈向工业 3.0 时代的关键时期，绝大多数企业仍然处在精英价值形态阶段，创新依然是公司精英群体的责任。显然，这不是我们意识中的创新，职能型结构也不能支撑创新的实现，当务之急是尽快转型，创新在这个转型的过程中既是目的也是手段。在从职能型结构迈向流程型结构的过程中，将会出现一个中间组织结构形式——矩阵型结构，创新将在矩阵型结构中孕育，在流程型结构中成熟。

# Chapter 4
# 职能型结构与传统组织

前面介绍过，职能型结构是工业 2.0 时代的最佳组织结构，当新商业时代到来，工业 2.0 时代的事物就会被打上“传统”的标签。今天，在中国这个经济体中，绝大多数企业都采取了职能型结构，因此绝大多数企业都是传统企业，处于精英价值形态阶段，精英领导力为这些企业创造主要价值。当然，还有相当一部分企业处于股东价值形态阶段，但已不能算是主流，它们在新商业时代能活下去就是最大的胜利。

职能型结构形如梯形，典型特点是在垂直型（纵向）管理模式中出现分工与协作，形成了不同的职能单元与职位层级。人们常说的“金字塔”就是在企业发展过程中，通过职能部门不断增加、职位层级不断增多而形成的，规模越大，职能单元、职位等级就越多，这是所有“金字塔”形成的基本规律。

无论规模大小、无论资本属性，企业只要采取职能型结构，最终都会形如“金字塔”，都会得“大企业病”，这也是分辨一个企业是不是传统企业的主要标准之一。职能型结构对传统企业的发展至关重要，职能上的分工与专业上的协作，极大地提高了企业的价值创造能力，有效地支撑了企业向多元化、国际化道路的发展。传统企业之所以能在工业 2.0 时代高速发展，与这种组织结构形态分不开。

然而，新商业时代到来后，职能型结构的历史使命就已经完成，它将被另一种最佳组织结构所代替，而固守职能型结构的传统企业，其运行系统将会变得越来越僵化。

第一节

# 职能型结构的历史价值

提起“金字塔”，在人们的印象中除了那一座座古代遗迹外，就是传统企业了，“金字塔”几乎成了传统企业的代名词。

金字塔素以稳定著称，屹立几千年不倒，可谓名不虚传。这一点在传统企业身上也得到了充分体现——每当市场剧烈震荡时，传统企业往往能够通过“死扛”，顶住市场冲击，很多时候不仅能化险为夷，还能等来东山再起。

企业从来都不是以唯一一种形态出现的，只是在我们生存的这个系统中，金字塔形的企业最常见，而且对社会经济发展起到了极大的推动作用。因此人们常常会有一种错觉，并形成了一种意识习惯，就是认为企业就应该像金字塔一样。只是“金字塔”也是顺应市场发展、进化而来的，一旦市场环境发生改变，再稳定的“金字塔”也迟早会土崩瓦解。中国企业目前正在经历这样的一个时期：固守职能型结构，企业运行系统越来越僵化，内耗不断加大，直到油尽灯枯、彻底丧失变革能力，传统企业也走向终结。

## 一、职能型结构的历史贡献

职能型结构对企业的发展可谓至关重要，甚至可以说，没有职能型结构，就不会有传统企业，因为之前还有一种组织结构形式——直线型结构，那是工业 1.0 时代的最佳组织结构，现在看来是何等的简单与粗放。

直线型结构是最简单的一种组织结构形式。这是一种典型的垂直管理模式，在企业内部只有简单的上下级关系，通常采取指令性管理，即上级发出指令，下级按指令办事，下级完全听从于上级，同样，上级对下级的工作负全责。虽然组织粗糙，但不得不说，这种组织结构也让管理变得简单、灵活，而且企业规模越小，内部构成就越简单。这种企业有时被称为"无番号无建制的游击队"——很多著名的企业都是以这种组织形态起步的。

这种组织结构崛起于工业 1.0 时代，由于能够迅速组织社会资源进行价值创造，它有效地推动了社会发展，并让企业成为工业时代市场的核心主体。由于直线型结构相对简单，很难进行相对复杂的价值创造，因此虽然能够形成垄断，但企业规模通常不大，只能为市场提供成熟型产品，随着社会的不断发展，采取这种组织结构的企业越来越难以满足市场需求，为职能型结构的出现奠定了基础。

职能型结构适应了市场发展要求。与直线型结构相比，它延续了垂直管理模式，但是第一次出现了职能分工，分工之后，不同的职能单元可以有效地提高专业化水平，然后通过职能之间的协作，人们开始能够从事规模化、标准化的工业生产，彻底告别了简单的手工作坊时代，这是企业形态在工业时代的第一次进化。正是因为有了职能型结构，企业才从“游击队”转变为“正规军”，企业规模开始不断壮大，同时顺利进入高速发展期。职能型结构成为企业进入精英价值形态的标志之一，今天很多的中国企业都经历了这一过程，市场上绝大多数企业采取的都是职能型组织结构，当然，它们也都成了传统企业。

## 二、职能型结构的应用条件

职能型组织结构特点是在垂直型（纵向）管理模式中，出现了分工与协作，形成了不同的职能单元与职位层级，故名“职能型结构”，也有人称之为科层制、部门制结构。德国社会学家、“组织管理理论之父”马克斯·韦伯（Max. Weber）提出的科层制（也称理性官僚制）组织就是典型的职能型结构，其应用条件是“人岗匹配”，所有的职能型结构必然都采取职位管理基础。

所谓管理基础，是指组织管理思想、政策、措施、行为建立的依据，企业的各项管理制度都建立在管理基础之上，责、权、利均配置在管理基础上，职位管理基础并没有与人直接建立联系，管理制度也没有管理人，而是管理职位，这也是职能型结构稳定的原因之一。

一旦实现“人岗匹配”，职能型结构就可以如精密机器那样高效运行，机器上的所有零件（职位）都将发挥其应有的作用，“严谨”是这种组织的标签。科层制组织早已被当时的社会所认同，而德国在工业时代的发展也深受这些理论的影响，这也是说这种组织结构是工业 2.0 时代的最佳组织结构的原因之一——无论从宏观还是微观看，都有大量的例证。

当然，如果人岗不能匹配，这台“机器”就会立刻失灵。什么情况会导致人岗不匹配？一是市场频繁变化，由于岗位内容需要及时进行响应，然而人却没有变化，因此出现人岗不能匹配；二是人发生明显变化，而岗位内容却没有相应进行改变，导致人岗不匹配。无论哪种情况，都将使这台“机器”出问题，如果两种情况都发生了，那么这台“机器”一定会瘫痪，而这恰恰会发生在企业的转型阶段，传统企业这台“机器”越来越无法胜任新商业时代的任务。

在中国企业中，“人岗匹配”做得最好的是海尔，其“OEC管理”就是一套如何让员工做好本职工作的系统，对海尔的发展可谓功不可没。

## 三、职能型结构的巅峰状态

所有采取职能型结构的企业，只要企业有发展，最终都将发展成为一家集团企业。

职能型组织结构分为两种形式：直线职能型与事业部型。一般而言，集团企业多采取事业部型结构，事业部或子公司等分支机构承担某种特定的职能，属于集团企业内部的职能单元，因此属于职能型结构。

事业部的出现是企业追求效率的一种表现，在分工与协作的组织结构下，公司的运行效率会随着公司规模的扩张而降低。企业为了提高整体运行效率，迫不得已横向集中、纵向分离，于是事业部就会独立出来，承担某种特定功能，但会相对降低分工与协作的程度。这时，企业就演变为上下（母子）管理格局，集团企业形成。

集团企业内部的事业部并不一定要具有独立法人资格，“事业部”是管理学领域的概念，而“公司”是法学领域的概念，只要有运行相对独立、能够自负盈亏的业务单元出现，就是集团企业管理模式。因此，事业部型结构就是集团组织结构形式，也是职能型结构的巅峰状态。当然，公司发展到集团企业阶段，就并非只有职能型结构，随着企业形态的进化，集团企业中还存在其他组织结构形式，后面还会继续介绍，只是集团企业刚开始形成时，是通过职能型结构实现的，事业部的概念最初也是在精英价值形态中出现的。

事业部型结构让传统企业的发展如虎添翼，因为事业部的出现可以有效支撑企业走上多元化、国际化道路——很多大型企业都是依靠事业部结构走上对外扩张的道路的。但是，一旦进入新商业时代，几乎所有传统集团企业，都面临着“船大难掉头”“大而不强”的问题，而这也预示着职能型结构即将走到终点。

第二节

# 职能型结构与职位管理

职位管理出现在第二次工业革命之后（工业 2.0 时代），社会化大分工导致工作细分及专业化水平提高，职能分工成为企业构建与运作的主要指导思想，出现了固定的职位。今天我们所熟悉的职位其实是在精英价值形态中诞生的，并不是一直伴随着企业的，更不会永久存在。

精英价值形态的管理系统建立在职位管理基础之上，没有职位管理，传统企业的管理活动就如同一盘散沙，散乱且无序。职能型结构与职位管理是绝配，两者共同作用，使传统企业有了长足发展，今天，传统企业的管理制度哪个不是建立在职位管理上的？因此，要理解职能型结构的特点，就需要从职位管理角度切入。

理解“职位”，需要从最简单的“工作”开始。

## 一、什么是职位与职级

什么是“工作”？工作就是在一段较长的时间内，重复的、性质相近或相关的任务组合，当一件件相似的“事”组合在一起时，就成了“工作”。

什么是“职位”？一组性质相似的“工作”任务逐步稳定就形成了“职位”——“工作”被固化就是“职位”，也是人们常说的“因事设岗”。从概念描述上就可以发现，“职位”本身强调稳定，具有一种天然的静态属性，因此，其效果只有在相对封闭、变化不大的环境中才能得以发挥，这与职能型结构的特点完全相符。

人力资源管理领域常说的职位管理系统就是以职位为对象，科学地进行职位设置、职位分析、职位评估等一系列活动的管理过程，但是这些管理活动必须在职能型结构中才能完成。职能型结构为职位管理系统构建了基本框架，在这个基本框架下，才能设置出每个职位，这是职位设置；通过对每个职位的特点进行描述，形成职位说明书，这是职位分析；然后再对每个职位的价值进行科学衡量，这是职位评估。依据评估结果就能划分出不同职级，并形成职级图，呈现出传统企业“有顶有层”的布局。通常，职位的价值越高，职级就越高，而精英群体的职级都属于最高职级，为精英价值形态创造主要价值。

职位说明书、职级图都是人力资源管理的基本工具。“职位”是传统企业基本构成元素，如果把传统企业看成“金字塔”的话，职能型结构就是框架，职位就是构建“金字塔”的基本材料，“金字塔”的稳定就在于职能型结构与职位的特点。没有职能型结构，职位与职级就没有安身之处，传统企业自然就会处于散乱与无序的状态，如图 4-1 所示。

有了职位与职级，在传统企业中，无论有多少人，都能被纳入到职位管理系统中，按照职能型结构的布局进行有序的价值创造活动，因此相比股东价值形态企业而言，可以进行大规模的生产。这也是为何谁处于工业 2.0 时代，谁就会迎来一个发展高峰期，“世界工厂”就是对工业 2.0 时代的最好说明。

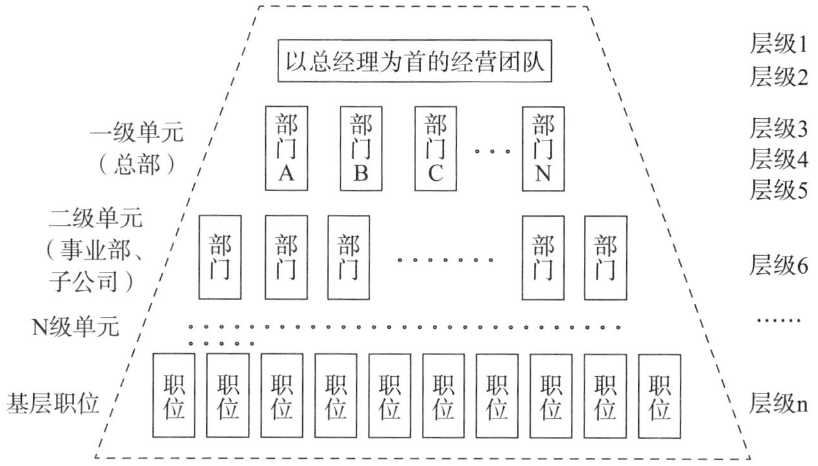


图 4-1　职位与职级

## 二、职位管理的特点

职位的出现让组织管理实现了一次飞跃，因为在工业 1.0 时代，即没有职位的情况下，只能管理“工作”，并无法管理到“人”——“工作”出现，再找能够完成工作的“人”，这就是股东价值形态企业的管理特征。但由于彼时的价值创造活动相对简单，不需要过多的创新和改变，恰恰与直线型结构相匹配，因此在这种情况下，管理活动一般是以工作为基础的指令性管理——员工接受管理者指令，严格按照指令要求完成工作任务，指令性管理方式显得非常灵活。但是当工作内容变得复杂、技术含量提高时，指令性管理就会使管理者焦头烂额、应接不暇。这时，就需要有某种东西承载这些“工作”，让每个“人”对各自的工作负责，减轻管理者的负担，于是就出现了“职位”，所有任职者以“各司其职”的方式，完成职位上的工作内容。职位管理同样也没有管理到“人”，而是通过职位的设置，明确了对“人”的要求，谁能满足职位要求，谁就可以成为该职位的任职者，这就是人们常说的“因岗找人”。传统企业通过“职位”，间接管理到“人”，而“做好本职工作”，就是职位管理的精髓所在。

当“职位”成为传统企业中各项管理制度的基础时，它就成了职位管理基础，如图 4-2 所示。此时，责、权、利都将配置在“职位”上，强调“人”符合“职位”要求，这就是所谓的“人岗匹配”。一旦“人岗匹配”，企业就会像一台高效的机器一样运行起来，很多企业之所以在工业 2.0 时代能够快速发展，就是得益于职位管理基础的支撑。

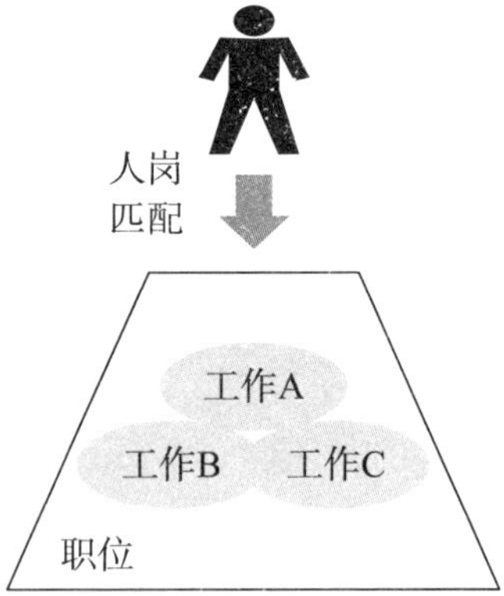


图 4-2 职位管理基础的特点

精英价值形态以“职位”为管理基础，“人”的价值主要通过“职位”的价值体现，后者的价值越高，前者的价值就越高。从这个角度来看，在传统企业中是以职位论英雄的，贡献再大也必须通过职位与职级体现，其他因素的影响都比较弱。员工的职业发展必然建立在职级晋升的基础上，职级越高，职位数量就越少，也就是说通道越窄。不难判断，绝大多数员工都会很快触及“天花板”，换言之，如果企业的发展阶段不是扩张期，那么很多员工都将早早进入职场的“垃圾时间”，在达到一定年龄后原地踏步——在传统企业中，不管如何设计职业发展通道，都是这个结果。

## 三、职位管理正在瓦解

职位管理基础虽然有力地推动了传统企业发展，使传统企业迅速壮大，但进入新商业时代以来，它却严重阻碍了企业发展，让企业的运行系统越来越僵化，而造成这种结果的原因就是它的稳定性。当工业社会的进程迈向 3.0 时代时，分散与多变的市场特点正好与稳定的职位特征相悖，外部市场环境的不确定性变得越来越大，职位设定的工作内容根本无法实现与外部市场同频变化，因此必然滞后于市场要求。“人岗不匹配”将成为企业内部的一种普遍现象，职位管理基础开始瓦解，金字塔形的传统企业风雨飘摇。

在这个特殊阶段，员工普遍会感到在所面临的工作任务中，常规性、模式化的工作内容越来越少，新内容、新任务却层出不穷，员工在工作中会感到越来越吃力，甚至焦头烂额，即便很努力、很勤奋地工作，也会感到力不从心。很多迹象都表明，职位管理的作用已经开始弱化。

举个比较典型的例子：2015年，合益集团（Hay Group）被收购。作为一家享誉国际的人力资源咨询公司，合益的海氏职位评级工具被广泛应用于人力资源管理中，没有职位评估就无法有效衡量每个职位的价值，公司的职级图就无法形成——当然，“拍脑袋”形成的除外，这是人力资源管理的重要工具。然而当职位越来越难以支撑企业发展时，职位评估工具自然也会被企业抛弃——不仅仅是合益，所有职位评估工具未来都将面临这个结局，职位管理已经出色地完成了历史使命，到了退出历史舞台的时候。

职位管理稳重有余而灵活不足，固守职位管理系统只会让企业运行系统越来越僵化，如同“一条腿”走路，在市场竞争中越来越被动。当精英价值形态迈向客户价值形态时，管理的基础也会发生相应变化，新的管理基础即将形成，以弥补职位管理的缺陷，这部分内容将在后面介绍。

第三节

## 职能型结构与产品管理

产品管理与职能型结构看似关系不大，其实不然，产品管理理念就是工业 2.0 时代的产物，必然会成为精英价值形态的必要组成部分。

产品管理是企业对产品规划、开发、生产、营销、销售和支持等环节进行的、围绕产品生命周期展开的一系列管理活动，目标是实现产品价值最大化，即企业价值最大化，这是传统企业的基本管理逻辑。当企业形态进化到精英价值形态时，产品管理理念便开始贯穿于企业的所有价值创造活动。随着时间推移，它虽然被很多学者赋予了一些新的含义，被认为是一种“进步”，但却无法掩盖其本来面目。

职能型结构具有分工与协作的特点，产品管理同样是通过分工与协作完成整个价值创造活动的过程，也就是说，产品管理最早是在职能型结构中形成的，只是后来随着组织结构的变革，被赋予了新的含义。

## 一、产品管理的基本条件

产品管理主要包括两方面内容，分别为产品生产管理和产品质量管理。产品生产管理主要包括计划管理、采购管理、制造管理、品质管理、效率管理、设备管理、库存管理、士气管理及精益生产管理等内容；产品质量管理主要包括确定质量方针、目标和职责，质量控制措施、质量改进方法等内容。这两部分内容构成了产品管理的两大基本条件：一是企业要有能够规模化生产的产品，二是企业要能够生产出没有质量问题的产品。这两点是工业 2.0 时代对企业的基本要求，也可以说是精英价值形态的使命，它们在工业 1.0 时代并没有被实现，只能放在工业 2.0 时代来解决。

这两点必须通过职能型结构的分工与协作来实现，分工使内部职能不断细化、专业水平不断提升，因此有效提高了产品的技术含量、提升了产品品质；协作使企业能够进行规模化、标准化生产，只要市场有需求，就可以通过不断提高产能，向市场源源不断地提供产品。职能型结构为产品管理设计了基本程式，例如研发、采购、生产、物流、销售等。整个价值创造过程在这样的程式中完成，而产品管理就是让每个环节都能按部就班地发挥各自的功能，顺利实现生产任务。

在工业 2.0 时代，产品管理理念无处不在，企业不仅在产品生产时采取了产品管理的方式，企业管理同样采取了产品管理的方式。例如，传统企业中，人力资源管理功能的实现就是一种产品管理，其为公司提供的招聘管理、薪酬管理、绩效管理、培训管理等活动，虽然看似是一种服务，不像有形产品那样直观，但招聘、薪酬、绩效、培训等内容就是人力资源管理部门生产的产品，这种服务的提供是以产品管理方式进行的，因为所有活动都以这些产品生命周期为核心，是以产品价值最大化为目标展开的。当然，其他部门也是如此，因为这个时代就是产品管理时代。

## 二、产品价值最大化

从对产品管理的概念表述中可以看出，产品管理聚焦于产品本身，所有管理活动均围绕产品的生命周期展开，并没有把客户“放在眼中”，企业对客户需求的关怀与理解主要体现在产品功能上。企业的战略目标是要尽快把产品变现为利润，让自身能够快速发展。因此，不仅产品管理的重点在产品上，整个企业的管理重点其实都在产品上。因为实现利润最大化的最佳方式是生产标准化、产品规模化，因此，企业制定了各种标准，甚至还需要“贯标”。标准看似是为了提高产品质量，实则设置了一种底线，即企业的价值创造活动只要达到这种底线就意味着满足客户需求。这就是产品管理背后的基本逻辑。

从这一点也可以判断出，产品管理的思维方式不具有什么创新性。原因很简单：任何创新都会改动现有产品的生产流程或工艺，否则创新如何体现？然而这样做就会提高生产成本。因此，除非产品的市场需求开始减少，即产品价值开始降低，甚至榨不出最后一滴价值时，才会有新产品出现。产品管理的思维方式不会推动企业主动创新，而这也是市场需求特征所决定的，工业 2.0 时代，市场相对集中，需要的是大规模生产出的同质化、标准化产品。因此，所有处于工业 2.0 时代的企业，目标都是“做大”，认为“做大”就能“做强”、“做强”的标准是“做大”，口号自然就成了“做大做强”，因此最终都将以产能过剩而告终，无一例外。

产品管理的思维方式必然是“以产品为导向”的，然而，很多中国企业却喜欢标榜“以客户为导向”——这当然是错觉。在产品管理思维中，产品价值永远是第一位的，对客户的关怀也仅仅体现在产品功能上。造成这种错觉的原因是，我们的企业过早地接触到了先进管理理念，认为只要考虑到客户需求就是“以客户为导向”。其实，判断企业是不是“以客户为导向”的也很简单——当产品价值与客户价值发生冲突时，“以产品为导向”的企业通常会放弃客户价值，保全产品价值。很多时候，这个话西方企业可以说，但中国企业却不能，因为两者的组织形态存在很大差异，在中国，只有非传统企业才具有“以客户为导向”的能力，因为这些企业开始放弃产品管理思维，采取了流程管理、项目管理等思维方式，这部分内容将在后面继续介绍。

在所有“以客户为导向”的管理方式中，客户都会参与到价值创造活动中，而在分工与协作的职能型结构中则找不到客户的位置，如何能实现“以客户为导向”？客户参与价值创造活动的程度决定了客户价值的大小。

## 三、张瑞敏为什么要“砸冰箱”

产品管理对中国企业的发展起到了重要作用，这是工业 2.0 时代组织管理的标志之一。

在中国企业的发展史上，海尔给大家上过的生动一课就是张瑞敏“砸冰箱”，只是不知多少企业从中有所收获。这一段几乎家喻户晓，甚至直到今天，提起海尔，很多人的第一印象都是“砸冰箱”，因为印象太深刻了。“砸冰箱”在当时稚嫩的市场机制中掀起了轩然大波，拉开了中国管理大讨论的序幕，极大地推动了中国管理学的发展。为什么要“砸冰箱”？现在看，“砸冰箱”的目的是要在海尔“砸”出产品管理机制，这是海尔进化历程中的重要一步。

改革开放初期，刚刚起步的海尔家底并不富裕，成本高、利润低。就是在这种情况下，张瑞敏带领大家“含着眼泪”“抡起大锤”，一共砸了 76 台质量有缺陷的冰箱。要知道，当时一台冰箱的价格相当于一名职工两年的收入，有很多人提出，这些冰箱并不影响使用，不如便宜点儿处理给职工。

不同的工业时代有其各自的使命，在工业 2.0 时代，作为一个市场的基本主体，任何一个企业都应该不断提升产品品质，不能为社会提供残次品。正如张瑞敏所说，“有缺陷的产品就是废品”，这是企业的道德底线，也是企业信誉的基本体现，如果连这个底线都无法遵守，人类塑造的工业文明将是多么苍白，更何谈社会进步？对于这段故事，人们在感动之余，也深深地感叹企业变革之难。据说，张瑞敏的那柄大锤被收入了国家博物馆，成为一个时代的见证，遗憾的是，依然有一些企业，直到今天也没有理解产品管理的历史价值。

产品管理是精英价值形态下，企业的基本管理方式，这一“砸”标志着海尔即将摆脱股东价值形态，迈向一个崭新的组织形态。果然，进入精英价值形态后，海尔进入了高速发展期，很快成为行业领头羊，在推动产业发展进程中，也成为中国企业的一面旗帜，让世界认识了中国企业。

第四节

# 传统企业的“三支柱模型”

提到传统企业转型，有必要回答一个最基本的问题：传统企业到底什么样？都说是“金字塔”，那么这个“金字塔”具有什么样的构造呢？只有明确什么样的企业才算是传统企业，才能知道传统企业转型应该做什么。

如果把“金字塔”进行解构，就会发现其内部都有“三支柱模型”：职能型组织结构、职位管理基础、产品管理方式。这三个支柱恰恰是构成企业形态 10S 中的三个 S，分别对应组织结构、管理基础结构与产品结构。

“三支柱模型”的通俗说法就是传统企业通常采取的职能型组织结构，在职位管理基础上实施产品管理方式，几乎成了传统管理模式的一种“标配”，也是判断是否属于传统企业的标准，无论这个企业属于什么行业、从事什么经济活动、是什么样的资本属性，只要有“三支柱模型”，就是精英价值形态，就都是传统企业。

## 一、“三支柱模型”的特点

“三支柱模型”从组织结构、管理基础和管理方式三个角度对传统企业进行描述，勾勒出一个传统组织的基本形态特征。“金字塔”就是因为有了“三支柱模型”才成型，如图 4-3 所示。

职能型结构搭建起了“金字塔”的框架，这种结构的最大特点是企业形态由不同的职能部门构成，这是企业内部“分工”与“协作”的结果，分工越细，部门设置越多，企业规模则越大。所有“金字塔”的形成都是因为有职能型结构，企业规模大小仅仅影响“金字塔”的大小而已，“金字塔”之所以能扛得住一定的市场冲击，也是因为职能型结构的特点。但是，新商业时代是一个不断变化的时代，“金字塔”终究有扛不住的一天，倒塌是一种必然的结果。

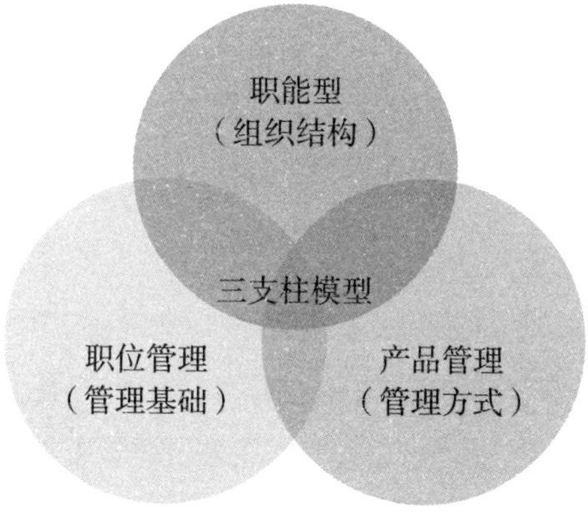


图 4-3 传统企业的“三支柱模型”

“职位”是构建“金字塔”的基础材料，所有管理机制均建立在“职位”的基础之上，责、权、利均配置给“职位”，而不是具体的人，所有的“金字塔”都是由“职位”一砖一瓦构建而成的。

"职位"一旦设定，就不会轻易变动，这也是"金字塔"稳定的根源。职位管理让每个任职者都能各司其职。在一个组织中，"职位"与"职级"的变动对人影响最大。随着"职级"不断增加，"金字塔"逐渐变得巍峨耸立。

产品管理方式让"金字塔"有条不紊地运营，它是对产品的规划、开发、生产、营销和支持等环节进行的一系列管理活动，核心是产品生命周期，最终目标是实现产品价值最大化，而并非客户价值最大化。在职能型组织结构与职位管理基础的作用下，产品管理方式能够使企业进行大规模、标准化的生产，使传统企业得以迅速发展。

有建筑框架、有基础材料、有运行方式，"金字塔"于是成型于工业 2.0 时代的市场系统中。传统企业的优缺点都是"金字塔"的特点，曾经推动传统企业走向辉煌，但也会让企业身陷囹圄，而要想推倒"金字塔"，就必须让"三支柱模型"在企业中消失，这是必要条件，本书中所提到的变革措施，很多都是针对"三支柱模型"进行设计的。

## 二、传统企业的判断标准

在传统企业的发展过程中，"三支柱模型"可谓居功至伟，它不仅使企业从"游击队"变成了"正规军"，而且把企业推进了高速通道。有了"三支柱模型"，传统企业的稳定性终于被夯实了，可以放心大胆地进行扩张，走多元化、国际化的发展路线，传统企业就是这样一路走来的。一旦"金字塔"成型，竞争的主要方式就必然是"做大做强"，因为越大越稳、越稳越强，在市场中甚至可以形成摧枯拉朽、横扫千军的态势，因此在工业 2.0 时代，每个行业都会出现几个霸主，遥遥领先。当新商业时代到来，三大“支柱”就立刻变成了三座“大山”，使企业重负在身、举步维艰。在市场化程度越高的行业，采取“三支柱模型”的企业受到的冲击越大。

从“三支柱模型”可以判断一家企业是不是传统企业。这几年互联网公司不断兴起，有一部分认为自己不是传统企业，但只要用“三支柱模型”衡量就会发现，它们依然是一座建立在互联网上的“金字塔”，传统企业管理上的问题一样不少，同样会面临转型的问题，甚至更加迫切，因为互联网行业天然排斥“金字塔”。

“三支柱模型”在管理学中虽然分属不同领域，但在设计原理上完全一致，因此能够集成在一起，成为一种稳定的组合，共同支撑传统企业有序运行。职能型结构、职位管理、产品管理这些理念在企业发展过程中几乎同时出现，都服务于精英价值形态，让精英价值形态成为工业 2.0 时代的最佳组织形态。

中国企业一直有追逐光环的习惯，谁头戴光环，就会向谁学习，反而忽视了企业自身的实际情况。实际上，不是所有先进理念或优秀实践都能嫁接到传统企业中，西方 20 世纪 80 年代以后出现的管理理念几乎都不是以传统企业为研究样本的，然而中国企业却拿来就用。“拿来”后，这些理念通常都会经历三部曲：吹捧、改造、鸡肋，最终不是改造得不伦不类，就是放弃。当中国企业普遍进入转型阶段后，本以为这些管理理念会开始有用武之地，结果却发现我们的企业又去追逐更耀眼的光环了，仿佛永远不会考虑什么是最合适的。

## 三、传统企业如何进行转型

这个问题看似简单，却非常重要。

现在看，中国企业转型必须经历三个阶段：认知、规划、实施。认知阶段需要解决三个重要问题，一是传统企业为何必须转型；二是传统企业转向何方；三是传统企业如何转型。如果没有获得这三个问题的答案，转型就只能摸着石头过河。当然，这也是一种方法，但其成本之高、风险之大，不是每一个传统企业都能承受得了的。解决了认知问题，才能开始规划，传统企业依据现实条件设计转型规划，不同于以往，这将是一个系统性的转型方案，它绝不是对传统管理模式的修修补补，而是要通过构建一个新的管理系统，逐步取代现有的管理模式——“三支柱模型”，在这个过程中既要避免裹足不前，也要防止转型过度超前的发生，因此，一个有针对性的系统规划在这个阶段显得格外重要。第三步才是实施，即按照既定的规划方案稳步推进。然而，市场始终处于动态调整过程中，再好的方案也无法面面俱到，因此在实施中就需要对方案进行不断的优化、调整，定期监测、评估，让转型过程处于整体规划之中。

传统企业为何必须转型？这是在认知阶段必须解答的第一个问题。中国企业的转型从一开始就是被动的，原因在于中国企业普遍扮演着“世界工厂”的角色，而传统企业的“三支柱模型”恰好与这个角色相匹配。当人类需求动机发生改变、生产力水平提升时，产业价值链将向下延伸，处于中上游位置的中国企业要想维持现有的产业价值链地位，就必须跟随延伸，如果想超越现有价值地位，那就必须加大延伸幅度，越靠近产业价值链下游，价值地位就越高，而能够延伸多少，取决于中国企业的创新能力，这是先进生产力的代表。当然，传统企业也可以选择原地不动，但是这时它的价值地位就会降低，而且会被其他竞争者替代，结果不问可知。

在这样一个特殊阶段，传统企业其实别无选择，谁也不会坐以待毙，这就是传统企业为何必须转型，只是目前出现了困惑与迷茫，因为还没有回答出后面两个问题。

Chapter 5

# 流程型结构与未来新组织

传统企业转向何方？未来企业将会是一种什么样的组织？这是认知阶段的第二个关键问题。很多人都给出了自己的答案，答案多得让人眼花缭乱，无法分辨，例如平台型组织、生态型组织、流程型组织、无边界组织、创新型组织、敏捷型组织、指数型组织，甚至还有云组织、水样组织、液态组织等，这些都是从组织的功能或者属性出发进行概念化的理解。相信随着市场的持续变化，还会涌现出更多的新概念，面对如此多样的组织概念，企业恐怕也会"蒙"，更不用说如何设计。但是仔细观察可以发现，以上所有的新组织都具有一个共同点，那就是动态性，这是其与传统企业最明显的差别。

其实，叫什么组织并不重要，新概念再多也都将遵守企业形态的进化规律，未来新组织都将具有客户价值形态特征，采取流程型组织结构，这就是组织动态性的根基，所有中国企业都将沿着这个方向进化。中国市场正处于从工业 2.0 时代迈向工业 3.0 时代的关键阶段，但还没有进入工业 3.0 时代，大量的生产制造型企业正在转型中，而西方发达经济体已经进入工业 3.0 时代，并开始展望工业 4.0 时代，在这些发达经济体中的企业样本就是中国企业变革努力的方向，如谷歌、亚马逊、苹果、微软等，这些企业的客户价值形态特征已经非常明显。

第一节

## 流程革命的历史意义

如果问中国企业对西方管理学最大的误读在哪里，笔者认为是在流程管理上。正是因为没有理解流程管理，才导致中国企业被禁锢在传统思维中不停打转，折腾了半天，又回到原点，始终无法进行实质性变革，而且周而复始，令人唏嘘。中国企业直到今天依然需要从认知层面开始理解流程管理，理解不了流程管理，自然无法理解流程型组织结构，更无法展望未来新组织，变革从何谈起？

20 世纪 80 年代初到 90 年代，西方许多规模庞大的企业结构臃肿、运行效率低下，难以适应市场生态的变化，出现了所谓的“大企业病”。为了改变这种状况，美国学者迈克尔·哈默与詹姆斯·钱皮提出了企业再造理论，两人联名出版了专著《企业再造》，系统阐述了企业流程再造的思想，提出只有通过流程再造才能使企业彻底摆脱传统管理模式的弊端。这一全新的思想一经提出，立刻震动了西方管理学界，并逐渐演变为一场管理学革命，为接下来的西方企业变革提供了理论依据。

如今，中国企业面临着相同问题，同样也需要进行流程革命。

## 一、革了谁的命

如果要问“你们企业的业务流程是否清晰”，多数回答会是肯定的，但是，不要以为流程清晰就实现了流程管理，这两个理念相去甚远。在现实中，正是因为流程清晰却没有实现流程管理，才出现了很多独特的问题，这也是企业转型艰难的主要原因之一。理解流程管理需要从流程革命开始，这是开启传统企业转型之门的一把“钥匙”。

管理学界公认，“流程管理是一次革命”，流程管理到底革了谁的命？当然是革了传统管理的命。

传统管理到底什么样？前面介绍过，它是一种以分工与协作为基础的产品管理，这与职能型结构相得益彰，采取职能型结构必然实施产品管理方式，这都是“三支柱模型”的必要组成部分。分工使内部职能可以不断细化，专业水平不断提升；协作使企业能够进行规模化生产，通过不断扩展最终形成集团企业。产品管理体现在企业对产品规划、开发、生产、营销和支持等环节进行的一系列管理活动中，围绕产品的生命周期展开，实现产品价值最大化，即企业价值最大化，永远是第一位的。

产品管理的“目光”始终聚焦产品（功能），因而能够实现产品标准化、规模化生产，这是工业 2.0 时代赋予企业的使命，正因如此，产品管理也容易造成产能过剩，这一点已经在现实中得到印证。因此，当传统企业发展遇到危机时，在转型中必须进行一次彻底的革命，即让流程管理革了产品管理的命。

为什么要革命？因为市场发生了巨变，新商业时代已经到来，产品价值开始让位于客户价值，二八法则让位于长尾理论，产品价值最大化将转变为客户价值最大化，让客户价值成为第一位，流程革命与流程型结构就是要实现这个目标。传统企业转型必须从产品管理迈向流程管理，从职能型结构迈向流程型结构，建立一套全新的管理模式。

## 二、革命尚未成功

其实革命早已开始，但由于认知不到位、条件不成熟，多数以失败告终，这也符合革命的规律。

革命的目的是要旧貌换新颜，但是在传统企业中，建立了业务流程以后，往往非但没有“破旧立新”，反而被旧秩序征服，不仅如此，旧秩序还会造成一种假象，让人们误以为革命成功——企业在做完流程梳理后，仿佛吃了一颗“定心丸”，以为责、权、利清晰，就实现了流程管理。其实这是一种错觉，流程清晰不等于能够实现流程管理，被梳理出来的仅仅是产品管理流程，清晰的产品管理背后还是产品管理，并不是流程管理。这样，即便流程清晰，做错的事情依然还会按照既定的流程反复做错，被消耗的一样都不少。

在这种情况下也出现了所谓“上 ERP 找死，不上 ERP 等死”之说，果真如此，企业岂不是只有死路一条？为何很多企业成功躲过了这一劫，因为那些企业实现了流程管理，而 ERP 与流程管理之间是如鱼得水的关系。

在分工与协作的旧秩序中诞生的业务流程，天生就是“畸形儿”。一旦开始梳理产品管理流程，我们就会发现很多环节存在“冗责”与“冗权”的现象，而且多数都出在中基层管理职位上：本来可以由一个职位完成的工作，却有多个职位重复在做，造成大量内部消耗。这一点并非管理人员不知，而是无法改变：只要企业进行流程再造，这些“冗责”与“冗权”的职位就会消失，责、权、利的基本规则就会被彻底打破，所有进行流程再造的企业，都会有大量中基层人员被淘汰，这个结果由谁来承担？因此很多时候，企业非到时机成熟的那一时刻不会这样做，而所谓的“那一时刻”也往往是见到“棺材”的时刻。

这不是中国企业的独有现象，西方企业也是如此，当从精英价值形态迈向客户价值形态时，精英群体在转型中扮演着举足轻重的角色，既是变革的推动者，也是变革的阻碍者，这种双重属性使大量的企业消失在这次变革中成为必然。

## 三、让流程革命来得更猛烈些

如今，这一时刻终于到来，传统企业再不转型就会变成行尸走肉，这个时候，企业急需一场轰轰烈烈的流程革命——不能停留在对业务流程修修补补的程度上，而是要流程再造，还流程管理以“本来面目”。

流程管理到底什么样？流程管理是围绕客户需求动机生命周期开展的一系列价值创造活动，不再为客户提供单一的功能性产品，而是提供一整套个性化的解决方案，产品只是其中的一个组成部分，产品多样化、多元化，最终是为了获得客户满意度，因为只有客户价值最大化，企业价值才能最大化。

流程管理是一种集成化、系统化的管理方式，“集成化”即任何流程环节都能无缝对接、融为一体；“系统化”则将集成后的业务流程进行封装，形成一个完整的管理单位，而与流程管理相匹配的则是流程型组织结构。“流程革命”就是由集成化、系统化的流程管理取代分工与协作式的产品管理，用流程型结构取代职能型结构。这个时候，企业将从提供标准化、规模化、同质化的功能型产品，转变为提供个性化、差异化、创新性的成套解决方案：从固定的生产工艺（流程）转变为可以调节的生产工艺（流程）；从确定的生产期限转变为可以谈判的服务期限……流程管理的“目光”始终聚焦客户（需求），围绕着客户（需求）展开一系列价值创造活动，所有变化都以客户为导向、以满足客户需求为基本原则，目的是提升客户的价值体验，这与传统管理理念截然相反。

从传统管理方式转变为流程管理，是企业形态的进化，是一次颠覆性的转变，需要建立一整套与之匹配的管理系统，所有管理机制都将重新设计。流程清晰距离流程管理还要走很长一段路，但是市场变化留给转型企业的时间越来越少，客户价值已不能停留在口头上，而是要体现在行动中。

中国企业只有进行流程革命才能顺利实现转型，如今需要重新理解“流程革命”的历史价值。既然流程革命从未在中国企业中爆发过，那么就让流程革命来得更猛烈些吧。

## 四、不为人知的“砸仓库”

海尔有哪些最佳实践？在笔者看来都集中在这两次“砸”上，这两次“砸”，对中国企业变革具有非同寻常的意义。

前面说过，张瑞敏“砸冰箱”几乎家喻户晓，殊不知前几年，张瑞敏还有过一次“砸仓库”。

当市场风云巨变之际，张瑞敏与上次一样，在众多的不理解与惊讶之中，将大锤挥向了仓库。然而这一次“砸仓库”却鲜为人知，因为市场风光早已被那些互联网公司抢去。谁风光就向谁学习，中国企业向来如此，认为学会之后也可同样风光，至于能不能学、是否学得会，在他们的认知里，那是以后再说的事。所以人们没有把更多的目光投向海尔，更没有多少人为之感动，这也让传统企业丧失了一次绝佳的机会。如果说这些企业没有顺利进入转型期，还在原地踏步或者苦苦挣扎的话，那么可以再体会一下“砸仓库”的深意。

上一次“砸冰箱”，目的是要砸出产品管理时代，让企业理解产品管理的真谛，这一次“砸仓库”，则是要砸出流程管理时代，让企业理解流程管理的真谛。流程管理既是集成化、系统化的管理方式，更是个性化、创新性的管理方式，在流程管理的时代绝不可能出现产能过剩，自然不会有库存，而没有库存意味着所有价值创造的成果都能立刻变现，这种方式下的价值创造活动效率最高，显然，这样的企业竞争力更高。当库存对企业已没有任何意义，留着仓库有何用？仓库本身是分工与协作式的产品管理下的产物，有仓库就会积压产品，就会造成价值沉积，一旦客户需求发生改变，仓库里的产品就会立刻转变为企业负担，库存越大，负担越重。现在海尔倡导的“人单合一”中，“人单”能否真正“合一”，就在于价值创造与价值需求的结合是否彻底。即便海尔现在也没有做到零库存，但至少指出了一条未来企业生存与发展的路径。

其实，日本早就提出了 JIT（Just in Time，即时生产系统）的管理思想。今天有多少企业正为严重的内耗苦苦寻求解决方案，殊不知解决方案就在身边，真正让人感到忧虑的是企业是否还具有变革能力。这两次“砸”既生动又深刻，甚至可以用里程碑来形容，完全可以写入管理学教科书，本应对中国企业发展产生深远影响，可惜时过境迁，“砸仓库”的警示效果弱了很多。

笔者一直认为企业具有人性特征，每当风险来临，企业都会潜意识地主动进行自我防御与改变，无论这时有没有理论指导，这就是企业本能，这种本能体现在企业管理者身上。

市场始终处于不断发展的过程中，企业也将不断进化，海尔“砸冰箱”“砸仓库”不是结果而是过程，伴随着海尔的不断发展，如果有可能，可以试想，未来还会“砸”什么？这又将是一次什么样的变革？

## 五、产品经理干的却是流程管理

产品经理并不是一个新岗位，主要职能是负责产品从策划到运营的全过程，最早出现在宝洁。随着宝洁的转型不断深入，这个岗位逐渐稳定下来，甚至形成了产品经理系统，对宝洁的发展起到了重要作用，宝洁的很多高管都出身于这个职位。近几年来，越来越多的中国企业开始设置这一岗位，很多人认为产品经理应该负责产品管理，其实恰恰相反，产品经理干的却是集成化、系统化的流程管理，虽然还没有实现全流程管理，但已经在推动企业向流程管理转变了，这是企业转型过程中出现的职位。

产品经理的诞生不是为了解决产品问题，而是为了解决产品与客户关系问题：产品承载着企业的价值创造能力，客户承载着市场需求特点，因此，产品经理就要解决市场需求特征与价值创造之间的矛盾，因为这个矛盾在传统管理模式下根本无法解决，海尔“人单合一”的背后也是这个逻辑。传统企业中的分工与协作虽然提高了专业技术水平，但也割裂了价值创造过程、拉大了企业与客户之间的距离、降低了企业的市场反应速度。当新商业时代到来，市场需求不仅没有萎缩，反而更加旺盛，只不过需求更加分散与多变，企业的价值创造能力却远远达不到客户要求，这个矛盾在精英价值形态中根本没有解决方案，因此西方企业在转型中不得不探索解决之道，诸如宝洁。

产品经理的主要职能是依据市场需求确定开发何种产品，并组织与协调研发、运营、市场等，确定和实施相应的产品策略，以及其他一系列相关的产品管理活动。这种定位只有在集成化、系统化的管理方式中才能发挥作用，宝洁对产品经理的定位也许更能说明问题：“产品经理对产品开发（包括产品概念、价格与成本、材料要求、包装要求、上市时间）、产品销售额、产品毛利率等负全部责任，并且还负责产品开发部门、生产部门以及销售部门的工作，负责品牌管理的全过程，成为影响品牌所有活动的牵头人。”“一个人负责一个品牌，一个产品经理对这个品牌负责。”“让产品经理像管理不同的公司一样来管理不同的品牌。”

显然，中国传统企业的产品经理还无法承载这样的定位，因为职能型结构与产品管理方式根本支撑不住，产品经理的作用之所以在互联网公司中体现得比较明显，也是因为这些公司已不是职能型结构，采用的也不是产品管理方式。

第二节

## 流程型结构与角色管理

管理基础是管理系统构建的依据，对企业能否正常运行有着重要影响，尤其是对人力资源管理系统而言，更是如此。职位与角色都是管理基础，职位管理是工业 2.0 时代的最佳管理基础，角色管理则是工业 3.0 时代的最佳管理基础，谁想迈进工业 3.0 时代，谁的管理基础就必须从职位管理转变为角色管理。

客户价值形态的管理系统建立在角色管理基础上，没有角色管理，企业的管理活动就将如同一盘散沙。如果说职能型结构与职位管理是绝配的话，那么流程型结构与角色管理也是绝配——今天，很多西方企业的管理机制都是建立在角色管理基础上，流程型结构特点也需要从角色管理的角度来理解。

建立在职位管理基础上的传统企业，其运行系统稳定有余而灵活不足，一旦市场发生频繁的变化，就立刻僵化，而角色管理则具有较强的灵活性，市场变化越快，效果越明显，在稳定的市场环境中反而效果不佳。一个企业可能存在作用不明显的职位，但是绝不会存在作用不明显的角色，因为管理系统可以随时调整角色的地位与价值。

当企业发展到生态型组织阶段，所有“物种”都将角色化，成为生态系统必不可少的组成部分，角色管理将有效支撑生态系统的运行。

## 一、角色管理基础建立

在工业 2.0 时代，社会化大分工使工作细分及专业化水平提高，职能分工成为企业构建与运作的主要指导思想，出现了“职位”。“职位”是一组性质相似的工作固化下来形成的产物，因此天然强调稳定性。然而进入到工业 3.0 时代时，市场生态发生巨变，客户需求频繁变化，导致“职位”无法承载频繁变动的工作内容：常规性工作越来越少，新情况、新事物不断涌现，职位边界越清晰，越容易出现推诿扯皮、各自为政的现象。此时“职位”逐渐解体，“工作”得到解放，“工作”与“人”开始直接结合，这就是“角色”。角色并非指人，更非指工作，角色 = 人 + 工作，“角色”体现了“人”与“工作”的统一性，当“工作”发生变动时，“人”必须同时改变，因此所有角色都天然具有动态属性。这一点至关重要，它既是与职位管理的本质区别，也是市场发展的要求，为了能够迅速响应客户需求，责、权、利必须配置在“角色”上。

职位管理系统的前提是“人岗匹配”，角色管理系统也有前提条件，即“行为匹配”：人的行为与工作要求相匹配，无论市场如何变化，人的行为总能满足客户需求，如图 5-1 所示。一旦行为匹配成功，企业就如同一个生态系统，能够通过自我调节，适应任何恶劣环境。角色管理极大地提升了企业管理的灵活性，符合新商业时代的市场发展规律，转型企业如果不引入角色管理，就无法解决职位管理基础带有的“硬伤”。

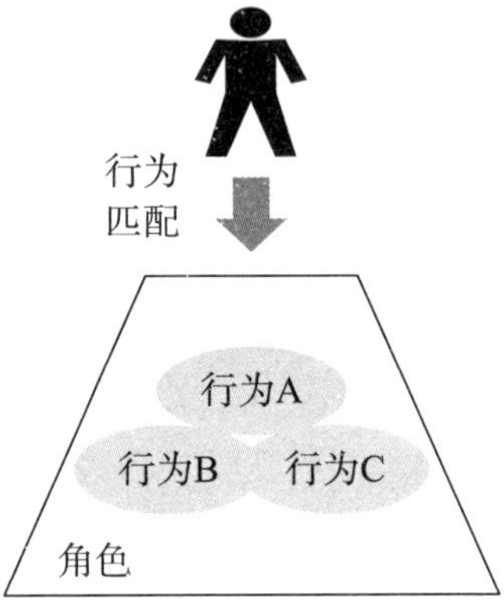


图 5-1　角色管理基础的特点

“职位”只有在职能型结构中才能设计出来，而“角色”只有在流程型结构中才能设计出来，业务流程上的不同功能由不同角色承担，这些角色依据客户需求特征而设计，当客户需求变动时，角色承担的工作也会发生改变，至于这个角色，可以改变，也可以不改变，完全依据客户需求而定，这就是动态管理的特点。

我们经常听到“某个职位作用不明显”这样的话，这是因为职位设计以及“人岗匹配”在过程中出了问题，而角色管理强调“人”与“工作”的统一性，因此即便出现角色价值没有发挥出来的情况，也能够立刻进行优化，绝不会任由这种状态持续存在下去。角色管理让所有角色都处于动态调整中，不仅能优化人才，还能推动人才主动追求更具有价值的角色，最终每个角色都能找到其存在的价值。

角色管理基础是工业 3.0 时代的产物，任何即将进入工业 3.0 时代的经济组织，都必须开始构建角色管理系统。角色管理的重要性远超我们的想象，这是一个划时代的产物，直到今天，很多人还没有理解为何西方社会可以建立在素质教育的基础上——素质教育的本质就是角色管理，是社会系统中的角色管理。

## 二、角色管理的核心内涵

角色管理的依据来自于能力素质。

20 世纪 70 年代，哈佛大学麦克里兰博士（David. C. McClelland）受美国国务院委托，协助甄选符合国家战略及目标要求的人员。在这个过程中他发现，成绩的优异程度与实际工作的表现没有直接相关性，能够直接影响工作业绩的个人条件和行为特征的是一种被称为“能力素质”的东西，随后他提出了能力素质冰山模型，如图 5-2 所示，这个过程也印证了精英不一定能够胜任所有工作，精英时代即将落幕。

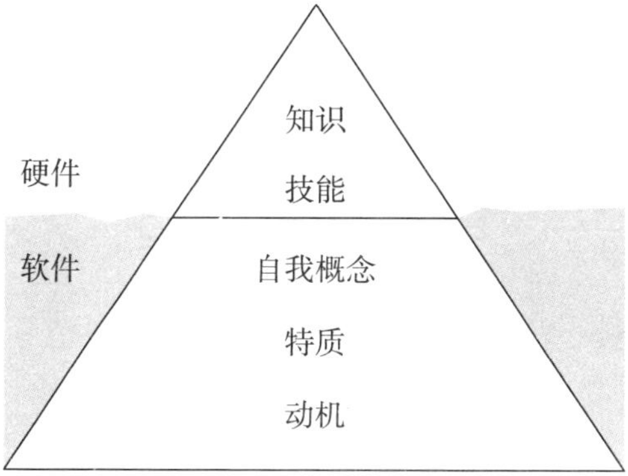


图 5-2　能力素质冰山模型

能力素质冰山模型最早用于人才选拔，通过对“人”的能力素质分析，甄选适合组织需要的人才，因为能力素质决定了“人”是否能够获得组织预期的结果。这就形成了一个潜在逻辑：具有什么样的能力素质就会有什么样的行为表现，就会产出什么样的劳动成果，冰山模型其实在为我们揭示“人”取得成功的决定性因素。

什么是角色？“人”的能力素质与“工作”的基本要求相结合，就是角色。提高能力素质就会不断接近最终的目标，因此从这个意义上来说，角色管理目标就是让人们尽快取得成功、尽早实现自我价值，用最少的时间成本获取人生中最大的成绩，这就是角色管理的核心思想，也是素质教育的本质。无论在企业中还是社会中，构建角色管理的最终目标都是让每个人尽快取得成功，这才是激励的最高境界——还有比这更具激励性的吗？

国外曾经做过一个职场调研，结果显示，只有少数人会在一家公司工作十年以上，如果超过十年还没有取得一些成绩的话，通常会被人耻笑，而在中国，调研结果却截然相反：除了逐步晋升到企业精英的少数人以外，大多数人将在企业的基层工作岗位中度过一生，这是农业社会而不是工业社会的思维。相当一部分人在某一岗位上成为一名熟练工后，就会进入相对较长的“职场垃圾时间”，直到退休。这并不能代表一个人对企业的“忠诚度”，而只是丧失了改变现状的能力，这就是两种不同管理基础下的不同结果。

角色管理能够推动“人”不断追求成功，一旦发现没有可能取得成功的机会，“人”就会选择离开，这自然会导致员工流动率提高，但也是一个生态新陈代谢特征的表现，这样做，可以让一个企业始终保持强大的创造力，这就是客户价值形态的DNA。

## 三、角色管理是百花齐放

在传统企业中，无论如何设计职业生涯发展道路，都必然面对一个事实：职级越高，职位的数量就越少，因此在职位管理基础上，只能做到让少数精英获得成功，这些精英处于“金字塔”的顶层，在各自的职能领域一枝独秀，所以才称为精英价值形态。角色管理则彻底摆脱了职位的禁锢，这让更多的人有了获得成功的可能：只要能胜任某个角色、能满足客户需求，就能取得该角色的责、权、利。这让企业呈现出百花齐放的局面，这时候，骨干群体才能为企业创造主要价值，所以这种形态才被称为客户价值形态。从组织形态特征来看，八边形能让更多的人获得发展空间，一个组织形态的优劣在管理基础上立分高下：先进企业之所以能在各自的领域始终保持强大的创造力，离不开角色管理基础的支撑。

角色管理基础是如何体现的？比较典型的是一些国外证券公司采取的 MD（Managing Director）头衔制度，这种头衔制基于角色管理，而不是职位管理，其背后是能力的区别，而不是职位的差异：不同的能力素质，获得不同的头衔，能够胜任的工作内容也就不同，责、权、利体现在这些头衔上，头衔越高，责、权、利越大。在角色管理的基础上，一个公司可以有多个权力相同的主体，他们之间不但不会发生权力冲突，还能形成功能互补或相互制衡，这在传统企业中根本无法想象。

由于在传统企业中，人才都是沿着垂直的职能线条发展的，优秀人才通常都是“一专多能”型人才，而在客户价值形态中，人才都是沿着横向的业务流程发展的，因此越优秀的人才，越是“多专多能”型人才。

## 四、角色管理是优化人才

在西方管理学中有一个著名的彼得原理，也被称为“向上爬”理论，由著名管理学家劳伦斯·彼得（Laurence. J. Peter）在对千百个组织中不胜任的失败实例进行分析后归纳出来，并于1960年在一次研习会上首次公开发表：“在一个等级制度中，每个员工都趋向于上升到他所不能胜任的地位。每一个员工由于在原有职位上的工作成绩表现好，就会被提升到更高一级的职位；其后如果继续表现好，则将进一步被提升，直至到达他所不能胜任的职位。由此导出的推论是——每一个职位最终都将被一个不能胜任其工作的员工所占据，层级组织的工作任务多半是由尚未达到不胜任阶层的员工完成的。”

从出现的时间以及内容来看，彼得原理是对精英价值形态管理特点的补充，其逻辑建立在职位管理基础之上，职级即层级，而且是一种稳定的层级系统。

姑且不讨论彼得原理在实践中的适用性，此处只想说明，在角色管理系统下，绝不会出现这个现象，这是新组织的优越性所在。所有角色都处于动态调整中，任何没有发挥价值的角色都将被迅速调整，直至调整成另一个适合的角色，它彻底解决了彼得原理的问题，这就是“人”与“工作”统一后的结果。

角色管理的动态属性，可以有效优化人才，所有价值没有发挥出来的角色，都可以被重新赋予新的角色，责、权、利会得到重新配置。这让企业人才管理更加合理，“不拘一格降人才”“唯才是用”“有能者居之”“能上能下”也才能真正实现——这些表述曾经被传统企业挂在嘴边，却始终无法做到。新组织人才管理机制设计的核心基础就是角色管理，这与客户价值形态特征相匹配。

从西方变革的实践经验来看，所有构建角色管理的企业，都会迎来一轮人才优化，在裁掉大量不胜任的员工的同时，也会引入大量新生力量，这两个过程几乎是同时进行的，目的就是推动“人”与“工作”的统一。与传统企业相比，这种人才优化也将成为常态。角色管理的核心内容是“谁具有什么样的能力，就干什么样的工作，承担什么样的角色，获取什么样的回报”。

## 五、角色管理在中国企业中的现状

如今角色管理在中国企业中，仅仅是刚起步，只有一些先知先觉的中国企业开始建立角色管理系统，例如任职资格体系、能力素质模型。但很可惜，这些任职资格、能力素质模型依然没有脱离“职位”，因此被称为岗位任职资格、岗位胜任力模型，他们显然还没有理解角色管理的核心内涵，这种岗位任职资格、岗位胜任力模型对于企业的转型而言不仅毫无价值，反而在一定程度上影响了企业转型，甚至会在一定程度上延缓变革的进程。究其原因还是职位管理根深蒂固，这种历史传承短时间内很难纠正，但是随着中国经济改革的持续深入，职位管理体系受到的冲击将会越来越大，无论是企业还是个人都将意识到，转型需要一次彻底的颠覆，这时，角色管理就会从“幕后”逐渐走向“台前”，开始扮演“主角”。

角色管理基础对中国企业变革有多重要？可以说，很多制度与工具的落脚点都将着力在角色上，例如宽带薪酬、OKR（目标与关键成果法）等，都需要以角色管理为依托，因为只有角色管理能释放员工的创造力、提高企业的灵活性。华为的“铁三角”就是比较典型的例证：在一个相对完整的流程上，设计出三种角色，这三种角色被集成在一起，无法分割，它们被封装成一个相对完整的业务单位，角色管理与这种集成化、系统化的管理方式正好匹配。

无论传统企业是否愿意，职能型结构都将逐步瓦解，“金字塔”将成为历史遗迹。伴随着“部门”“职位”的逐渐消失，流程型结构将开始建立，“团队”“角色”开始崛起，一个崭新的组织将呈现在新商业时代的市场中。中国传统企业已经到了告别职位管理、拥抱角色管理的时候，构建角色管理系统将成为中国企业转型的核心内容之一。

第三节

# 新组织的“三支柱模型”

客户价值形态是工业 3.0 时代的最佳组织形态，未来无论新组织叫什么，都需要具有这种组织形态特征，才能实现价值最大化，这是市场发展与人性特征演变的必然结果。

如果把未来的新组织进行解构，就会发现其内部都有“三支柱模型”，此“三支柱模型”与传统企业的“三支柱模型”截然不同，流程型组织结构、角色管理基础、流程管理方式，同样是 10S 当中的三个 S。新“三支柱模型”的通俗说法就是新组织通常采取流程型组织结构，在角色管理基础上实施流程管理方式，这将成为客户价值形态管理模式的一种“标配”，也是判断一个组织是否属于新组织的标准，无论这个企业处于什么行业、从事什么经济活动、是什么样的资本属性，只要有新“三支柱模型”，就都是一种新组织。

新“三支柱模型”回答了认知层面的第二个问题“传统企业转向何方”，了解了未来组织具有什么特征，传统企业转型就能迈向正确的道路。

## 一、新“三支柱模型”的特点

新“三支柱模型”分别从组织结构、管理基础和产品结构三个角度对新组织进行描述，勾勒了一个新组织的基本框架。从这几年西方涌现的一些新组织中可以发现，其背后都有新“三支柱模型”的身影。仔细研究就会发现，新“三支柱模型”虽然分属不同领域，但在设计原理上完全一致，因此能够集成在一起，成为一个模型，共同支撑新组织有序运行，如图 5-3 所示。

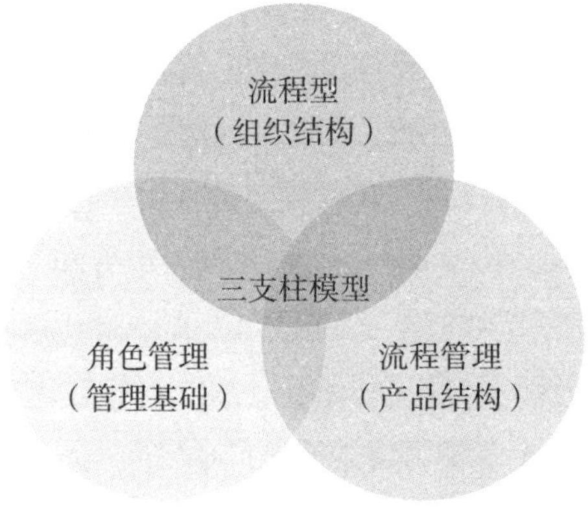


图 5-3　新组织的“三支柱模型”

流程型结构不仅扁平，而且去掉了“中心”，内部业务流程形如“链”，众多的“链”构成“链群”，“链群”组合在一起就能够形成一个平台、一个生态。流程型结构的最大特点是能够根据市场变化，通过增减业务流程而改变组织规模，极大地提高企业的灵活性。在企业内部，“部门”与“职位”开始消失，没有了“部门墙”与“职位墙”，出现了众多类型的创新团队，业务流程把这些团队有机地集成在一起，流程型结构让企业内部真正实现“无边界”。

角色管理基础体现了“人”与“工作”的统一性，让企业运行变得灵活高效。责、权、利建立在“角色”上，当“工作”随着市场变化而变动时，“人”也将随之作出调整，所有人都将成为企业需要的角色，实现人尽其才，在提升了企业应对市场的反应速度的同时，也推动了人才的自我成长。

流程管理是一种集成化、系统化的管理方式，所谓“集成化”，是指任何流程环节都能有机融合在一起，实现“无缝对接”，彻底解决内部协同问题；所谓“系统化”，是指对集成后的业务流程进行有效“封装”，形成一个完整的管理单位，这个业务单位完全实现以客户价值为导向。

流程型结构、角色管理基础与流程管理方式三者相互作用，互为补充，共同构成了客户价值形态管理框架，这将是中国企业管理模式变革的方向，也是判断一个组织是不是新组织的标准。

## 二、一种全新的管理模式

环顾周围，我们会发现，身边没有一家企业具有新“三支柱模型”。这并不奇怪，因为中国还没有正式进入工业 3.0 时代，客户价值形态不会出现在中国市场系统中，但是我们可以在一些企业中见到它的雏形。

新“三支柱模型”是一种全新的管理模式，与新商业时代市场相匹配，是对传统管理模式的颠覆，有三个特点需要特别提示一下，因为这是我们见过的所有传统管理模式中所不具备的特点。

第一个是“去中心”。“中心”是指总部功能，这是决策权的归属地，所有能够影响公司整体运行的指令均出自这个“中心”，有

“中心”即意味着集权、控制，所有功能单元都必须强制执行“中心”的指令。流程型结构则让业务流程在企业内部横向交错，中心功能根本没有“立锥之地”：流程管理是客户端到客户端的活动过程，中心功能如何植入到这种管理方式中？“去中心”通常有两种情况，一种情况是彻底“去中心”，所有功能单元高度独立，功能单元之间自由连接，彼此之间相互发出指令，任何一个功能都可能成为阶段性的中心，但已不具备强制性的中心控制功能；另一种情况是“中心”变为临时性的存在，原来是固定存在、高高在上的，如今变成临时机构，当需要一个集权、控制中心时才会出现，起到统领所有功能的作用，不需要时自然消失。无论哪种情况，“去中心”都在弱化集权，当一个企业绝大部分时间不存在这种强有力的权力中心时，反而会关注市场需求。

第二个是创新团队。“去中心”的结果将赋予功能单元更大的权限，让各类功能单元活跃起来，通过业务流程集成在一起，更好地满足客户需求，这时团队将成为最小的价值单元。市场变化频繁意味着客户需求分散且多变，创新成为能够满足客户需求的唯一路径，在这种管理模式中，创新将成为日常行为，根本无须刻意为之：创新成为所有团队、所有个人的行为习惯，流程型组织结构为所有创新活动创造条件，而角色管理则将不断推动创新能力提升。如果新组织不具备强大的创新能力，“去中心”反而变得多余。

第三个是价值中心。价值中心既不是成本中心，也不是利润中心，能够衡量出创造多少价值的单位都是价值中心。新组织管理模式让所有的功能单元成为无差别价值中心。流程型结构就是由不同类型的价值中心共同构成的，流程管理则是把这些价值中心进行集成。每个价值中心为公司创造的价值通过内部市场和价值交换原则实现，这也是衡量所有创新成果的必要环节。

以上三点都是传统企业根本无法实现的环节，对于中国企业而言，新“三支柱模型”是一种新东西，要理解其基本运行逻辑，就必须脱离传统管理思维的限制。

## 三、变革能否一步到位

传统企业的“三支柱模型”是职能型结构、职位管理基础、产品管理方式，而新“三支柱模型”是流程型结构、角色管理基础、流程管理方式，从两者的特征上不难发现，新“三支柱模型”其实是对“三支柱模型”的一种颠覆，传统企业变革能否从“三支柱模型”转变为新“三支柱模型”？

笔者对这个问题的回答是：除非另起炉灶，否则绝无可能。这个问题同“精英价值形态是否能够一步到位，直接进化到客户价值形态”一样，两种组织形态的特征差异太大，两种管理模式的特征也迥然不同，如何能让一个传统企业一下子变为一个新组织？

对比流程型结构和职能型结构就能找到答案，一个是分工与协作的纵向管理，一个是集成化、系统化的横向管理；一个有着强大的中心职能，一个是完全意义上的“去中心”；一个是集权管理模式，一个是分权管理模式；一个是“金字塔”，一个是“平台”（或生态）；一个是封闭式企业形态，一个是开放式企业形态。两种“三支柱模型”作用下的企业具有不同的组织形态，根本无法一蹴而就，这一问题曾困扰了笔者很多年，也是近两年才彻底明白，变革需要一个清晰的过程，过程不清晰，就无法获得想要的结果。

这种颠覆性导致传统企业不可能立刻转变为新组织，必然要经历一个转型阶段，转型企业的管理模式必然具有两种管理模式的特点，这就为企业变革提供了依据，让转型企业可以通过“吐故纳新”的方式进行变革，在明确方向后可以有序实现转变。

无论中国企业变革的决心有多么强烈，都不建议在现阶段通过直接建立“三支柱模型”这种方式进行变革，因为无论这些企业是否有壮士断腕、破釜沉舟的勇气，都要遵循客观规律，否则很容易进退维谷。与进化相对应的是退化，除了进化、退化之外，还有一种状态叫作异化，违背规律就会异化，通过这种方式变革，既回不到传统企业状态，又无法迈向新组织，这种事情在我们接触的企业中已经发生过了。除非是一家新公司，新人、新产业，一张白纸，才会有更大的变革空间。

接下来让我们看一些案例，来更好地理解客户价值形态到底什么样。

第四节

# 海盗的“双核流程型结构”

海盗是专门在海上抢劫其他船只的犯罪者。一提到海盗，多数人的脑海中就会闪现出这个组织的标配——骷髅旗、独眼、木腿、鹿皮靴、达达尼昂帽、鹦鹉等。海盗多数是来自五湖四海的亡命之徒，可以说凶狠、残暴，但都是自愿加入的，他们是世界上最古老的犯罪组织之一，其历史可以追溯到3000年前，直到今天仍然比较活跃。

但是换个角度来看，如果一个行业能存在2000多年，在与它同时期的行业早就销声匿迹后还能继续存在，它就具备了一定的研究价值：是什么让它具有这样的生命力？

## 一、海盗组织的“双核”

从一些资料来看，虽然这些海盗的生存环境极其恶劣，而且随时面临着在海上被绞杀的危险，但是这些“最危险的流氓”却能超越配备精良的皇家海军，奠定他们在历史上“最优秀犯罪组织”的地位。就是这样的一个群体，被迫创造了一个高级的组织形态和权力制衡体系，打造出了一套媲美现代企业的“船长—军需官”双核分权式的流程型组织，还诞生了一部《海盗法典》。下面让我们了解一下海盗的“双核”，以及“双核”之间是如何实现分权制衡的。

权力主体之一——船长。由海盗根据战斗能力选举，一般性格凶狠、果断，主要负责领导船队战斗，所谓“战斗”，多数就是海上抢掠活动，这是抢劫流程的负责人。

权力主体之二——军需官。也是海盗选举产生的，军需官大多公正、亲和，同时具备一般船长所缺乏的理性头脑和知识技能，主要负责维持组织内部团结并防止船长的权力滥用，这是运营流程的负责人。

为了避免双核管理体制有可能带来的冲突，海盗流程型组织为船长和军需官划分了非常清晰的权力边界，并把权力封装在两个不同的业务流程中。战斗期间，海盗船长是全船的至高权威，全权掌握组织的战略、战术和航行方向。一旦战斗结束，海盗船的主要负责人就转变为军需官，负责日常管理中的纪律管理以及事务和战利品的分配。

传统企业虽然是由一个经营团队领导的，俗称经营班子，但通常只有一个总负责人，称为总裁或总经理，由一个集体决策的董事会授权，负责企业整体的经营管理工作。在传统企业中绝不可能出现两个或多个权力相当的主体，如果有的话，那么这个权力主体之上必然还会有权力更大的主体，这是分工与协作的传统管理模式的特点，也是人们常说的“一山不容二虎”，因此无论传统企业如何变革，在组织层面根本不可能实现权力制衡，只能是权力相互制约，但显然达不到制衡的效果。

## 二、海盗的组织结构特点

权力“双核”能够同时存在于一个组织中，一定不是传统的管理模式，更不会是传统组织，与海盗“双核”相匹配的是流程型结构，它不但能理顺权力边界，还实现了分权制衡。

任何流程都可以依据时间、空间属性进行解构，抢劫活动与日常管理活动在时间上被进行了划分，从而形成两个基本业务流程。抢劫流程与日常管理流程不可能在同一时间出现，基于这一点，就可以把两个业务流程进行“封装”，分别实行集成化、系统化的流程管理，“双核”的权力就此被“封装”到两个业务流程中。这是流程管理的关键环节，传统企业没有理解的流程管理的关键也在这个地方。

两个业务流程有两个权力主体，由于存在时间差，这两种权力不会产生混乱，两个权力主体都是流程负责人，弥补了单个权力主体由于集权带来的风险，在战斗、抢劫和分赃、运营这两方面实现了分权，船长负责抢劫而不能决定利益分配，避免了个人以权力抢占组织其他成员利益的情况，军需官则负责运营而不参与抢劫，在船长被杀或负伤后仍能保证团队安全撤离。这样的分权式管理使海盗组织的生存和发展得到了有力的保障。

对于一个海盗组织而言，可以通过增加海盗船进行扩张，每个海盗船都可以采取这样的双核管理模式。这时，一个海盗船在整个海盗组织中就又变成了一个大流程，这类流程利用了空间属性差异，把业务流程“封装”进了每个海盗船，每个海盗船都可以独立运行。当海盗的生存环境恶化，就可以通过减少海盗船进行规模收缩，对整个海盗组织不会产生实质性影响，无论规模扩张还是收缩，都完全依据“市场”变化。这是一种高度灵活的组织，也是流程型结构优越性的体现。

与流程型结构配套的是角色管理基础。例如“双核”都不是职位，而是两种角色，这两个角色不是什么海盗都能胜任的，而是基于能力素质的，他们身系整船海盗的生死存亡，必须是“有能者居之”，其他海盗也是如此，不同能力素质的海盗扮演不同角色，海盗是一个由不同角色组成的组织。

## 三、适者生存、优胜劣汰

海盗组织之所以具有高级组织形态特征，也是适者生存、优胜劣汰的结果，越是在变化快、风险大的环境或空间中，越容易催生高级组织形态，反之亦然。

一个组织的高级、低级之说是相对于组织所处的环境，以及组织内部的个体而言的。生态、组织、个体三者的发展密不可分，市场生态发展规律、企业形态进化规律、人性特征演变规律是组织形态管理理论中的三大核心规律，三者具有统一性，我们不能孤立地看待任何一个规律。要理解一个领域的变化，就需要考虑三者的统一性。企业的变革始终来自于外部市场和内部的“人”的作用，本书没有过多介绍人性对组织变革的影响，因为这部分内容更多涉及的是社会学、心理学的知识。

中国正处于从工业 2.0 时代迈向工业 3.0 时代的阶段，市场正逐步迈向开放，新兴产业不断崛起，市场需求动机从原来的集中、稳定变得分散、多变，必然要求生产力得到相应提升，因此对企业的价值创造能力提出了明确的要求。精英价值形态是工业 2.0 时代的最佳组织形态，其价值创造能力根本无法满足工业 3.0 时代的市场需求，因此必然让位给客户价值形态，新组织承载着新的价值创造能力，成为工业 3.0 时代的最佳组织形态。

很多时候，人们在看新组织具有的颠覆性的特点时，会感到一些不可思议，这是因为企业所处的市场环境还没有达到必须变化的程度。随着市场竞争的日益激烈，当企业所处的生存环境犹如海盗一样恶劣时，新组织就会纷纷出现，这也符合适者生存、优胜劣汰的基本规律。

从当前市场发展的趋势来看，这应该是迟早的事。每次在这种大变局下，企业的死亡率都会比较高，这就是自然选择的结果，只有少数变革能力强的企业会活下来，例如工业 2.0 时代的霸主 IBM、GE 等。但也必须承认，到了工业 3.0 时代，它们开始让位于谷歌、亚马逊等。如同地球上至今依然存活的古老物种都不是高级物种一样，没有永恒的企业，只有时代的企业，对任何一个企业而言，完成这个时代赋予的使命，就是最大的成功。

只是不知道有多少企业清楚自己的使命是什么。

第五节

# 合弄制的“圈子”是如何形成的

如果问目前世界上最前沿的管理理念、最新的管理模式是什么，恐怕要数合弄制了，英语是：Holacracy。合弄制 2007 年才被提出来，2009 年开始被个别企业推广，其中捷步（Zappos）与其 CEO 谢家华是最著名的实践者，曾在硅谷创新型企业中形成一股新潮流。

采取合弄制的组织，必然是客户价值形态，流程型组织结构是最典型的特征之一。

## 一、解读合弄制

解读合弄制，并非还原合弄制，还原是谢家华与布赖恩的事，由于合弄制本身是实践的产物，并没有完善的理论依据，所以必须借助科学理论与逻辑才能进行解读，组织形态管理就是这样一种管理科学理论，自然可以把合弄制的管理特点呈现出来。

合弄制最大的特点应该是“自管理”，这绝非传统管理思维能够想象得到的，例如网传“合弄制干掉了 CEO”“合弄制解散了管理层”“合弄制像个世外桃源”“合弄制采取无领导方式”等，都在说明一个问题：合弄制是一个自管理系统。自管理的出现，象征着工业3.0时代将由成熟走向衰退，工业4.0时代已展现在眼前。当然，中国距离工业 4.0 时代还有相当长的路要走，迈向工业 3.0 时代是中国企业当下的目标。

解读合弄制并不是因为它“够时尚”，而是因为这种管理模式代表着一种趋势，代表着企业发展的“未来”，尤其是当市场变得越来越不确定时，自管理组织就将成为必然，否则无法驾驭如此复杂的系统。

虽然中国企业目前还不可能建立这种先进的管理模式，但它对企业转型具有较强的指导意义，因为只有知道“未来”是什么，我们才能知道“今天”需要改什么。今天的企业变革之所以如此困惑皆因于此：他们始终无法摆脱传统管理思维的禁锢，不仅看不到企业的未来，更成为企业进步的阻力。

## 二、合弄制的组织结构

合弄制组织结构被描述为“圈子”（Circle），大圈套小圈，圈圈相连，构成了合弄制的运行秩序，如图 5-4 所示。

显然，这种组织结构完全颠覆了传统的组织结构，第一次看到时谁都会感到有些惊奇：“圈子”是如何支撑企业有序运行的？因此，这个结构开始被人越描越“神”。“圈子”虽然看似神秘、复杂，但并非无法设计，因为“圈子”即业务流程型，“圈子”组合起来即流程型组织结构，只要理解流程型组织结构的运行逻辑，就能设计出这种组织结构。

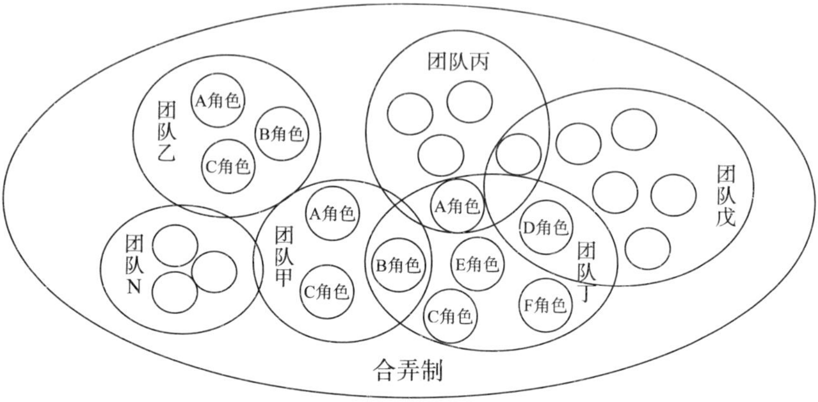


图 5-4　合弄制组织结构示意图

一个组织无论如何构成，都必须存在发出指令的权力主体，指令双方即形成一种秩序关系，但是没有规定必须采取何种方式，因此既可以是纵向的垂直方式，也可以是横向的水平方式，或是其他方式。不同的方式会形成不同的组织结构，只不过长期以来指令都是从上至下的，导致今天的人们把这种方式当成一种思维程式，认为组织结构必然是一种垂直方式，而业务流程只不过是把不同的职能连接在一起，形成一种端到端的关系，殊不知业务流程本质上就是一种组织结构，一种运行秩序，只不过它强调的是一种横向的组织运行秩序，权力主体从上到下变成各方对等，运行秩序由单向变为双向，所有业务流程始于客户端，终于客户端，这就是合弄制所说的“圈子”。

当一个组织的所有活动都能实现流程管理时，“圈子”就会覆盖所有运行系统。一个业务流程就是一个“圈子”，不同层级的业务流程即构成合弄制大大小小的“圈子”，而且圈圈相连，看似杂乱，但能够高效运行，合弄制组织就是这样的一个“圈子”系统。

顺便说一下，从图 5-4 就能清清楚楚地看到流程型结构“去中心”的特点，这也是如今很多传统企业无法想象的，但这样的企业已经出现，而且未来会越来越多，其组织运行效率远超传统企业。

“被管理”天然压制多数人的创造力，而“自管理”天然推动多数人的创造力，所有自管理组织在这一点上体现得都非常明显。

## 三、自管理组织的未来

合弄制最吸引人的地方是自管理，相对于传统的被管理而言，自管理更适合未来时代的要求。合弄制仅仅是自管理组织的一种形式，相信随着全球经济系统的进一步发展，还会有更多自管理组织形式出现。事实上，自管理组织形式在西方已经越来越多，这些企业从自身管理实践出发，总结提炼，让人们看到了自管理组织的特点。

传统组织都是“被管理”系统。以职能型组织结构为例，其特点是在从上至下的垂直管理过程中，形成了分工与协作，具有强大的“中心职能”，这是一种典型的集权管理结构，集权模式容易形成“被管理”。在这种系统中，每个职能单元都无法独立运行，必须和其他职能单元共同协作，共同进行价值创造，因此每个职能单元都无法独立体现价值，只能通过管理制度进行强制配置，这让“被管理”有了天然的土壤。

未来的新组织都将采用一种横向的动态管理模式，不仅会让企业彻底“扁平”，而且形如“链”，且每个“链”都能独立运行，“链”多了就会形成“链群”、平台或者生态，这是一种典型的分权管理结构，让“自管理”有了天然的土壤。流程型结构能够根据市场变化，通过调整业务流程而改变组织规模，仿佛让企业具有了“变形”能力，体现出超强的灵活性。在每一个“链”上，没有了“部门墙”“职位墙”，这时，在企业中就会出现以契约（或共同意愿）为纽带的各类团队，流程管理把这些团队有机地集成在一起。

可见，集权与“被管理”是天生的一对组合，分权与“自管理”也是天生的一对组合。这两年，也有一些中国企业，出于对合弄制的向往，开始尝试构建合弄制，但均以失败告终。自管理系统是对传统组织管理的彻底颠覆，尤其是从集权向分权的转变，传统组织根本无法一蹴而就，必须经历一个过渡阶段，在这个阶段中培养自管理意识，而前面所说的矩阵型结构，就是这个过渡阶段的组织结构形式。

自管理组织虽好，但尚不是今天的中国企业能够做到的，违背规律必然会付出代价。这几年陆续接到了一些这方面的信息：很多企业不但没有显现自管理特征，组织运行系统反而面临崩溃的危险。可见，传统企业转型不是越先进越好，而是要选择最合适的方式。笔者虽然曾写过很多解读合弄制的文章，但从来不认为中国企业在这个阶段就适合引入合弄制之类的理念，因为传统企业还有相当长的一段路要走。

本书后面还会继续介绍有关自管理组织的内容。

Chapter 6

# 矩阵型结构与转型企业

从企业形态进化规律可以发现，精英价值形态与客户价值形态的特征泾渭分明，一个是梯形、“有顶有层”，一个是八边形、“有层无顶”，这种颠覆性的差异显然很难通过变革一步到位、一蹴而就。

职能型结构代表了传统企业的组织结构形式，流程型结构代表了未来新组织的组织结构形式，一种是典型的垂直管理模式，而另一种则是典型的水平管理模式。显然，这两种模式的特征截然相反，绝无从职能型结构直接演变为流程型结构的可能，这就如同从低级物种直接进化为高级物种，那得“上帝”帮忙才行。事实上，中国一些企业的变革也证实了这个结论，因此在进化过程中必然存在一个过渡阶段的组织形态，也必然存在一个过渡阶段的组织结构形式，当传统企业转型时，先从职能型结构转变为中间结构，然后从中间结构演变为流程型结构。由此可以判断，这个中间组织结构兼有职能型结构、流程型结构的特点，发挥着承前启后的作用。那么，什么样的组织结构同时具备职能型结构与流程型结构的特征？答案是矩阵型组织结构。

在西方管理学中，矩阵型结构这一理念也是出现在职能型结构与流程型结构之间的。当时，西方企业同样出现了转型问题，矩阵型结构承担起了过渡阶段组织结构的角色，完成了历史赋予的使命。

虽然矩阵型结构对中国企业并不陌生，而且公开资料看似浩如烟海，但仔细过滤就会发现，这些信息几乎千篇一律，此外剩下的，就是改造者们望文生义、反复加工的内容。他们显然没有理解矩阵型结构的运行逻辑，也自然会影响中国企业的转型速度。

如此重要的组织结构，我们有必要重新认识一下。

第一节

# 独一无二的矩阵型结构

从组织结构演变规律来看，矩阵型结构既可以被归纳到职能型组织结构中，也可以被归纳到流程型组织结构中，因此，这是一种过渡阶段的组织结构形式，兼有职能型结构与流程型结构的双重特征，可谓独一无二。矩阵型组织结构既要“承前”，对接职能型结构，还要“启后”，迈向流程型结构，中国企业的转型组织结构，非矩阵型结构莫属，如图 6-1 所示。

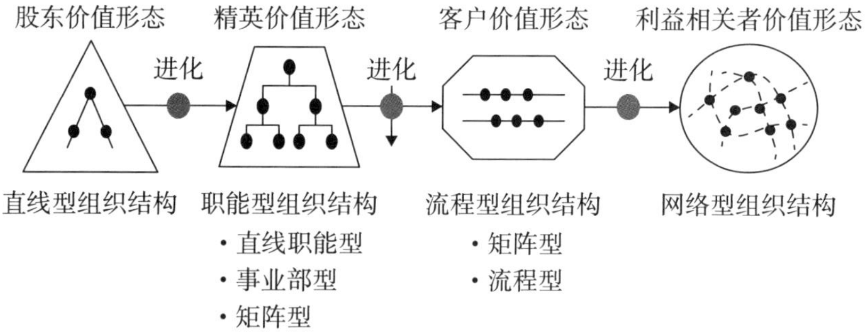


图 6-1　矩阵型结构演变轨迹

当市场生态从工业 2.0 时代迈向工业 3.0 时代时，传统企业也开始向新组织演变，矩阵型结构恰恰处于这样一个分水岭上。矩阵型结构最大的特点是在组织中出现了横向管理线条，能够实施集成化、系统化的管理方式，这是应对市场频繁变化的有效解决路径，也让矩阵型结构成为唯一纵、横两种管理线条并存的组织结构。

由于职能型结构与流程型结构的特点截然相反，因此矩阵型结构需要不断平衡这两种结构的差异，例如对横向与纵向的管理线条进行平衡，对集权与分权的管理活动进行平衡，对动态与静态的价值创造活动进行平衡，对开放与封闭的生存环境进行平衡，并在这些平衡中寻求恰当的变革节奏，这也让矩阵型成了一种平衡型组织结构。正因矩阵型结构承担了企业发展过程中的诸多历史使命，也让矩阵型结构变得异常重要，使它成为本书的“主角”。

## 一、矩阵型结构的特点

组织结构从垂直型向水平型转变是适应市场价值需求变化的必然结果，而矩阵型结构是企业为了实现这种结果而进行的大胆突破，具有划时代的意义。

当市场发生巨变后，长尾理论促使企业开始尝试满足小众化的客户需求，这时就需要将来自不同职能单元的价值创造者组建成临时性团队，来共同完成这种特定任务。由于这些团队跨越了不同的职能单元，这样就会在纵向运行的秩序中，出现一种横向的运行秩序，于是企业中出现了两种运行秩序。最初以纵向为主导，因为这种需求比较零散，但当市场需求开始分散时，零散就变成了普遍，纵向秩序也开始向横向秩序转移，最终由横向运行秩序主导。在这个过程中，职能型结构的特征逐渐淡化，而流程型结构的特征开始凸显。

在矩阵型组织结构中，横向管理线条是专门为新的客户需求设置的，这些需求与传统客户需求有明显的差别，但却对企业的未来发展具有重要影响，因此在企业中被称为“项目”。这些横向管理线条实际上是在把业务流程上的相关职能集成在一起，进行系统化管理，但这时还不能叫流程管理，而是项目管理，一个项目就是一个相对完整的价值创造过程。集成化、系统化的管理方式终于出现，只不过是由矩阵型结构承载，如图 6-2 所示。

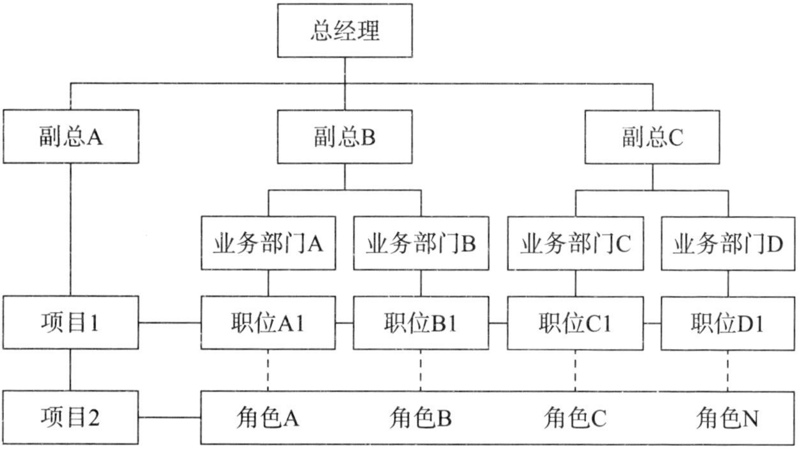


图 6-2　矩阵型组织结构示意图

由于项目团队成员来自不同的职能单元，职级无法在项目团队中形成，因此成员在团队内部是平等的角色关系而不是传统的等级关系，这有利于调动团队成员的主观能动性，使其能够高效完成某一特定任务。实际上，矩阵型组织结构已经打破了传统管理模式，当一个企业中这样的项目团队不断增多时，就说明市场需求的变化程度在不断加剧，职能型结构越来越无法满足市场的要求。

西方管理学中的“项目管理”理念出现在20世纪60年代，当时，“项目管理”的应用范围只是局限于建筑、航天等少数领域，到了80年代则得到了普遍应用。项目管理的本质是流程管理，也是市场发展的必然结果，它预示着企业的形态开始进化，而矩阵型结构就是从精英价值形态迈向客户价值形态必然采取的组织结构形式。

## 二、纵向与横向的平衡

当垂直管理线条中的水平管理线条不断增加时，一个企业中就会同时存在横、纵两种运行秩序，越来越多的价值创造者将同时处于两种管理方式中。由于存在两种运行秩序，难免会令人无所适从，因此最初，横向管理线条都是临时性的存在，项目结束后，团队成员各回其位，但是市场需求的持续变化导致“临时”变成了“常态”，企业需要正视这种冲突、适应这种变化。在笔者看来，冲突主要是因为支撑两种运行秩序的基础存在本质区别，一种运行秩序以职位等级为基础，另一种运行秩序则以能力差异为基础，如果一个价值创造者始终“脚踩两只船”，如何能进行持续、有效的价值创造活动？矩阵型组织结构必然无法长期稳定存在，企业要么采取垂直型的管理模式，要么采取水平型的管理模式，因此从这个意义上说，矩阵型组织结构是一种过渡形式。

矩阵型结构让业务流程成为出现在企业中的一种新型运行秩序，这说明企业完全可以采取横向的管理模式，而当市场需求特征彻底改变时，横向管理模式就会取代纵向管理模式，职能型结构就会瓦解，流程型结构就会形成，企业将迎来一个崭新的形态——客户价值形态。

矩阵型结构中存在纵、横两种管理线条，使组织结构看起来像网络型结构，但这种网络型结构与利益相关者价值形态的网络型结构的特点完全不同：矩阵型结构是纵横交错，而从流程型结构开始，组织结构则变成了横向交错，且呈立体状。很多人把这两种组织结构形态混淆在了一起，导致完全无法理解未来组织的运行逻辑。流程型结构是横向管理线条，所以当组织结构进化到网络型时，不仅不会再出现纵向管理线条，而且固定的业务流程也会消失。从进化的角度来看，垂直管理其实是一种低级组织形态的管理特征。

## 三、动态与静态的平衡

从企业进化规律来看，股东价值形态、精英价值形态都是一种静态组织，直线型结构与职能型结构都充分体现了这一点，企业内部不是按照指令就是按照标准运行，主要原因在于此时客户需求相对稳定，企业对市场的反应也相对稳定；而客户价值形态、利益相关者价值形态都是一种动态组织，流程型结构与网络型结构也都充分体现了这一点，企业内部要么不断调整各类功能，要么不断整合业务系统，主要原因在于此时客户需求相对分散、变化较大，企业需要通过不断的内部变动、调整以适应外部市场的改变。于是，原来传统企业中设置的标准都将由于客户需求的变化而改写，唯一的标准变成了满足客户需求。而当企业从精英价值形态向客户价值形态演变时，矩阵型结构就会体现出静态与动态之间的平衡关系。

矩阵型结构中的静态与动态平衡体现在两个方面，一方面，中心职能相对静态，而业务系统相对动态。中心职能通常由一些职能部门承载，如财务管理、人力资源管理、战略管理、风险管理等，这些功能覆盖全局，需要通过专业性来体现，因此相对稳定，变化不大，而业务系统则需要依据客户需求不断进行调整。另一方面，在业务系统中还存在这样的问题：成熟业务或传统业务的发展相对静态，而战略性业务或新兴业务的发展相对动态。如果按照前中后台划分的话，中台则介乎于两者之间，矩阵型结构的独特性恰恰与这种动静结合的复杂情况相匹配，它通过采取不同的管理政策来处理这种平衡关系，显然是职能型结构无法实现的，因此矩阵型结构显得更加灵活多变。

矩阵型的动态与静态平衡将会随着企业的发展而被打破，静态将逐渐被动态所取代，这时，矩阵型结构将转变为流程型结构。

## 四、集权与分权的平衡

从企业进化规律来看，股东价值形态、精英价值形态都采取了集权管理模式，直线型结构与职能型结构也成为集权管理模式的必要组成部分，因此都是少数人为企业创造主要价值；而客户价值形态、利益相关者价值形态都采取了分权管理模式，流程型结构与网络型结构也成为分权管理模式的必要组成部分，因此都是多数人为企业创造主要价值。当精英价值形态向客户价值形态演变时，在矩阵型结构中就会体现出集权与分权之间的平衡关系。

在职能型结构中，总部功能或中心职能比较强大，这是集权的典型特征，集团企业更是形成“母子关系”，业务系统需要按照总部制定的政策严格执行，除了业绩之外，这些都是年度考核中的重要内容。当矩阵型结构建立之后，集权依然体现在总部职能中，但开始减弱：很多总部功能开始下放到各业务单元中，这些功能通常由事业部承载。而什么样的权力能授予业务单元，没有固定标准，但是从事业部的使命来看，除了战略决策权不能被授予外，其余权力都可以，这通常是一个由少变多的过程。至于权力如何授予，也没有固定标准，需要视业务单元发展的具体情况来定，这通常是一个由小变大的过程。因此，这本身就是两个动态平衡过程：既需要让业务单元稳步发展，满足公司整体发展要求，也需要保障业务单元能够保持足够的灵活度，以满足市场变化的要求。

集权由强变弱，分权就由弱变强。在权力不断下放的过程中，分权的特征就会越来越明显，因此相对于职能型结构而言，我们通常会把矩阵型说成一个分权结构，在这种结构中，权力开始下移至业务单元，业务单元开始有足够的空间应对市场变化，组织变得越来越灵活。这个过程非常重要，意味着未来企业的各业务单元开始为企业的发展发力。

对于多业务发展的集团企业，矩阵型结构还可以使集团在不同业务单元实现不同的授权策略。通常情况下，业务发展越成熟，分权程度将会越明显，业务发展越不成熟，集权程度就会越明显，当不同业务同时开展时，公司始终处于集权、分权的平衡状态中。

矩阵型的集权与分权平衡将会随着企业的发展而被打破，集权逐渐被分权所取代，这时矩阵型结构将转变为流程型结构。

## 五、开放与封闭的平衡

从企业进化规律来看，股东价值形态、精英价值形态都是一种封闭型组织形态，直线型结构与职能型结构也是一种封闭型组织结构，主要是因为产业发展尚不成熟，市场需求较为集中，且变化不大，企业与市场之间的价值交换并不频繁，因此企业形态相对封闭。而客户价值形态、利益相关者价值形态都是一种开放型组织形态，流程型结构与网络型结构也是一种开放型组织结构，主要是因为产业发展已经成熟，市场需求较为分散，且变化较快，企业与市场之间的价值交换相当频繁，因此企业形态相对开放。当企业从精英价值形态向客户价值形态演变时，就会在矩阵型结构中体现出封闭与开放之间的平衡关系。

衡量一个组织的形态是封闭还是开放，主要看它外部客户与企业之间的关系，以及客户参与企业价值创造活动的程度。在直线型结构中，客户几乎没有任何参与企业价值创造活动的机会；到了职能型结构时，有了专门与客户对接的功能部门，如销售部，这是由分工与协作的特征所决定的，客户开始少量参与到企业价值创造活动中。显然，企业与客户之间的边界非常清晰，关系较为疏远，因此这两种都是封闭型组织。当市场需求频繁变化时，企业要想满足客户需求，就必须与客户进行深入接触。到了客户价值形态阶段，客户将走进企业，或价值创造者走出企业，客户与价值创造者实现对接，企业与客户之间的边界开始模糊，关系变得较为紧密。到了利益相关者价值形态阶段，客户将成为价值创造活动的必要组成部分，客户与企业开始融为一体，因此这两种都是开放型组织。

让企业从封闭走向开放的是业务流程与集成化、系统化的管理方式，而这些恰恰是在矩阵型结构中第一次出现的。企业的封闭程度或者开放程度，完全取决于业务流程与流程管理的成熟程度，业务流程与流程管理越成熟，企业越开放，客户参与企业价值创造活动就越活跃。矩阵型结构让企业能够依据客户需求对业务功能不断进行集成，形成完整的业务流程，同时使“从客户端到客户端”的管理方式更加顺畅。由于在矩阵型结构中，还没有实现完全意义上的流程管理，因此它还不是一个充分开放的组织。

矩阵型组织结构的封闭与开放的平衡将会随着企业的发展而被打破，封闭将逐渐被开放所取代，这时矩阵型结构将转变为流程型结构。

矩阵型结构是如此独特的一种组织结构，在企业发展过程中担负着独特的使命：传统企业转型。西方发达经济体在 20 世纪 80 年代开始进入工业 3.0 时代，西方企业在这个阶段也遇到了传统企业转型问题，而它们无一例外地选择了矩阵型结构，IBM、GE、惠普、宝洁等这些老牌世界 500 强，都是通过矩阵型结构解决了当时的危机。

第二节

# 矩阵型结构演变三部曲

矩阵型结构是一种平衡结构，不仅需要平衡众多的矛盾关系，同时还需要在平衡中支撑传统企业转型，因此矩阵型结构并非以一种稳定的形式持续存在，而是呈现出一种渐变的过程。在这个过程中，职能型结构的特点逐渐消失，流程型结构的特征逐渐凸显，两者此消彼长，矩阵型结构最终演变为流程型结构。这时传统企业转型结束，从精英价值形态进化为客户价值形态。

通过职能型结构与流程型结构的特点可以推断，这个渐变过程可以被划分为三个阶段：产品矩阵型结构、混合矩阵型结构、客户矩阵型结构，对于大型集团企业而言则是产品事业部（群）矩阵型结构、混合事业部（群）矩阵型结构、客户事业部（群）矩阵型结构三个阶段，这也构成了矩阵型结构演变的三部曲，每一部曲在传统企业转型中都有其特定功能，而且缺一不可，无法进行“跨越式发展”。通过三部曲的演变过程，可以有效掌握企业变革的节奏。

让我们以单体公司为例，一起看看这三部曲是如何贯穿传统企业转型过程的。

## 一、产品矩阵型组织结构

产品矩阵型结构是第一部曲。

为何首先是产品矩阵型结构？这主要体现在两方面：一是承前，传统管理方式是典型的产品管理，以产品为导向，第一部曲依然会带有这一明显特征；二是启后，构建集成化、系统化管理的方式，这开启了迈向新组织的大门。

矩阵型结构演变第一部曲的目的是在传统企业内部建立横向管理线条，把业务流程上的不同功能集成在一起，实现系统化管理，形成以产品类型或特点划分的产品项目部或事业部，成为业务流程被封装后的业务单位，由此，职能型结构开始转变为矩阵型结构。很多传统企业曾经也设立过产品项目部，但由于未能实施真正的项目管理，这些项目部最终都变成了一种职能部门，企业依然是职能型结构而不是矩阵型结构。

产品矩阵型结构将使企业产生两种管理线条：一纵一横。“一纵”，即职能型结构的特点依然存在，并继续维持传统管理方式；“一横”，即产品项目部从无到有，开始采取流程管理方式。横向管理线条的出现导致传统企业形态开始发生改变，扁平化、无边界的特征开始显露，组织的灵活性开始得到体现，如图 6-3 所示。

产品矩阵型结构以纵向管理模式为主，横向管理模式为辅，保留了很多职能型结构的特点，这也是转型初期需要维持业务发展延续性的要求，这时的组织结构图依然以纵向形式体现。

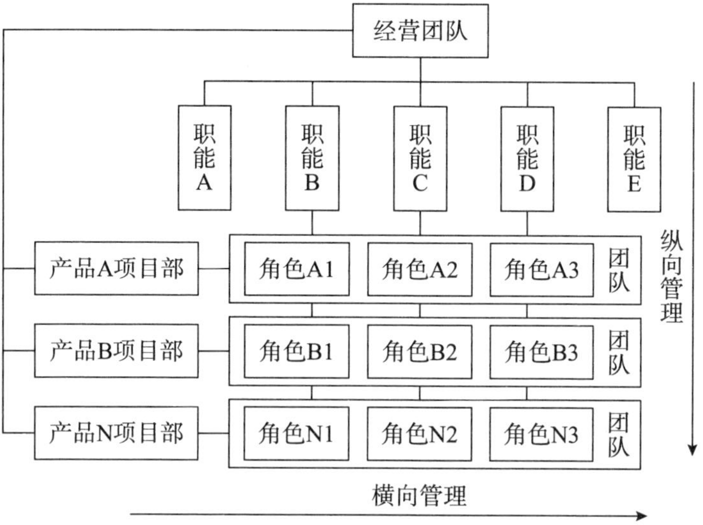


图 6-3 产品矩阵型组织结构示意图

第一部曲的目标是使企业内部出现集成化、系统化的管理方式。这是流程管理的萌芽，但还不能称其为流程管理，离流程管理还有一段距离，原因很简单：企业的中心功能依然强大，横向管理线条还无法做到“以客户为导向”，这时通常被称为“项目管理”。在西方管理学的发展史中，“项目”以及“项目管理”就是在这个时候出现的。

## 二、混合矩阵型组织结构

混合矩阵型结构是第二部曲。

当产品矩阵型结构运行顺畅后，产品能力将会得到极大提升，产品线将会得到有效扩展，企业有能力满足某类客户的特定需求，此时就会在不同产品项目部之间建立新的业务流程，从而形成以客户类型或特征划分的客户项目部，成为业务流程被封装后的业务单位，这时，产品矩阵型结构将演变为混合矩阵型结构。

混合矩阵型结构中有两类项目部，即产品项目部、客户项目部，形成两种管理线条：一纵两横。“一纵”，即职能型结构特征以及传统管理方式虽然存在，但不再处于主导地位；“两横”，即两类采取集成化、系统化管理的项目部相互协调，共同运行。在这个阶段，纵向、横向两种管理模式依然是共存关系，由于横向管理线条增多，导致企业形态更加扁平化、更加开放，灵活性更加明显，如图 6-4 所示。

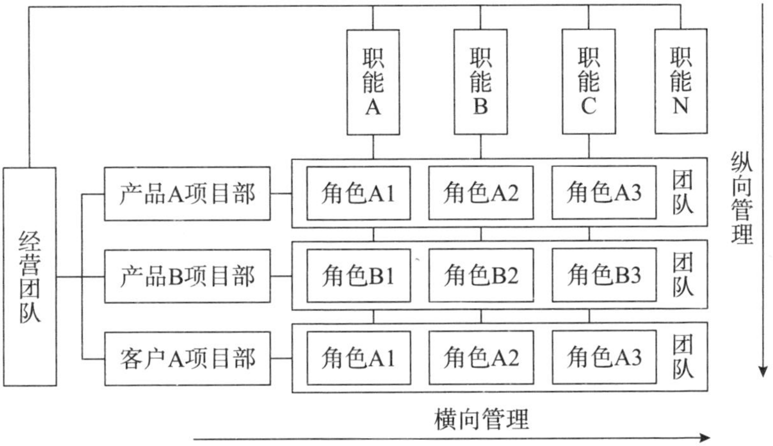


图 6-4　混合矩阵型组织结构示意图

矩阵型结构是一种分权结构，这在第二部曲中开始得到明显体现：“去中心”的进程逐渐加快，部分中心功能转移到各类项目部，项目部有能力依据客户需求进行自主调整，企业管理系统的重心开始发生转变；横向的项目管理彻底取代产品管理方式并成为企业基本管理方式，传统管理模式特点进一步被弱化。这时的组织结构图应该以横向形式体现，与传统组织结构图的形式有了本质变化，突出横向管理线条的特点。

客户项目部的出现是企业形态进化过程中的一次飞跃，象征着企业的创新能力有了极大提升，有能力满足某类特定客户的需求，而不仅仅局限在某种、某几种产品上。产品在企业发展过程中开始退出历史舞台，产品时代即将结束，产品功能的价值让位于客户体验的价值，人类的需求动机开始从低层次的缺失需求迈向高层次的生长需求，从对物质世界的追求转向对意识世界的追求。

在有些传统企业中虽然也出现了客户项目部，但企业能够为客户提供的产品非常有限，保持着小批次、大批量的生产特点，因此这些企业依然是职能型结构，而不是矩阵型结构，这也是为何说矩阵型结构是多业务复杂系统的最低配置。只有矩阵型结构才能驾驭多产品、多类型、多业务的复杂组合，而这也为平台型组织、生态型组织奠定了基础，互联网公司要想生存，也必须采用矩阵型结构作支撑。

## 三、客户矩阵型组织结构

客户矩阵型结构是第三部曲。

市场的变化归根结底是客户需求在变化，因此在混合矩阵型结构中，所有的产品生产都是为了满足客户需求，所有产品项目部最终都将被客户项目部所取代，企业中的项目部都是以客户类型或特征进行划分的，产品业务流程将融入客户业务流程，混合矩阵型结构将转变为客户矩阵型结构。

客户矩阵型结构中也有两种线条：一纵一横。“一纵”，是指职能型结构特征与传统管理方式虽然存在，但即将瓦解，仅零星存在于个别功能领域；“一横”，是指项目管理方式不仅已经成熟，而且具有全面覆盖之势，职能单元也开始普遍实施项目管理。这时，所有职能部门提供的服务都不再具有产品属性。客户矩阵型结构以横向管理模式为主，纵向管理模式为辅，如图 6-5 所示。

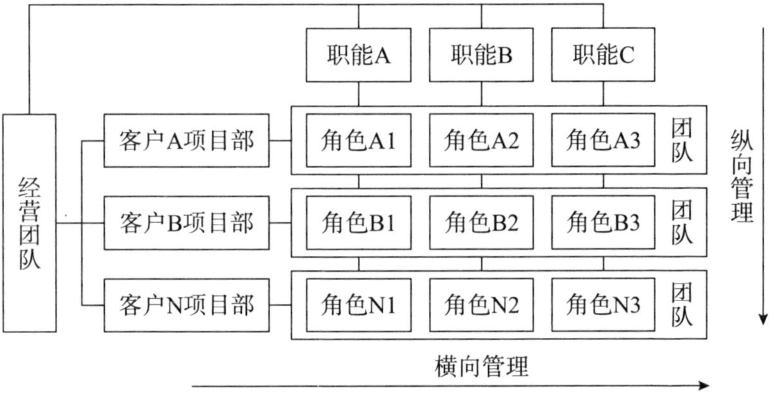


图 6-5　客户矩阵型组织结构示意图

矩阵型结构是一种开放式结构，在第三部曲中得以充分体现：所有客户项目部都对应客户需求，产品在客户需求中已经不再占有主要地位，客户体验才是核心。要想满足这些客户需求，必然要与客户深入接触，此时要么客户走进企业，要么员工走出企业，总之两者必须直接对接，因此企业形态必须相当开放，灵活性更高。

在客户矩阵型结构中，“中心功能”更加弱化，除战略性功能外，绝大多数功能都将被转移到客户项目部中，客户项目部空前强大，传统管理模式的特征几乎看不到。这时的组织结构图完全以横向形式体现，企业的管理系统彻底以横向为主。这时，职能型结构的特点几乎消失殆尽，离流程型结构仅有一步之遥。

## 四、离流程型结构一步之遥

工业 3.0 时代的最佳企业形态是客户价值形态，采取流程型结构，这是矩阵型结构的演变方向。到了客户矩阵型结构时，它与流程型结构已经非常相似，客户价值形态的特征也已经非常明显。

如果说精英价值形态形如“金字塔”，客户价值形态则形如“链”，不仅扁平、开放，而且具有超强的灵活性与市场应变能力。正是这种“链”形结构使企业能够在变化频繁、风险较大、竞争激烈的市场环境中保持旺盛的生命力，如图 6-6 所示。矩阵型结构的三部曲就是把“金字塔”一步一步变成“链”，“链”多了就会变成“链群”“平台”“生态”。在新商业时代，集团企业的转型方向必然是平台型组织、生态型组织，其演变逻辑与单体公司完全一致，只不过项目部变成了事业部。

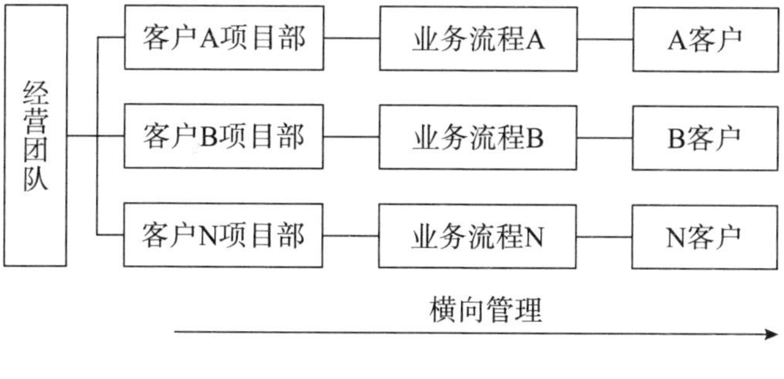


图 6-6　流程型组织结构示意图

矩阵型结构与流程型结构的区别在于，矩阵型结构依然保留着“中心功能”，而在流程型结构中，所有功能平等，都属于组织内部的必要组成部分，无所谓“中心功能”，所以才会有“平台型组织、生态型组织”之说，尤其是演变到生态型组织时，怎么可能还会保留“中心功能”呢？正因为这一点，矩阵型结构中形成的集成化、系统化管理依然是项目管理，而不是流程管理，项目管理要实现产品价值与客户价值的平衡，而流程管理只体现客户价值。在客户矩阵型结构阶段，“中心职能”即便很弱，但只要存在，就不会是流程型结构。

矩阵型组织结构的三个阶段依次推进，最终伴随传统企业完成转型。目前中国有些传统企业迫于市场变化，正在进行第一部曲，极少数企业进行到了第二部曲，但还没有任何一个企业走到第三部曲，更没有走到流程型结构阶段的企业。这与市场的变化程度有很大关系，目前的市场环境还没能催生更高级的组织形态，虽然其中有个别企业总想着“弯道超车”，但都被打回原形，老实了很多。

第三节

# 矩阵型结构的“真”与“伪”

“矩阵型结构”并非一个新的管理理念。在中国，有相当一部分企业认为自己早就建立了矩阵型结构，却发现自己的企业根本没有显现出矩阵型结构企业的效果。这就有些奇怪了，难道矩阵型结构还有“真”与“伪”？是的，的确有“真”“伪”之别：不是具有了横、纵管理线条就是一个矩阵，矩阵型结构有其基本的运行逻辑，掌握这个逻辑，才能设计出真正的矩阵型结构。

如果说这些矩阵型结构不是真的，那它们是什么组织结构？是职能型结构。这种现象较为普遍，尤其是把事业部型结构与事业部矩阵型结构弄混是常有的事。以前，矩阵型结构在中国企业中并不多见，这两年，中国企业纷纷进入转型阶段，采取矩阵型结构的逐渐增多，混淆的现象也越来越明显。

因此，有必要把矩阵型结构的特点作进一步说明。

## 一、矩阵型结构的识别标志

矩阵型结构出现在企业形态进化过程中，其最大价值是出现了集成化、系统化的横向管理线条。这是企业发展史上史诗般的进步，它让原本的垂直管理模式发生了根本性转变，这也是矩阵型结构如此难驾驭的原因。这一转变彻底改变了企业形态进化的速度，让企业从低级组织形态迈向了高级组织形态。没有这条横向管理线条，人们至今都还会把从上至下的指令性管理当成一种习惯，如图 6-7 所示。

衡量一个组织是不是矩阵型结构有两个判断标准：一是它是否出现了以产品或客户类型划分的事业部；二是事业部是否能够实行集成化、系统化管理。这是横向管理线条存在的必要条件，没有这两个衡量标准，出现再多的横向管理线条也没有意义。

需要特别强调的是，很多企业中出现了区域型事业部，能够相对独立运行、自负盈亏，因此让很多人认为这就是矩阵型结构。殊不知这类事业部仅仅承担了企业的某种原有功能，如销售等。区域性事业部无法承担公司战略性使命，做得再好也仅仅是在这一区域把某一功能充分放大而已，既改变不了企业发展的整体格局，更改变不了客户对企业的要求。仅仅出现区域性事业部的组织依然是职能型结构的，而不是矩阵型结构的，无论一个企业有多少区域性事业部或子公司，它都只是一个“伪”矩阵。只有以产品类型或客户类型划分的事业部出现，并能进行集成化、系统化管理时，才是真的矩阵型结构。

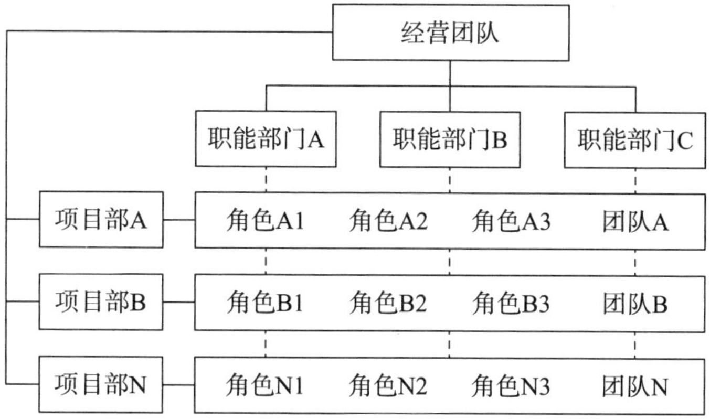


矩阵型结构（单体）

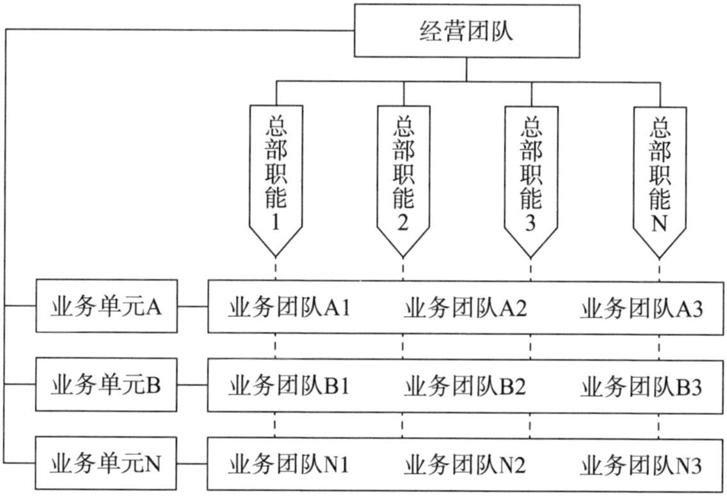


事业部矩阵型结构（集团）

图 6-7 矩阵型组织结构示意图

无论是产品型事业部还是客户型事业部，都是针对客户需求特点成立的业务单元，都能依据客户需求的变化作出及时响应，只是有多少和快慢程度的问题。首先出现的是产品型事业部，然后才是客户型事业部，客户型事业部比产品型事业部对客户需求的理解更进一步，这一变化深刻地诠释了产品管理转变为流程管理的过程。只有这两类事业部出现在企业中，对企业的发展与变革才有实质性意义。而要想出现产品类型事业部或客户类型事业部，就必须对现有的核心业务流程进行重新整合，这就是流程革命。

横向管理线条的出现，在很大程度上缓解了职能型结构的“硬伤”，在增强市场灵活性的同时，提高了企业的创新能力。因为横向管理线条能够相对独立地运行，独立性越强越容易进行创新，这也是矩阵型结构在中国企业中比较少见的根本原因。而“伪”矩阵型结构则无法实现“灵活”与“创新”这两大特点。如今，几乎所有中国企业都已深深体会到这两点，但是如果没有矩阵型结构，所有变革都达不到预期效果。

出现了横向管理线条，就意味着精英价值形态将逐步向客户价值形态转变，随着市场的持续发展，集成化、系统化管理方式的覆盖率将会越来越高，新组织形态的特征也会越来越明显。

很多传统企业在进行组织结构变革时，都没有逃离二律背反原则的“魔掌”，在职能型结构中不停打转，有的企业甚至用了十多年的时间都无法突破职能型结构的思维禁锢，可见这次企业进化有多难。

让我们看看比较成功的两家企业是如何理解矩阵型结构的。

## 二、华为对矩阵型结构的理解

在中国企业中，充分理解矩阵型结构特点的是华为，从“华为基本法”中对组织结构的描述就能清楚地看到华为对矩阵型结构的认知。这种认知这几年在其他企业中没有见到，也说明华为的确领会了矩阵型结构的基本逻辑。

“矩阵式管理结构是公司的唯一出路，公司所有的制度都应有强化矩阵机构的思想，如充分授权、加强监督等。否则，官僚就会妨碍公司的进步。但是，矩阵结构要不断演进。”这段话体现了华为对组织结构的基本定位，它使用了“唯一”这样的关键词，突出了矩阵型结构对公司发展的价值，尤其是它在现阶段的定位非常清晰。

“公司的基本组织结构将是一种二维结构：按战略性事业划分的事业部和按地区划分的地区公司。事业部在公司规定的经营范围内承担开发、生产、销售和用户服务的职责；地区公司在公司规定的区域市场内有效利用公司的资源开展经营。”这段话体现了华为矩阵型结构的基本特征，充分体现了上面所说的衡量矩阵型结构的两个标准，这一信息如此重要，却被很多企业忽视，就像前面说的，如果没有理解矩阵型结构的基本逻辑，即便看到了这样清晰的表述，也无法引起足够的重视。华为的二维矩阵也是比较常见的一种矩阵型结构形式，但仅仅出现区域型事业部还不能称为矩阵型结构。

“公司组织的矩阵结构，应该是一个不断适应战略和环境变化，从原有的平衡到不平衡，再到新的平衡的动态演进过程。不打破原有的平衡，就不能抓住机会，快速发展；不建立新的平衡，就会给公司组织运作造成长期的不确定性，削弱责任建立的基础。华为所在的电信产业处于急剧变化中，必须建立起一种既可保持相对稳定，又可迅速调整以适应变化的组织结构。华为永远都不会有一个稳定的矩阵结构网。”这段话充分揭示了矩阵型结构的动态属性，很多企业向华为“取经”，却经常收获甚微，很大一部分也是因为这种组织形态的动态属性。印象中没有见到还有哪一家公司对矩阵型结构有这样深刻的理解，说明多数企业在实践上还没有足够的积累。虽然华为还没有完全揭示矩阵型的基本原理，但已遥遥领先于大多数中国企业。

华为的矩阵型结构并不是孤立存在的，它的各项配套机制也在同步建设，传统企业向华为学习的各类机制，都与矩阵型结构相匹配，因此华为的矩阵型结构能够顺畅运行，并对企业发展起到重要作用。然而很多传统企业至今未能意识到这一点，试图在职能型结构中获得矩阵型结构的效果，很快就会被打回原形。

## 三、IBM 对矩阵型结构的理解

在华为的发展历程中，IBM 的实践对它产生了重要影响。1999 年,IBM 就开始为华为提供集成产品开发与集成供应链的咨询服务，因此当年 IBM 的转型对中国企业的变革显得尤为重要，也会启发对矩阵型结构更深刻的理解。

下面这段话摘自郭士纳（Louis. Gerstner）给员工的一封公开信，后来也被收录到了《谁说大象不能跳舞》一书。这个时期正是 IBM 的转型期，诸多问题开始涌现，给变革中的 IBM 带来了诸多的困扰与挑战，作为这次变革的推动者，郭士纳也深陷其中。

“……然而问题是，何种管理体系可以支持我们这种基本的整合战略？目前，许多公司仍在沿用传统的等级制度。这种制度相对较为清晰。谁决策，谁执行，一目了然。但这种传统系统是以命令为链条的，不仅速度太慢无法跟上时代的步伐，而且不利于培养员工的跨机构工作能力。公司等级制度表面上支持公司内部整合，但实际上它反对整合。公司等级制度设置了垂直的条条框框，并助长了声名狼藉的‘孤立’思维方式。”这段话体现了郭士纳对传统企业的深刻理解，IBM 当年出现的问题与中国企业今天所面临的问题如出一辙，因此笔者并不认为中国企业现阶段面临的问题具有什么特殊性，甚至认为 IBM、GE 之类的老牌世界 500 强给我们留下了丰富的素材，从这个意义上说，中国企业的转型反而应该相对容易一些。郭士纳基于对传统企业问题的认知，在随后的变革中，坚定地选择了矩阵型结构。

“……毫无疑问，矩阵式环境使我们身为管理人员和领导者所承担的工作更具有挑战性。同时也使我们的工作更为重要。但是，拙劣的管理矩阵甚至比等级制度更糟糕——因为这种管理矩阵既僵化又混乱；而良好的管理矩阵则是十分畅通和因地制宜的。管理矩阵的作用是不断变化的。管理团队时分时合。”这段话体现了在矩阵型结构替代职能型结构过程中出现的一些棘手问题，它们曾给 IBM 的转型带来很大的障碍，使公司内部出现了混乱的局面，甚至可以用焦头烂额来形容，而只有主导这次变革的人才能有这样的深刻体会，在这里，郭士纳也同样指出了矩阵型结构的动态属性。

“……只有我们的管理人员认为：‘我们的工作就是把公司所有的力量都传输给每一个接触客户的员工，我的工作就是帮助员工在业务中获胜。’我们的管理矩阵才能发挥作用，因为我们只有运用这种管理矩阵才可以把 IBM 的价值提供给市场。”这段话是对矩阵型结构变革的深刻理解，郭士纳充分体会到了矩阵型结构的精髓：矩阵型结构以客户为导向，能够有效地培养员工的创造力，而这一点对传统企业转型而言，恰恰至关重要。

如果说任正非为我们清晰地描述了矩阵型结构的基本框架，那么郭士纳则为我们把矩阵型结构对企业转型的价值呈现了出来，华为与 IBM 的矩阵型结构都具有一定的代表性，这两人对矩阵型结构的认知有助于中国企业在转型中构建一个真实的矩阵型结构。

第四节

# 矩阵型结构与项目管理

矩阵型结构中虽然出现了集成化、系统化的管理方式，但还不是流程管理，而是项目管理，因为还无法完全做到“以客户为导向”。但是企业的“目光”已经开始注意客户价值了，相对于传统的产品管理而言，项目管理的出现极大推动了企业的发展：项目管理兼顾了产品价值与客户价值，从项目管理领域出发，能够更清晰地理解矩阵型结构。

项目管理是第二次世界大战的产物，主要原因是分工与协作式的管理内耗严重，无法及时满足军事上的特定需求，为了加速军事项目的进展，发明了这项管理技术，后来不断完善，成为一门独立的学科，最初仅在建筑等有限的领域应用项目管理，随后在民用领域得到大力推广。

本书中的“项目管理”与传统企业中的“项目管理”有本质上的区别，可惜的是，很多企业已经养成了习惯，为避免引起误解，很多时候不得不把“项目管理”称为“业务管理”，希望引起传统企业的足够重视。

项目与产品、项目管理与产品管理有明显区别，这种区别体现了市场发展对企业的新要求。

## 一、项目管理的五大特征

无论教科书上如何描述项目管理，相对于产品管理而言，项目管理至少具有五大特点，如图 6-8 所示，这些特点都是客户需求变化的反映。

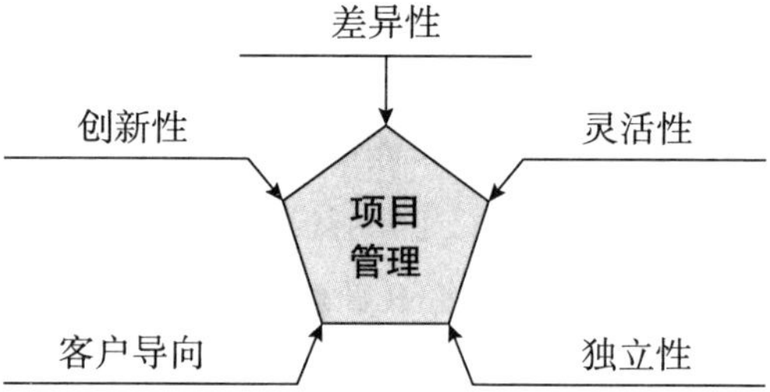


图 6-8　项目管理的五个特征

第一是差异性。项目是在限定的资源及限定的时间内需要完成的一次性任务，因此项目管理不再是标准化、规模化的价值创造活动，而带有明显的个性化、差异化的特征。传统的生产制造工艺无法再适用，企业价值创造流程发生了彻底改变。

第二是创新性。在所有的项目中，没有两个项目是完全相同的，根源在于没有两种完全相同的客户需求，企业必须依据客户需求的变化调整价值创造活动的过程。这个过程要求创新，甚至是持续创新，没有创新的管理活动不是项目管理。

第三是独立性。每个项目都能独立运行，成本与费用以项目进度为依托进行归集，封装进项目中，每个项目占用了多少公司资源、为公司创造了多少价值，一目了然，有利于依据项目贡献分析判断客户需求变化趋势，调整公司市场策略。

第四是灵活性。项目背后是客户需求的介入，每一个项目对应着一个客户需求，当客户需求发生变化时，通过项目管理及时应对与调整。一个项目的调整不会影响其他项目的有序进行，比产品管理更加灵活，项目管理本身就是一种动态管理。

第五是客户导向。项目兼有产品与客户属性，这让客户价值第一次出现在企业管理活动中，这是项目管理的最大贡献所在。通过项目管理实现产品价值与客户价值的动态性平衡，推动企业不断发展，随着市场变化更加频繁，项目管理最终从产品导向转变为客户导向。

不难发现，项目管理的五大特征与新商业时代的市场特征相吻合，项目管理的出现并非偶然，它是企业进入工业 3.0 时代初期的基本管理方式，最初在业务系统中开始运用，随后将覆盖企业的所有领域。项目管理一旦覆盖所有领域，就将变为流程管理。此时，项目的产品属性彻底消失，产品管理的历史使命彻底终结。

## 二、重新定义项目管理

项目管理并非一个新鲜事物，很多企业早已实行项目管理，但却没有达到预想的效果，主要原因在于传统企业形态与管理模式和项目管理不兼容。

此处虽然称之为重新定义，但其实是在还原项目管理：项目管理本来就是跨功能的集成活动，只不过被中国企业进行了改造。由于职能型结构的特点，传统企业的每个功能单元均有一套管理制度，但几乎从来没有一项跨越不同功能的管理机制。在这种结构中，无论如何强调不同功能单元的协同，都无法真正实现，反而还会成为“硬伤”，而项目管理恰恰就是这套跨功能的管理机制，这是现阶段解决协同的最佳工具。

在职能型结构中实施的项目管理，摆脱不了产品管理的程式，会把本来具有差异化的项目生生做成标准化的项目，而且认为越标准越容易管理，限制在项目上进行任何创新活动。它虽然也叫项目，但这类项目与产品几乎没有任何区别，项目的标准化程度越高，越便于规模化产出。试问这种项目管理从哪里考虑到了客户需求的差异？但是传统企业却习以为常，这就是很多中国式项目管理的真面目。

传统企业依据固定程式开展的管理活动，虽然也叫项目管理，却拥有产品管理的所有特征。由于没有考虑客户价值，自然无法依据客户需求对不同功能进行集成，只能按照分工与协作的方式按部就班地进行。在这样的项目管理中，产品价值是压倒性的，对客户的关怀只能通过反复强调产品功能的重要性来体现，一旦产品功能与客户需求产生偏差，通常会放弃客户价值，保全产品价值。

项目管理在本质上是一种集成化、系统化的管理方式，背后是流程管理的基本原理，只是由于条件不成熟，无法进行全流程集成，因此在局部已经不再是分工与协作的运行方式了。由于没有实现全流程集成，所以只能做到兼顾产品价值与客户价值，在两者之间进行平衡，也正因如此才会与矩阵型结构相得益彰，成为转型阶段企业管理模式的特征：采取了矩阵型结构，必然要实施项目管理。

项目管理的“前世”是产品管理，项目管理的“后世”是流程管理，当传统企业转型迈向新组织时，项目管理就成了不二之选。通过项目管理实现从分工与协作转向集成化、系统化的管理方式，只有这样才能开始“以客户为导向”。

## 三、管理方式演变规律

在企业形态进化过程中，正如职能型结构无法直接演变为流程型结构一样，产品管理也无法直接演变为流程管理，职能型结构的下一个阶段是矩阵型结构，从矩阵型结构演变到流程型结构。同样，产品管理的下一个阶段是项目管理，从项目管理演变到流程管理，如图 6-9 所示。

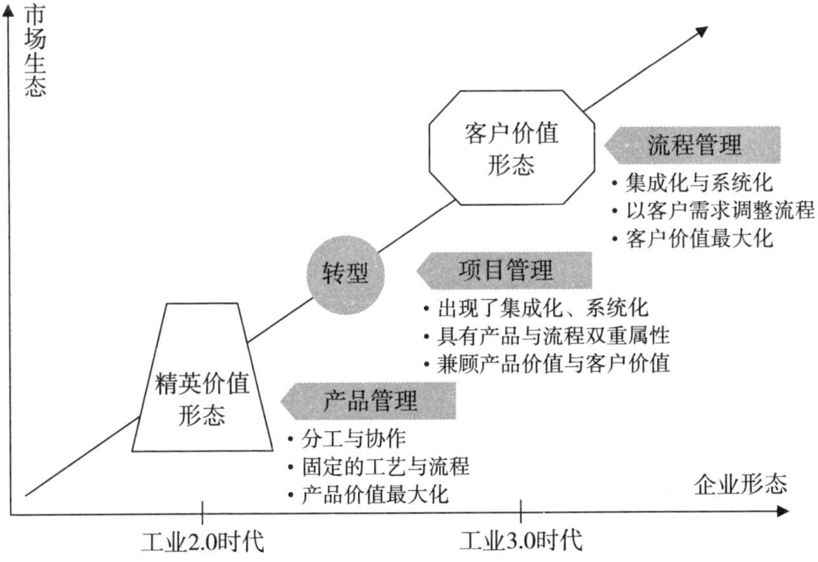


图 6-9　产品管理、项目管理、流程管理之间的演变关系

事实上，产品管理、项目管理、流程管理构成了一种演变关系，在西方管理学中，它们也是以这样一种时间顺序出现的。项目具有产品与流程的双重特征，项目管理也具有产品管理和流程管理的双重属性。项目管理的使命就是实现从“产品价值最大化”到“客户价值最大化”的转变，推动企业从精英价值形态迈向客户价值形态。现阶段，项目管理对中国企业转型的意义更加重大。

项目管理也是一种集成化、系统化的管理方式，只不过率先出现在业务系统中，把业务流程上的部分功能进行集成，实现部分系统化管理。它的关键在于这种变化的原因是客户需求，正是因为这个改变，使组织发展向前迈进了一大步，终于让客户价值体现在企业的价值创造活动中，开始与产品管理划清界限，也为后面的流程管理奠定了基础。在组织管理发展历程中，这是一次飞跃。

项目管理所到之处，消灭了分工与协作产生的消耗，因此项目覆盖率越高，组织的运行效率就越高。最初会在业务系统实现集成化、系统化的管理，接下来它将蔓延到职能系统。如今，项目管理在西方企业中能够覆盖 80% 以上的工作内容，而在中国企业中，覆盖率尚不足 20%。项目覆盖率是衡量一个组织运行效率的最重要指标，当一个公司的项目管理活动达到 100% 覆盖时，就说明企业内部所有功能都能进行集成，所有价值创造活动都以客户价值为基础。这时，项目管理即演变为流程管理。

项目以及项目管理出现在企业中时，其实是一个转型信号，只不过传统企业没有注意到，需要重新认知。项目管理将很快成为转型企业中的核心管理机制，所谓“核心”，是指所有管理制度都将以项目管理为依托，嫁接在项目管理机制中，这将会成为未来几年企业变革的重要内容。

第五节

# 矩阵型结构与二元管理基础

矩阵型结构要想运行顺畅，就必须构建与之相匹配的管理机制，项目管理仅仅是其中之一，在构建各项管理机制之前，需要先构建管理基础。

前面介绍过，职能型结构与职位管理相匹配，流程型结构与角色管理相匹配，那么处于中间阶段的矩阵型结构与什么匹配？答案是二元管理基础，分别是职位管理基础与角色管理基础，也就是说，与矩阵型结构相匹配的管理机制，建立在二元管理的基础上。

矩阵型结构本身是一种动态的平衡结构，是建立在二元管理基础上的管理系统，目的是达到一种平衡，企业需要依据外部市场的变化，不断调整管理制度。其复杂性在这里得到了充分体现，也正是这种动态性让人们感到矩阵型结构始终处于调整中，很难掌握矩阵型结构的运行逻辑。

## 一、二元管理基础的应用

矩阵型结构兼有职能型结构和流程型结构的特点，因此转型企业的管理基础分为职位管理与角色管理，是一种二元管理基础。

由于纵向管理线条在矩阵型结构中依然存在，职位等级、产品管理当然也会存在。因此，职位管理系统还有存在的必要性，这部分带有很明显的传统管理色彩，尤其是在转型初期，一些职能单元的管理制度还需要建立在职位管理的基础之上，这些都是项目管理还没有覆盖的领域。在这些领域，分工与协作的特征还很明显，这是转型必然要经历的过程。

由于集成化、系统化的横向管理线条已经出现，以产品类型或特点划分的业务单元已经成立，部门边界与职位边界已经弱化，甚至彻底消失，各类团队和角色大量出现并取而代之。因此这些业务单位的管理制度，诸如项目管理制度（或称为业务管理制度）、薪酬管理制度、绩效管理制度、人才管理制度等都不可能建立在职位管理基础上，而只能建立在角色管理基础上。在横向管理线条上出现的不再是职位，而是各类角色。角色是“人”与“工作”的统一体，因此具有自我优化的特点，哪个功能或环节需要什么样的角色，流程负责人就会设计什么样的角色，所有角色的设定都是为了满足客户需求，因此所有角色都有存在价值。当市场频繁变化时，建立在角色管理基础上的管理制度的灵活性就得以充分展现。

当两种运行秩序和管理基础同时出现在企业中时，无疑会加大变革难度，这是在所难免的事情。进入转型阶段后，无论外部环境还是内部构成都发生巨大变化，企业运行系统的复杂程度立刻提升。西方企业在这个阶段也是如此，IBM 的郭士纳和 GE 的杰克 · 韦尔奇都是在这种情况下进行的变革，为了重振往日辉煌，且不说难度，从时间上就能看出，两人都持续了相当长的时间，才搭建起了基本框架，理顺了内部管理。

转型阶段的企业最缺乏战略型人才、规划型人才、架构型人才，因为这时企业最需要系统性变革设计。这时，OD（Organization Development）岗位的出现也说明了这点，无论这个岗位是否充分发挥了作用，至少企业中有了专门、系统地思考组织发展与变革的岗位，让企业能够正视组织发展的客观问题。除了 OD 之外，COE 角色也是在这种变化中应运而生的。

## 二、二元管理基础下的双头街

很多传统企业在进入转型阶段时，发现管理制度根本无法满足企业变革需要，很大一部分原因是没有注意到此时要尽可能削弱职位管理体系的影响，同时引入角色管理体系。如果横向管理线条的管理制度还是依据职位建立的，那么必然会带来业务线条运行僵化的结局。虽然这时企业出于本能，开始对业务系统进行大力改造，但由于缺乏系统的变革理论指导，只能在不断纠错的过程中寻找恰当的解决方案，一些企业的角色管理基础就是这样建立起来的。当然，也有相当多的企业还没有找到解决方案，被迫走上回头路，取消了横向管理线条。

一旦角色管理基础建立，集成化、系统化的价值创造活动就可以顺利开展，随着转型的不断深入，职位管理基础将不断弱化，直至彻底消失，而角色管理基础将不断成熟。而最终项目管理演变为流程管理时，管理基础又将回到一元——“角色管理基础”。此时，转型阶段结束，客户价值形态成型。

职位管理和角色管理两者在企业转型阶段是此消彼长的关系，企业应该有意识地把握变革的节奏：变革并非越快越好，有时欲速则不达，例如垂直管理线条多是专业职能部门的工作，实施项目管理远比业务部门要慢，只能把一些重要的工作内容项目化，通过引入“三支柱模型”，在功能上划分出三种角色。这时，企业需要实行双头衔制，让这些专业职能部门的员工意识到，他们的工作性质正在发生转变。

双头衔代表着两种管理基础，基于职位的头衔实施的是产品管理，基于角色的头衔实施的是项目管理。当项目管理活动覆盖绝大部分职能部门的工作时，角色管理就会和项目管理完全融合在一起，这时，职位管理将彻底消失，双头衔回归单一头衔——基于角色的头衔。很多时候，我们在向西方企业学习时经常会忽略这一点，也许头衔都是一样的，但头衔背后的管理基础可能截然不同，责、权、利配置的方式自然也不同，看似同样的东西，在中国企业中却表现出了完全不同的效果。

## 三、管理基础演变规律

组织管理不是空中楼阁，一定会体现出必要的管理行为，这些行为始终贯穿在价值创造活动中，而管理行为的背后则是一系列原则、思想、理念、方法、工具。管理基础让管理行为有了依托，从管理行为发生的那一刻起，管理基础就在发挥作用。

从前文可以看到，不同的企业形态会有不同的管理基础，也自然会有不同的管理行为。伴随着企业形态的进化，管理基础也将经历四个阶段的蜕变：股东价值形态是以“工作”为基础，强调人与工作难易程度匹配；精英价值形态是以“职位”为基础，强调人与职位要求匹配；客户价值形态是以“角色”为基础，强调人的行为表现与工作内容匹配；利益相关者价值形态是以“人格”为基础，强调人格特征与工作内容匹配，如图 6-10 所示。这四种管理基础构成了管理基础的演变规律，这是组织形态管理理论的重要内容之一。

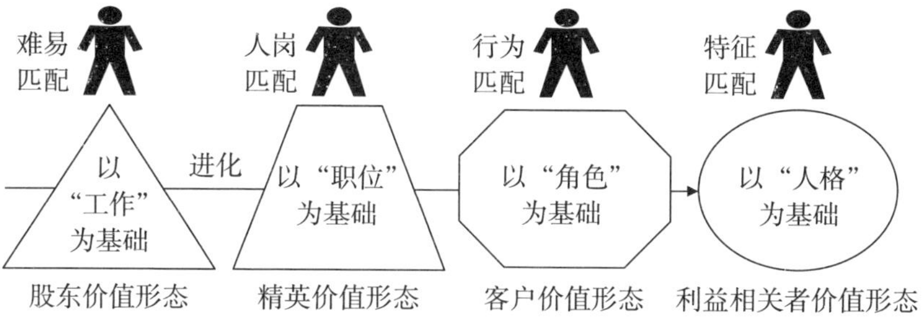


图 6-10 管理基础演变规律

从规律可以看出，管理基础从“工作”演变到“人”，意味着管理是从“管事”演变到“管人”的。最初是以“工作”为基础，当“工作”固化下来后便进化到以“职位”为基础，这两个阶段并没有直接管理到“人”，主要是由于只有少数人在为企业创造主要价值，其他人的劳动则没有创造出多少价值，因此属于低级组织形态。进入工业 3.0 时代，开始以“角色”为管理基础——这是“工作”与“人”的统一体，这时才直接管理到“人”，而当“人”的重要性超越“工作”本身时，就变成了以“人格”为基础，后面这两个阶段都是由多数人为企业创造主要价值，因此属于高级组织形态。随着工业文明的不断进步，“人”的价值不断提升，这一点从管理基础演变的规律中得到了充分印证。本书的主要内容截取了从精英价值形态到客户价值形态这一段的进化历程，而它恰恰是从“管事”到“管人”的分水岭。

今天的中国企业正处于转型升级过程中，“人”在组织管理活动中得到了前所未有的重视，这也象征着企业的低级组织形态阶段即将结束，未来将迈入高级组织形态阶段，整个管理系统都将围绕着如何有效开发“人”的价值展开。固守“职位”管理基础，“人”的创造力就会被压制。目前，许多产业发展的先进技术都不在中国企业手中，中国企业的竞争力也开始停滞，如何释放多数人的创造力将是未来几年组织管理的核心课题，角色管理基础演变已经刻不容缓。

第六节

# 转型企业的“三引擎模型”

今天的企业变革已经不再是修修补补，而是全面再造，目的是塑造一个新组织，这将是一个系统工程，涉及组织形态以及管理模式的转变。“破旧立新”可能反而简单，因为只须“另起炉灶”即可，难的是“吐故纳新”，因为它需要一个自我更新的过程，这个过程比“破旧立新”难很多，而我们的大多数传统企业恰恰属于这种情况。

前面介绍过，未来新组织的“三支柱模型”几乎完全颠覆了传统企业的“三支柱模型”，除非彻底放弃，成立一家新公司，否则根本不可能直接一步到位，如果采取循序渐进的方式，就必须找到企业转型的驱动力量，通过“以点带面”的方式推动传统企业转变。

什么才是传统企业转型的驱动力量？其实前面已经介绍过，矩阵型组织结构、二元管理基础以及项目管理方式，我们把它们称为“三引擎模型”。所谓“模型”，仅仅是因为“三种驱动力”相辅相成、相互作用，任何一种力量都需要其他两者支撑，从而形成一种稳定模式，有了这“三引擎”，传统企业就具备了转型的基本条件。

从精英价值形态进化到客户价值形态，首先要从传统的“三支柱模型”转变为“三引擎模型”，然后再从“三引擎模型”转变为新“三支柱模型”，这也就回到了认知阶段的第三个问题“传统企业如何转型”，这是当前中国企业变革的核心内容，20 世纪西方企业也是依靠“三引擎模型”完成转型的，这一点从 IBM、GE 等企业的变革过程中就能看得清清楚楚。

## 一、“三引擎模型”是什么

“三引擎模型”，通俗地说就是传统企业转型要建立矩阵型组织结构，并在二元管理基础上采取项目管理。这三个引擎恰恰是构成企业形态 10S 中的三个 S，分别是组织结构、管理基础结构与产品结构。仔细研究就会发现，“三引擎模型”虽然分属不同领域，但在设计原理上完全一致，因此能够集成在一起，共同支撑传统企业有序运行，如图 6-11 所示。

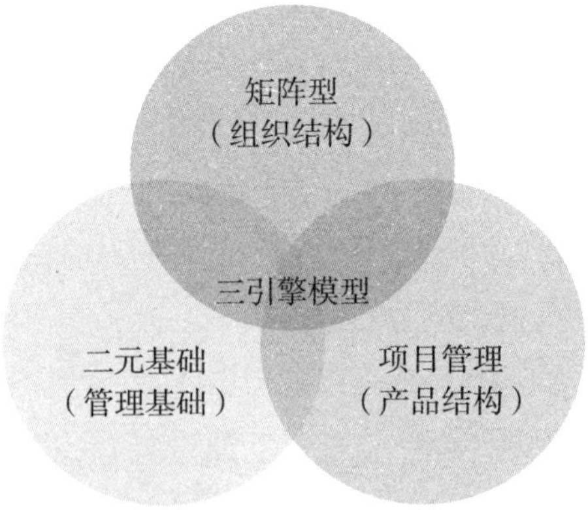


图 6-11　转型企业的“三引擎模型”

为了适应新商业时代分散且多变的市场特点，传统企业必须建立能够跨越不同功能单元的横向管理线条。由于流程型结构还无法建立，便只能退而求其次，建立矩阵型结构，其特征是在传统的垂直（纵向）管理模式中出现了水平（横向）管理模式。这是对业务系统进行整合的结果，形成了以产品类型划分或以客户类型划分的业务单元，通过实施集成化、系统化的管理，有针对性地满足某个或某类客户需求。

二元管理基础是指职位管理与角色管理。传统企业的管理系统建立在职位管理的基础上，属于一元管理基础。进入新商业时代后，本应以角色管理取代职位管理，但是由于无法一步到位，因此只能在业务系统率先引入角色管理体系，支撑矩阵型结构中出现的横向管理线条，在职能系统中暂时保留职位管理体系，在转型阶段形成二元管理基础，这也是转型阶段的“特色”。随着转型的不断深入，二元将回归一元——角色管理基础。

项目管理的本质是流程管理思想，但还不是流程管理，因为转型阶段根本无法做到流程管理。项目管理也是一种集成化、系统化的管理方式，只是还没有实现全流程集成，但已明显提高了跨功能协同效果，增强了对市场变化的应对能力。伴随着矩阵型结构、角色管理基础的建立，项目管理将在横向管理线条中实施，当项目管理能够覆盖其他职能领域时，项目管理也将演变为流程管理。

“三引擎模型”是企业在转型阶段所特有的管理模式，既带有传统企业“三支柱模型”的特征，又具有新组织“三支柱模型”的特点。“三引擎模型”具有一定的平衡性，随着转型的深入，新“三支柱模型”的特征会越来越明显，象征着“吐故纳新”起到了明显的效果。

## 二、为什么是这“三引擎”

所谓“引擎”是指动力来源，因为从工业2.0时代进入工业3.0时代，中国企业的转型将是一项系统工程，多数企业很难做到系统化转变，只能通过“引擎”实现以点带面，推动企业变革逐步深入。目前对于传统企业而言，不仅需要科学理论的指导，还需要能操作、可执行的实施方案，避免“盲目转型找死”，这就要求大量的可供选择的管理工具，而这“三引擎”恰恰既有理论依据，又有成熟的方法论与操作流程，只不过对于中国而言虽然并不陌生，却没有充分理解，否则早就在变革中运用了，又怎么可能会有那么多企业感到困惑和迷茫？很多时候，盲点常常出现在显而易见处。

在现实中，看看那些非传统企业就能理解。哪些企业可以被称为非传统企业？或者把范围再聚焦一下，哪些企业逐渐摆脱了传统企业的标签？这或许更能说明问题。

海尔、华为应该算是比较典型的，中国企业20年前学海尔，如今学华为。但这两家企业如今都已不是传统企业，其管理模式与传统企业有很大的区别。前文说过，它们都是因为参与了国际市场竞争，才比国内的企业更快地进入到转型阶段。

虽然目前华为与海尔依然处于不断的变革之中，但它们已经摆脱了传统企业的形象。仔细研究就可以发现，矩阵型结构、二元管理基础、项目管理是它们的共同特征。华为的任职资格管理、业务流程再造、矩阵型组织结构以及在业务流程基础上总结出的“六步一法”项目管理方法，一直以来都被称为中国企业变革成功的典范。海尔在其实施的平台化战略过程中，也形成了一种“倒三角形”的组织结构，这其实是矩阵型结构的一种变化形式，海尔很早就引入了基于二元管理基础的人力资源系统，“人单合一”不也是一种集成化、系统化的管理思维吗？这些都是在转型过程中构建起的“三引擎模型”。

当然，除了海尔、华为以外，其他企业进入转型阶段后也都是如此，无论是通过理论指导，还是出于企业本能，都会有越来越多的企业构建“三引擎模型”，矩阵型结构、二元管理基础、项目管理方式不仅会成为转型过程中的一种“标配”，更会成为判定一个企业是不是传统企业的一个标准。

## 三、“三引擎模型”在企业中的现状

这几年经常能听到一些这样的声音，有的企业说建了能力管理系统，结果发现没有发挥多少作用，画蛇添足；有的企业说调整了组织结构，结果发现矩阵型结构带来的问题更多；有的企业说搞了项目管理，结果效果体现得不明显，反而使管理复杂化。这是为什么？原因就在于它们没有理解这三者的基本逻辑，所以无法把三个引擎集成在一起。要么是片面地理解了某一个“引擎”，驱动力量有限，要么是三个“引擎”各自运行，难以形成合力。

虽然华为和海尔一直都是标杆，但是有多少企业理解了标杆企业的运行逻辑？为何“拿来”之后没有明显变化？难道说华为和海尔还有不为人知的秘诀？这不太可能，因为学习与被学习是一个互利双赢的过程，只是如果没有掌握标杆企业运行的基本逻辑，无论如何学，都无法把学到的东西与自身特点结合在一起，搞不好还成了邯郸学步。

在“三引擎”中，矩阵型结构设计容易、实施难，只须“线”

与“方框”结合，在一张 A4 纸上即可画出矩阵型结构图，但让矩阵型结构有效运行却并非易事。缺少二元管理基础与项目管理方式，以及与之配套的管理机制，矩阵型结构只能是纸上谈兵，这样的矩阵型结构还有意义吗？但很多时候反而是矩阵型结构在为我们的“不理解”背“黑锅”。

中国企业转型期望实现的扁平化、无边界、灵活性、敏捷性、创新性、激励性……所有这些关键词都需要从发动“三引擎模型”开始才能一一实现，没有矩阵型组织结构如何能实现扁平化、无边界？没有项目管理如何能实现灵活性、敏捷性？没有角色管理基础如何能实现创新性、激励性？

但是对传统企业而言，最大的挑战还不在于是否理解这些关键词，而在于是否有变革的人才，“三引擎模型”的驱动力最终还是要由“人”来发动，没有“人”的话，引擎再强大也无济于事。这次转型的浅层次的提升是专业技能的提升，而深层次的提升是思维方式的转变——变革并不是谁想，谁就能实现。其实，企业转型与“人”的转型是同步进行的，正如经济系统转型与企业转型同步一样，市场、企业、人，这三者都需要在这次变革中实现转型。

## 四、管理模式演变规律

回顾前文可以发现，不同的企业形态有不同的管理模式。截取从精英价值形态迈向客户价值形态这段进化历程，就存在三种不同的管理模式，这三种管理模式也构成了一种演变规律，我们称之为管理模式演变规律，如图 6-12 所示。

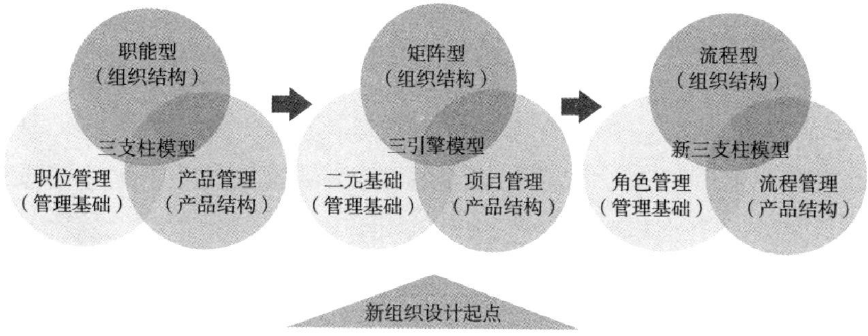


图 6-12　管理模式的演变规律

传统企业有“三支柱模型”，职能型结构使企业形如“金字塔”，最大的特点是企业采取垂直管理模式，各部门通过分工与协作的方式共同进行价值创造活动，单体企业一般采取直线职能型，集团企业则多采取事业部型；传统管理模式建立在“职位”的基础之上，责、权、利均配置在“职位”上，人的价值通过职级、职位体现，当所有人都按部就班地完成职位设定的工作内容时，企业就可以高效运行；产品管理方式让所有的价值创造活动围绕产品生命周期展开，目标是实现产品价值最大化。产品价值最大化，企业价值就会最大化。

未来新组织有新“三支柱模型”，流程型结构不仅让企业彻底扁平，而且形如“链”，对外直接对接客户需求，对内实现无边界管理，具有高度的灵活性，能够根据市场变化，通过增减业务流程而改变组织规模。新组织管理机制建立在“角色”的基础之上，责、权、利均配置在“角色”上，“角色”体现了“人”与“工作”的统一性，当“工作”随着市场变化而变化时，“人”也能够随之即时改变，提升了企业对市场的反应速度；流程管理是一种集成化、系统化的管理方式，能够依据客户需求不断集成企业价值创造功能，为客户提供个性化的解决方案，体现客户价值最大化。

转型企业有“三引擎模型”，矩阵型结构兼有职能型结构与流程型结构的特点，既具有纵向管理线条，又具有横向管理线条。横向管理线条的出现，让企业能够灵活应对市场变化。在转型阶段，纵向线条的管理机制建立在职位管理的基础上，横向线条的管理机制建立在角色管理的基础上，形成了二元管理的基础格局。横向管理线条采取了项目管理方式，兼有产品管理和流程管理的特点，项目管理是对传统价值创造活动实现部分集成的产物，能够让企业从以产品为导向转变为以客户为导向。

三种管理模式贯穿传统企业转型的全过程，使企业从精英价值形态逐步转变为客户价值形态，传统企业的当务之急是尽快进入转型阶段，构建转型阶段的管理模式。“三引擎模型”在管理模式演变过程中，起到了承前启后的作用，“承前”对接传统管理模式，“启后”对接新组织管理模式，形成了一种有序的改变。今天，传统企业转型迈向新组织，必然要从“三引擎模型”开始，这是新组织设计的起点，然后再逐步演变为新“三支柱模型”。

现在，我们应该能够清醒地意识到，工业时代的进程正在加速，传统企业正在退出历史舞台，转型越早的企业主动性越强，观望与等待只能逐步消磨企业的变革能力，最后等来的恐怕只有“临终关怀”。

Chapter 7

# 矩阵型结构案例解读

矩阵型结构早在20世纪就被提出，在今天的西方企业中也很常见，很多人认为中国企业对矩阵型结构应该熟悉。然而恰恰相反，虽然关于矩阵型结构的公开资料很多，但采取矩阵型结构的中国企业却是寥寥无几，原因在前面也介绍过，是我们没有理解矩阵型结构的运行逻辑。

在中国企业中矩阵型结构虽然并不多见，但毕竟还是有的。那么，哪些企业采取了矩阵型结构？但凡摆脱了“传统”标签的企业，都采取了矩阵型结构，互联网行业稍微多一些，诸如阿里、腾讯等，它们由于行业特点，较早地采取了矩阵型结构，没有采取矩阵型结构的，很快就被行业淘汰了。

还有那些率先“走出去”的企业，例如华为、海尔、美的等，虽然都是生产制造型企业，但在人们眼中却不是一般意义上的“传统”企业。之所以说它们“非传统”，是因为这些企业参与了世界范围内的市场竞争，它们知道，要想在国际市场中占有一席之地，就必须把自己变得能够适应市场生态要求，因此这些企业的进化速度明显超越国内其他的生产制造型企业。

企业形态进化与市场发展是同步的，市场越成熟、竞争越充分，越容易推动企业形态演变的进程。今天中国企业之所以会转型，同样也是因为市场发生了巨变，矩阵型结构取代职能型结构将是这次企业变革的必要组成部分。

下面就让我们一起看看比较典型的矩阵型结构案例。

第一节

# 阿里巴巴的“大中台、小前台”

阿里巴巴是近十年来最为耀眼的中国企业之一，其创始人马云也成了这个时代的风云人物。回顾阿里巴巴的发展历程，它同样严格遵循了企业形态进化规律，从 1999 年创立开始，有很多公开资料都可以说明这一点，此处不再赘述，本节主要探讨阿里巴巴的组织结构特点。

“大中台、小前台”是阿里巴巴的组织与业务体系，这个提法最早是在 2015 年提出的：2015 年 12 月 7 日，时任阿里巴巴集团 CEO 的张勇通过一封内部信说，“今天起，我们全面启动阿里巴巴集团 2018 年中台战略，构建符合 DT 时代的更创新灵活的‘大中台、小前台’组织机制和业务机制”。

现在来看，“大中台、小前台”只是打上了阿里巴巴的印记，与腾讯一样，其背后依然是矩阵型结构的运行逻辑。

## 一、“大中台、小前台”是什么

在阿里巴巴看来，“前台”就是一线业务，需要顺应瞬息万变的市场，需要更敏捷、更灵活、更快速地决策；“中台”将集合整个集团的运营数据能力、产品能力、技术能力，对各“前台”业务形成强力支撑；“后台”是底层技术架构，需要相对稳定，如图7-1所示。

图 7-1 阿里巴巴的“大中台、小前台”

任何一个组织复杂到一定程度时，都很难通过平面图形表达，原因在于其内部价值关系的多元化。直线型结构、职能型结构相对简单，用“线”把各机构连接起来就能表达它们之间的相互关系，但是进入转型阶段后，组织形态由封闭转为开放，管理模式与商业模式开始融合，导致组织结构已经很难再简单地用“框”与“线”描述了，最后只能罗列重要机构，表明其在组织中的功能定位，并说明组织结构特征，一些企业的组织结构图只能以这种情况呈现。阿里巴巴也是如此，看似简单，内部构成系统却相当复杂。

为了让人们能够清晰地理解“大中台、小前台”的内涵，阿里巴巴特意引用了美军的组织特征表达其中含义。“大中台、小前台”就如同美军的“特种部队＋航母舰群”模式，“特种部队”（如同“小前台”）只有十几人甚至几人，他们在战场一线，可以根据实际情况迅速决策，并引导精准打击。而精准打击的导弹往往是从航母舰群（如同“大中台”）上发射而出的，后方会提供强大的侦察火力和后勤支援。

但凡将自己和美军挂钩的企业，都是为了突出其“厉害”之处。前面已经介绍了美军进化到客户价值形态时的特征，笔者认为阿里巴巴的这个形容也是恰当的，原因就在于阿里巴巴在局部的确体现出了这样的特征，否则如何能处理如此庞大的业务系统？组织形态的优越性立刻体现出来。阿里巴巴并不是一开始就处于今天的状态，与它同时代的很多有“前景”的电商在不断变化的市场中都逐渐消失或是萎缩了，阿里巴巴能够发展到今天这个状态，与其强大的市场敏锐性以及变革能力是息息相关的。

## 二、阿里巴巴的矩阵型结构

阿里巴巴是矩阵型组织结构，而非流程型组织结构，这也是互联网公司持续发展的最低配置。传统的职能型结构只能用于互联网公司的初创阶段，一旦进入成熟阶段，如果沿用职能型结构，就必然会被淘汰，阿里巴巴、腾讯都是这样一路走来的。

“大中台、小前台”是矩阵型结构最好的说明，因为“大中台”与“小前台”之间形成了一条“链”。无论业务量多大，“前台”与“中台”之间都必然存在一条非常清晰的“链”。由于业务的多样性，这些“链”形成了“链群”，“链群”把消费者与商品通过各种场景进行了连接，“链”的一头连接“需求”，即消费者，另一头连接“创造”，即商品。至于这条“链”如何连接这两头，那就是阿里巴巴的技术在发挥作用了，这也是所有电商的基本逻辑，没有这些“链”，阿里巴巴就失去了存在的价值。无论业务量有多么庞大、业务环节有多少，“链”始终能清晰地呈现。如何创造价值？如何衡量价值？如何分配价值？这些都取决于“链”的清晰程度，这是一个企业能够有效运行的基础。

“中台”的设置就是为了提炼出“链”的共性需求，并将这些打造成组件化的功能包，然后以接口的形式提供给“前台”使用，“中台”的出现不仅仅是为了避免重复建设和资源浪费，更是为了使业务集成的实现更加容易，使企业能够更加快速地响应客户需求。当业务发展达到一定复杂程度时，业务种类繁杂、业务团队众多，阿里巴巴要想变得轻盈，就需要把某些共性的功能打散，同时能够依据客户需求特点随时集成，使产品在更新迭代、创新拓展的过程中，研发更灵活、业务更敏捷，这就是阿里巴巴“中台”的作用。通过这样的“中台”，可以有效应对市场的变化，随着阿里巴巴的规模不断扩大，“中台”始终可以有效地与市场对接。

“前台”和“中台”形成了“链”，“后台”发挥了系统的支撑与管理作用，这样的组合是矩阵型结构的特点。只不过对阿里巴巴而言，组织管理与业务系统开始融合，显得与其他企业的组织结构存在明显区别，但这也成为阿里巴巴的特色。

显然，职能型结构根本无法做到这一点，虽然很多传统企业也开始划分前台、中台、后台，但仅仅是让“中台”的地位有所提升，却无法达到阿里巴巴“中台”的效果。“中台”的价值只有在集成化、系统化的管理过程中才能得到体现，当然，这种尝试也有助于传统企业理解矩阵型结构的作用。只要掌握了矩阵型结构的基本逻辑，就能理解阿里巴巴是如何驾驭一个庞大的、复杂的运行系统的——传统企业的业务多元化、复杂程度有超过阿里巴巴的吗？

## 三、“中台战略”背后的逻辑

“中台”的出现是中国企业转型的需要，这是新商业时代对企业变革的要求。与传统生产型企业不同，阿里巴巴在市场系统中扮演着“通道”的功能，直接客户并不是终端消费者而是商家，主要为商家提供需求端的解决方案，所以才会出现每逢“双十一”前，就会有店主“拜马云”的现象，几年下来还形成了传统。“通道”的价值在于顺畅，“通道”越顺畅，整个系统就越繁荣，而决定“通道”是否顺畅的既不是“前台”，更不是“后台”，而是“中台”。因此，“中台”就变成了阿里巴巴的核心竞争力所在，当然也体现出了阿里巴巴的高明之处。

其实，“中台”的重要性对其他知名互联网公司而言同样重要，只不过阿里巴巴率先贴上了这个标签，其他公司自然不好意思再用。当中国企业全面进入转型阶段时，所有行业都面临这个问题，“前台”的价值将逐渐被“中台”取代，也就是说，为业务提供直接支撑的环节变得越来越重要，谁离“前台”近，谁的重要性就会体现出来，而决定这种变化的是市场需求的剧变。

当市场需求相对稳定、单一时，“前台”显得比较重要，尤其是销售功能，拿下几个大客户，一年的业绩就有了保障；当市场需求变得分散且多变时，大客户越来越少，小客户越来越多，所有通过销售驱动业绩的企业，就都感到疲惫不堪。如今，“前台”有价值的创新，关键并不在于“前台”，而取决于“中台”的发力，仅仅依靠“前台”的努力根本无法形成竞争力，这样的案例实在太多了。最终大家都发现，能够让企业在市场上杀出一条血路的变成了“中台”，“中台”越强大，“后台”压力越小，“前台”就越活跃，企业要想在新商业时代有所作为，就必须提升“中台”地位，“中台战略”也因此形成。除了一些特殊行业外，企业如果还在布局“前台”，那么恐怕连燃眉之急都无法解决了。应该清楚地看到，通过广告狂轰滥炸的营销时代，已经一去不复返了。

从规律来看，未来企业竞争的核心还不是“中台”，而是“后台”，因为只有“后台”才能驱动整个价值链，达到“决胜千里之外”的效果，只不过今天的“后台”显得如此平庸，根本没有“拿得出手”的东西。当然，今天的“后台”并非未来的“后台”，自然无法驱动整个价值链。“前台”的时代已经结束，“中台”的使命是完成“转型”重任，而企业最终将决战于“后台”。未来，所有的“后台”功能都与“人”的创造力直接关联，没有关联的部分将在流程再造中统统融入“前台”与“中台”，最有价值的都会留在“后台”。随着市场的不断发展，企业形态越来越开放，整个价值链将逐一暴露于市场中，客户也将沿着价值链一路“绞杀”，率先干掉“前台”，然后是“中台”，最后企业将在“后台”与客户进行背水一战，完成工业时代的使命。

如果说中国企业的核心竞争力还没有轮到“后台”，那么说明中国市场上的霸主还在孕育之中。

第二节

# IBM 的“让大象跳舞”

人们印象中的 IBM 是一家什么公司？科技公司？软件服务公司？还是咨询公司？恐怕一时还不好确定。在近几十年之中，IBM 在组织架构上有过几次较大的变革，逐渐从一家商用机器公司转变为一家全球性的信息技术和业务解决方案公司，业务结构实现了从“硬件”到“软件”的转变，这是所有企业发展的必然规律。对于今天绝大多数的传统企业而言，最有现实意义的是郭士纳主导的变革。

20 世纪 90 年代初，郭士纳入主 IBM，用了九年时间向世人演绎了一段“大象跳舞”的传奇，也留下了大量的宝贵素材，他在变革中进行的诸多创新让很多企业获益匪浅。中国企业经历了这几十年的快速发展，也陆续成了“大象”，如今所面临的问题与当年的 IBM 如出一辙，只是中国的“大象”是否能跳舞，还须拭目以待。

要理解郭士纳的变革方略，还须先回到那场著名变革的前夜，看看 IBM 是如何变成“大象”的，然后再来思考如何“让大象跳舞”。

## 一、IBM 如何变成了“大象”

20 世纪 80 年代初，科技的迅速发展给微电子技术带来了空前的机遇与挑战，产品生命周期缩短、产品迭代速度加快、竞争对手激增，尤其是日本企业，如日立、三菱等一系列品牌纷纷加入市场，竞争异常激烈，这些都严重威胁着 IBM 的生存与发展。而当时的 IBM 组织结构过于集中，且产品灵活性不足，无法适应急需创新产品的环境。于是时任 CEO 约翰 · 艾克斯（John. F. Akers）操刀实施了这一次的组织变革——从精英价值形态迈向客户价值形态过程中的第一次变革，变革前的组织结构如图 7-2 所示。

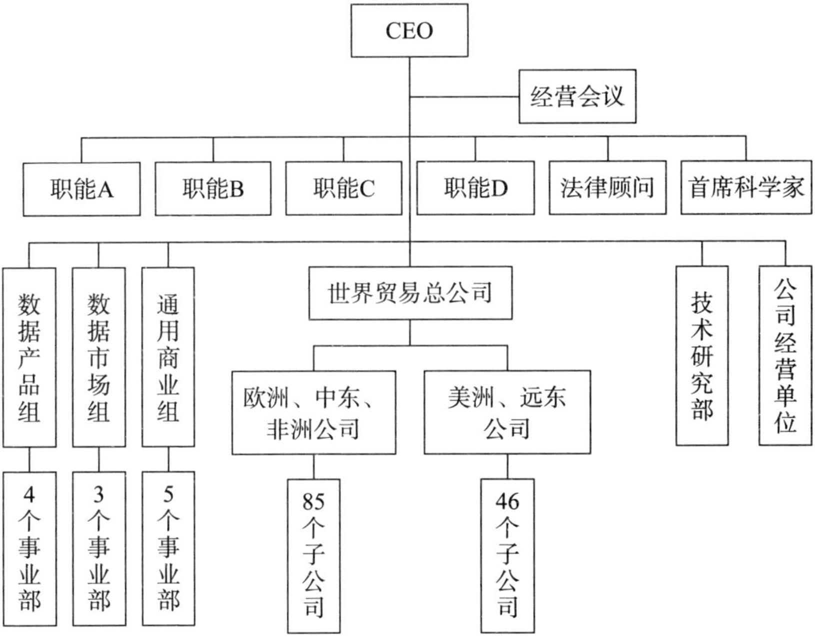


图 7-2　IBM 变革前的组织结构示意图

在艾克斯的领导下，首先，IBM 建立了独立经营单位和战略经营单位负责研发和创新，其中对独立经营单位下放了经营权，而对战略经营单位则同时下放了战略目标和经营权。其次，IBM 改革了领导机构，改善了最高的决策组织，加强了集体决策，并在决策层建立了事业营运委员会和政策委员会，其中事业营运委员会负责整个公司的短期战略，而政策委员会则负责长期战略，如图 7-3 所示。

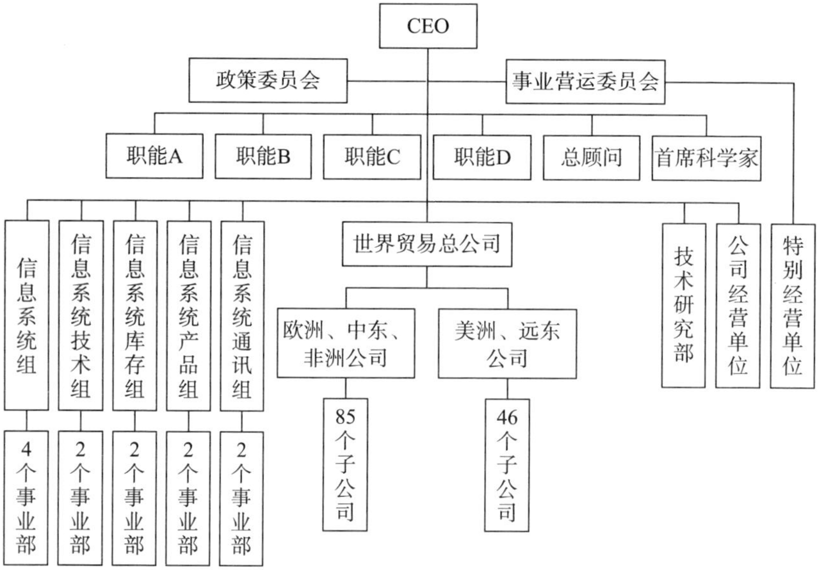


图 7-3　IBM 变革后的组织结构示意图

在这个过程中，IBM 成立了无数的销售事业部，却忽视了彼此之间横向的联系。艾克斯要求每一个事业部都要有跨越式的业绩成长，很像今天一些中国企业喜欢说的“在高速行驶的汽车上换轮胎”“飞行途中换引擎”一样，每一个员工无不追求个人绩效。而诸如“艾克斯像是高高发令的将军，但对客户需求却一无所知”“许多客户抱怨 IBM 不仅没有服务品质，而且决策流程超长也超慢，反应像科技博物馆里的恐龙”之类的话也随之而来。

显然，这一系列举措并没有解决企业的根本问题。1991 年，蓝色巨人出现首次亏损，震惊了世界，又在 1990~1993 年连续亏损达 168 亿美元，创下美国企业史上第二高的亏损纪录，公司股票狂跌到每股 40 美元，史无前例；PC 机业务被挤出国际市场前三名；大型机产品大量积压，无人问津……种种失利让这家工业 2.0 时代的霸主走到了背水一战的地步。

这段组织变革过程让人感到如此熟悉。没错，不仅市场环境相似，连企业变革的思路、策略都与今天的中国企业相似，这都是传统企业转型时的惯性思维，可见中外皆然。营销驱动既解决不了发展困境，也干不掉竞争对手，只会离客户越来越远，“总部集权、终端放权”纯属瞎折腾，不仅失去了绝佳的变革时机，更加大了后期的转型难度，因为这种逻辑在职能型结构中根本无法成立，然而很多传统企业依然在沿着这条路策马狂奔，结局不问可知。1993 年 1 月，艾克斯向董事会递交了辞呈。

接下来就轮到了“救星”郭士纳上场，1993 年 4 月 1 日郭士纳正式宣布就职，开始了新一轮的组织变革，其中最重要的一项就是把公司从产品导向型转变为客户导向型，用矩阵型结构取代职能型结构。

## 二、IBM 的多维矩阵型结构

20 世纪 80 年代后期，市场发生了明显改变，大型机转向小型机和 PC 机已是大势所趋。组织变革必须顺应市场发展要求，在诸多的变革举措中，组织结构的变革显得格外重要，而矩阵型结构之所以能名扬天下，也是因为 IBM 构建出了多维矩阵，为多业务复杂系统提供了有效的解决方案。

为了配合多维矩阵型结构的实施，郭士纳进行了三项变革。第一，盯紧客户需求，明确提出客户是公司一切行动的原动力；第二，重组原本各为其主的事业群，把它们整合成产品类、业务类两大团队，实现了组织结构上的重大突破；第三，精兵简政，把官僚式层级压缩一半，并进行了大量裁员。其实，这三项变革措施都是矩阵型结构设计中的必要环节，无论谁进行矩阵型结构的变革，都会有这样的过程。

图 7-4 所示的这张图片非常经典，广为流传。看到这样的组织结构图，很多人都会感到“蒙”，但如果掌握了矩阵型结构的运行原理，就不难理解了。在 IBM 的多维矩阵中，“多维”其实是“三维”，每一个维度都是一个运行相对独立的业务系统，都能独立核算，“三维”之中有按产品类型划分的事业部，如软件、PC、服务器等事业部；有按客户类型划分的事业部，如银行、电信、能源电力等事业部；有按地域类型分区的事业部，如亚太区、大中华区、美洲区等事业部，构成了三维矩阵。

当 IBM 从传统企业形态转变过来时，必然存在行政部门，如财务、市场营销、人力资源、技术支持等。除此之外还有一些服务部门，而这些服务部门才是 IBM 组织变革的最大亮点，其功能类似于今天人们常说的“中台”，只不过由于业务性质不同，没有阿里巴巴的“中台”大而已。它同样是把所有业务之中具有共性的辅助功能部分剥离出来，而又随时能够集成到三维矩阵之中形成完整的业务链条。有了这些服务功能，IBM 不仅能够从产品导向转变为客户导向，更重要的是还有了很强的灵活性，这才是驱使“大象跳舞”的关键所在。最后所有这些纵横交错的功能部门有机地结合成一体，构成了一个立体网络式的结构——多维矩阵，也是目前最复杂的矩阵型结构。

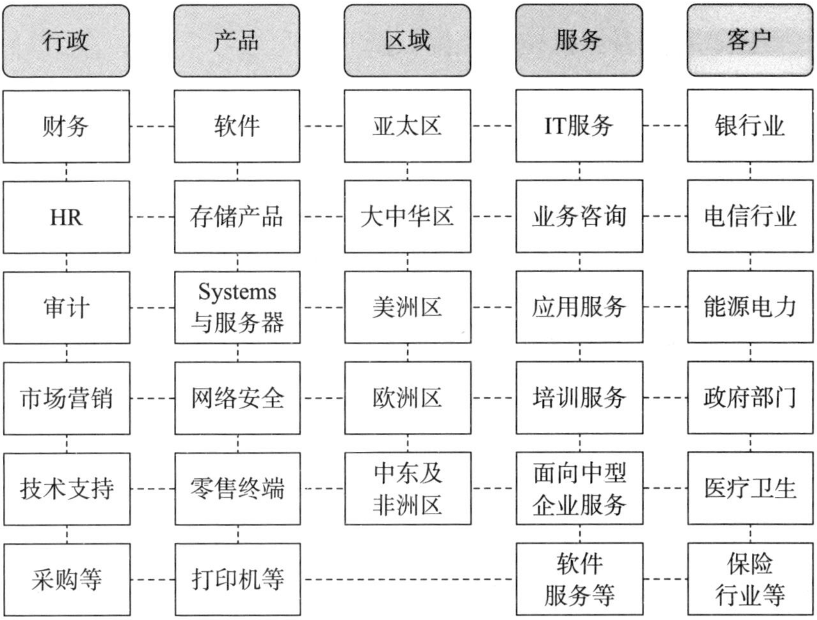


图 7-4　IBM 的多维矩阵型结构

其实，这种矩阵型结构前文已经介绍过，它也叫混合事业部矩阵型结构，同时存在三类事业部，不仅有产品事业部、客户事业部，还保留了区域事业部。从传统的职能型结构直接演变为混合事业部矩阵型结构的难度非常大，因为两者之间还隔着一个产品事业部矩阵型结构阶段，自然也加大了 IBM 组织变革的难度，这其中必然会出现一些反复，从一些公开的资料中也能充分体会到。

经历了多维矩阵的变革，IBM 顺利进入转型阶段，实现了“谁说大象不能跳舞”“IBM：换了谁也无所谓”“客户第一，IBM 第二，各项业务第三”，这些都是多维矩阵组织的效果，但还不是客户价值形态。

## 三、转型升级是由“硬件”到“软件”

在企业形态进化的过程中，产品结构是从“硬件”演变到“软件”，无论处于什么行业，人的创造力都将在这个过程中体现得越来越清晰，到了客户价值形态阶段，创新力为企业创造主要价值。在这个过程中，传统企业的转型成为一个分水岭，这一点体现得越来越明显。如果以前是生产制造型企业，发展方向就是制造服务业，如果本来就是以“软件”为主，发展方向则是个性化的创新业务，IBM 就是最好的例证。

2002 年郭士纳功成身退之后，IBM 又经历了两次变革转型。一次是从智慧地球到 CAMSS（C 指 Cloud，A 指 Analytics，M 指 Mobility，S 指 Social 和 Security），另一次正在进行中，是从 CAMSS 跨越到“认知解决方案 + 云平台”。面对当前的市场变化，IBM 进行了及时调整，不仅改变了公司原来的发展战略，还使公司业务全面转向了专业服务领域，这包括出售资产、收购软件公司、重组全部资源等。如今 IBM 分散在世界各地的业务，被统一整合到了独立成长的四块内容中：软件集团、硬件集团、服务集团和技术集团。

回过头来再看，商业机时代的霸主如今已成为市场中的“配角”，人的创造力将逐步从“硬件”中解放出来，直接体现价值，不再需要任何载体，这也预示着工业时代开始走向衰退，另一个人类社会阶段即将到来。中国企业的发展也会走同样的道路，否则就将停留在上个时代，如何开发人的创造力，将是未来社会的共同课题。

如果说工业 2.0 时代企业走的是多元化、国际化的发展路径，那么工业 3.0 时代企业走的就应是平台化、生态化的发展道路，“过去 IBM 是一家软件、硬件与咨询服务的公司，如今 IBM 正转向认知解决方案与云平台公司。因此，对于 IBM 的这一次转型来说，不再是一家公司的业务转型，而是涉及整个 IBM 相关生态的转型，需要系统化考虑全局”。这段话中提到的“转型”与中国企业现阶段面临的“转型”不是一回事，这是 IBM 进化过程中的又一次关键转变，而对于绝大多数中国企业而言，20 世纪末郭士纳时代的变革才真正具有借鉴意义。

传统企业转型的难度有多大，看看 IBM、GE、惠普这些公司就能有所感受。别的先不提，这些公司的转型都有一个共同点，就是都是在换了新的掌舵人之后才开启了这次变革，只不过他们有的来自外部，有的来自内部，中国企业恐怕也不例外。不管怎样，这次转型都需要在精英群体的领导下完成，因此郭士纳、韦尔奇式的企业家对转型的重要性不言而喻。

第三节

# GE 的“无边界行为、群策群力、零层管理”

前面介绍过，今天中国企业的转型与 20 世纪末 IBM、GE、惠普等老牌世界 500 强企业的变革背景如出一辙，对这些企业的变革过程更应该认真研究、学习，因为这有助于中国企业渡过这一难关。

然而，很多中国企业却把目光聚焦到了谷歌、亚马逊之类的公司身上。其实这些企业的形态与传统企业形态具有明显差异，从某种意义上来说，我们的企业根本“学不会”——到今天为止也没有听说有谁“学会了”，甚至可以说“不可学”。生搬硬套一些先进的管理理念对企业的伤害可能反而更大，得不偿失。还是让我们以 GE 为例，重新回顾一下当年那场著名的变革。

变革发生在杰克·韦尔奇时代，也是 GE 历史上最大规模的组织变革，虽然遭遇了巨大的压力与非议，但终究还是让 GE 重新焕发了活力。其中，“无边界行为、群策群力、零层管理”这三项变革最让人津津乐道，殊不知这三项变革缺一不可，并非偶然，本质上是一种组织变革模型，也是目前中国企业转型的有效解决方案。

## 一、GE 的“无边界行为”

无边界行为的目标是提升组织灵活性和应对市场的反应能力，这是采取矩阵型组织结构应当达到的效果。

GE 是美国，也是世界上最大的电器和电子设备制造公司，产值曾占美国电工行业全部产值的四分之一。20 世纪 50 年代至 80 年代，GE 也曾是一个典型的传统企业，在这期间分别采用了分权事业部制、战略事业单位（SBU）、超事业部制等职能型结构形式，虽然让 GE 走上了多元化、国际化的道路，但“大企业病”也随之而来，“官僚主义”大行其道，使 GE 在全球竞争中开始走下坡路，这也是所有传统企业形态的必然结果，且无解决良方。进入 80 年代，GE 的运行系统越来越僵化，难以适应市场变化，业绩也开始大幅度下滑，遇到了历史上最大的危机。

杰克·韦尔奇临危受命，上任后对 GE 进行了大刀阔斧的改造，其中一项就是组织结构变革，迅速从职能型结构向矩阵型结构转变。首先是对产业链进行重整，韦尔奇倡导消除各个业务部门之间的全部障碍，工程、生产、营销，以及其他部门之间要能够自由沟通，工作及工作程序和进程完全透明，这就是著名的“无边界行为”，并旗帜鲜明地提出“集中精力，绝对不妥协地向官僚主义开战”。显然，传统企业内部的协同不畅已经让韦尔奇深恶痛绝，“无边界”的目的就是要拆掉企业内部的“部门墙”“职级墙”，让所有功能在企业内部自由穿行。说白了就是打碎“部门”的“枷锁”，把各项“功能”解放出来，解除“职位”的“禁锢”，把各项“工作”释放出来，以便于将它们重新集成在业务流程上，形成一个完整的系统。所有的矩阵型结构改革都会在业务线条上实现“无边界”，如果没有实现的话，那肯定不是矩阵型结构。

对于类似 GE 这样的大型集团企业，产业链越长、功能环节越多，内部消耗越严重，官僚化越明显，只有通过无边界化才能推动各业务单元在横向信息交流上的畅通，在成员单位之间实现信息交流和知识共享。只有矩阵型结构才能胜任多业务复杂系统的有效管理，克服公司规模和效率之间的矛盾，使企业既具有大型企业的实力和自信，同时又具有小型公司的效率和速度，这也是笔者反复强调传统企业的转型过程必然要采取矩阵型结构的主要原因。

## 二、GE 的“群策群力”

“群策群力”（Work-Out）的目标是实现以客户为导向的协同作战，这是实施了集成化、系统化管理后应当达到的效果。

“群策群力”通常泛指小组或团队成员之间的一种工作、共事氛围，大家为实现小组或团队目标而同心协力、集思广益，形成团队有效工作机制。与“群策群力”相反的是各自为政、独断专行、一言堂，甚而过于关注自身利益，钩心斗角，忽视或背离整体利益，无团队工作氛围、机制可言。

20 世纪 80 年代后期，欧洲与日本经济开始崛起，改变了全球市场的格局，市场需求开始变得分散且多变。市场需求不是萎缩了，而是增长了，这与中国企业今天面临的问题相同，都是企业价值创造能力无法满足市场要求。很大一部分原因是没有真正理解客户需求，直白一点说就是离客户太远，传统企业的市场响应速度太慢。

在这种情况下，韦尔奇发现了一个普遍现象：一线有点子，却无权执行；经理有权，却没有时间去评估和批核，使组织发展遇到瓶颈，令公司无法以最佳状态去营运。韦尔奇认为有必要把不同级别、不同部门的员工、经理聚到一起，然后与客户及供应商一起讨论并发现问题，提出解决方案，这就是“群策群力”。通过“群策群力”建立信任，赋予员工权力，改善公司整体的运作流程，消除不必要的消耗。

“群策群力”改变了分工与协作的传统管理方式，形成了集成化、系统化的管理机制，让企业能够围绕客户需求展开价值创造活动，让人们在思考问题时不再局限于自己，而能放开视野，站在组织的高度、客户的视角看待问题，促使企业重新思考它要做什么，所有人都能进行信息分享、了解企业的最终目标，并能在过程中形成有效协同。

有人认为“群策群力”的目标是提升团队凝聚力、改善企业执行力文化，不错，但这仅仅是表面现象，它的核心目的是让企业能够更好地接触客户、充分理解客户需求，通过管理机制的变革调动业务流程上所有人员的主观能动性，提高业务流程的整体创造力，实现“利出一孔”的效果，最大限度地满足客户需求。“群策群力”把业务流程上的所有功能进行了有效集成，形成强大的战斗力，成为 GE 推动大型集团企业管理机制变革的重要举措。现在看，面对分散且多变的市场，“群策群力”的确是解决传统企业顽疾的一剂良药，作为一个变革实践者，无怪韦尔奇能被誉为“美国当代最成功、最伟大的企业家”。

## 三、GE 的“零层管理”

“零层管理”的目标是减少管理层级，实现组织扁平化，提高组织运行效率，这是角色管理基础的效果。与前两者相比，“零层管理”同样也是 GE 推进变革的一项重要措施，但名气似乎没有前两者大。“零层”，顾名思义就是没有管理层级，管理层级的形成是因为有“职位层级”，“零层管理”的目标是消灭职位管理基础，这是传统企业形态瓦解的标志。

传统企业发展到巅峰阶段，都是一个状态，GE 也不例外：企业日益庞大臃肿，人浮于事，仅仅总部职能人员的数量就曾一度上升至 2000 人，有着层层签字的审批程序和根深蒂固的等级制度，大量终身员工被“闲置”。这是典型的低效官僚体制特征，它让组织运行的效率越来越低。

只要对传统企业进行流程再造，就必然会产生人员富余，裁员成为必然结果。韦尔奇就曾砍掉了大量的中间管理层级，并裁减了管理层职位。实施“零层管理”后，GE 的管理层级从原来的 24~26 个减少到了 5~6 个，而一些基层单位则直接变为“零管理”层级。减少管理层级的同时扩大管理跨度，增加经理的直接报告人数，由原来的 6~7 个上升为 10~15 个，充分利用人力资源，提高组织运行效率。

一个企业只要存在职位管理系统，管理层级就不会消失，这是传统企业形态的基本特征，“零层”自然不可能实现，“管理”也无从谈起。因此，要想真正实现“零层”，只有用角色管理取代职位管理，才能让企业在大幅度缩减管理层级的同时，还能形成高效的运行系统。角色本身带有平等属性，有差异而无层级，这是消除官僚机制的最有效的方式，因此，“零层管理”的本质是角色管理，只是这个过程并非一下就能完成的，它需要通过职位管理系统逐渐弱化、角色管理系统逐渐强化这个此消彼长的过程，最后留下角色管理系统。

一旦管理层级减少，企业形态自然扁平化，灵活性开始得到体现，但也对组织的管理提出了更高的要求。扁平不是目的而是手段，高效运行才是目的，“零层管理”的最终目标是提高组织运行效率。

## 四、GE 的“三引擎模型”

我们回过头来总结 GE 最著名的三项变革，就会发现一个规律。

“无边界行为、零层管理与群策群力”，看似不相关的三项措施，其实有着必然联系，三者相互作用，缺少任何一个，其余两个的作用都不会发挥出来，共同推动 GE 成为当时“全世界数一数二最受推崇、最赚钱与最具创新能力的公司”，这三项变革措施其实就是 GE 的“三引擎模型”，如图 7-5 所示。

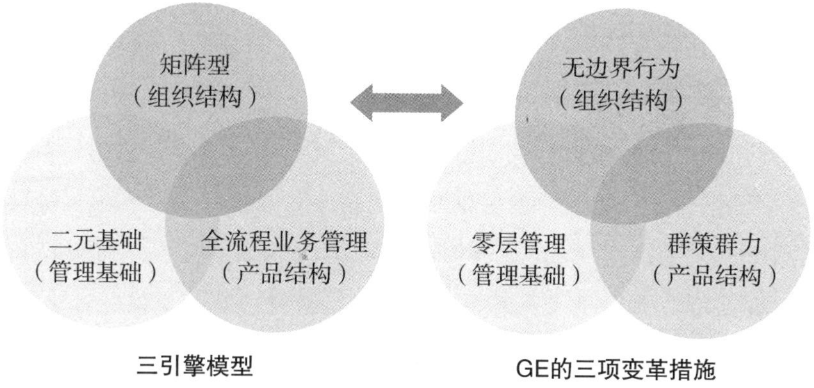


图 7-5　GE 的三引擎模型

GE 通过矩阵型结构实现了“无边界行为”，在企业内部出现了横向管理线条，提高了业务线条应对市场的灵活性；通过集成化、系统化的管理方式实现了“群策群力”，在实现以客户为导向的同时，提高了企业内部的协同性；通过角色管理基础实现了“零层管理”，压缩了管理层级，实现了扁平化，提升了组织内部的运行效率，每一项变革都是针对传统企业形态与管理模式的弊端进行的。杰克·韦尔奇成了全球众多企业家心目中永远的偶像，在他领导 GE 的 20 年里，世界经济经历了风风雨雨，但韦尔奇却稳稳地将 GE 这样一家以传统产业为主的百年老店，改造成了充满生机与活力的现代企业之王。

今天，很多企业苦苦追寻解决良方，殊不知现成的经验早就摆在身边，只不过中国企业没有注意到而已，只知道将目光聚集在那些光彩夺目的企业身上。

GE 的三项变革措施与“三引擎模型”异曲同工，都是在解决传统企业发展过程中产生的管理问题，只不过打上了 GE 的烙印。其实何止是 GE，20 世纪 80 年代，西方很多企业所面临的问题，与今天中国企业面临的问题都完全一致。这些企业处于全球产业价值链的下游，而中国企业普遍处于中上游，因此，那些西方企业会先于中国企业进行变革，而它们当时所采取的变革措施具有一定的相似性：结合了各自企业的一些特征，但在变革逻辑上是完全一致的。因此，无论是美国的 IBM、GE、惠普、宝洁，还是欧洲的 ABB、BMW，或者是日本的京瓷，都是在以这种逻辑进行变革，只要深入到科学原理层面就能看到这一点。这些先进企业在 80 年代进行的变革本质上是一次进化，这次进化使这些企业从传统精英价值形态迈向客户价值形态。

第四节

# 稻盛和夫的“阿米巴组织”

前面提到了很多优秀的企业，都会根据自身的成功经验，对管理实践进行提炼总结，并进行传播，让更多的企业能够理解，在推广自己管理思想的同时，还能够有效提升企业品牌，可谓一举多得。稻盛和夫的“阿米巴组织”就是这样一种产物，也是最近几年传到中国的、最受追捧的管理理念。

京瓷公司经历了四次全球性的经济危机仍屹立不倒，并且还得到了持续发展。20 世纪 90 年代末期，亚洲金融风暴过后，日本很多大公司都出现了问题，原本名不见经传的京瓷公司却成为东京证券交易所市值最高的公司，于是专家学者们纷纷开始研究京瓷公司。后来他们发现，京瓷的经营方式与“阿米巴虫”的群体行为方式非常类似，于是将这种经营方式命名为“阿米巴组织”。

## 一、“阿米巴组织”是客户价值形态

“阿米巴”（Amoeba）在拉丁语中是“单个原生体”的意思，“单个原生体”属原生动物变形虫科，虫体赤裸而柔软，其身体可以向各个方向伸出伪足，使形体变幻不定，故而得名“变形虫”。变形虫最大的特性是能够随外界环境的变化而变化，不断地进行自我调整以适应所面临的生存环境。这种生物由于其极强的适应能力，在地球上存在了几十亿年，是地球上最古老的生物体之一。

当工业社会从 2.0 时代迈向 3.0 时代时，产业集群转变为产业群落，生态系统将成为新商业时代市场的基本特征，对所有组织而言，要想生存，就都必须走向生态化：市场与企业之间是生态与物种的关系，企业和内部单位之间也是生态和物种的关系，“阿米巴”的含义也就不言而喻。在越来越不确定的市场环境中，这些理念都寄托着企业对未来的向往。

传统企业通常把内部的业务单元、功能单元分为利润中心、成本中心，不同的定位采取不同的管理政策，而阿米巴组织一改传统的划分方式，每个“阿米巴”都既是利润中心，也是成本中心。在组织形态管理理论中，我们把这类单位称为价值中心，因此“阿米巴”必须能够独立核算、独立经营，价值中心可以是团队、事业部、公司，甚至是个人或集团，只要能核算出价值的内部单位都是价值中心。

于是，企业就成了一个由“阿米巴”这类价值中心构成的生态系统，被称为“阿米巴组织”，由于“阿米巴”之间是价值交换的关系，因此这个生态组织内部也存在市场以及市场基本规则。稻盛和夫的经营哲学是“阿米巴组织”构建的基础，关注人性、发挥人的创造力是“阿米巴组织”的核心，通过“阿米巴组织”，使更多的员工参与到了企业经营之中。

从以上特征不难判断，京瓷绝不是一家传统企业，客户价值形态的特征已经初步呈现。当市场环境变得分散且多变时，企业必须灵活且具有较强的创新能力：分散对应灵活，多变对应创新，“阿米巴”承载了新商业时代对企业的基本要求，至于是否叫“阿米巴”其实并不重要，重要的是通过“阿米巴”的出现让多数人开始为企业创造主要价值，让决定企业形态的 DNA 发生改变。中国也有很多企业在搞“阿米巴组织”，但不知道它们是否能够理解这一点。

## 二、“阿米巴组织”的“三引擎模型”

“阿米巴组织”虽然是一种新组织形式，但从其特征来看，还没有达到成熟的客户价值形态，原因是京瓷公司还没有出现新“三支柱模型”——流程型结构、流程管理方式、角色管理基础，但是具备了“三引擎模型”的特征——矩阵型结构、项目管理方式、二元管理基础。

“阿米巴组织”把企业功能归集为四类：管理、研发、制造、销售，从功能之间的关系就能看出，这是一种典型的矩阵型结构，不仅具有明显的管理功能（纵向管理线条），研发、制造、销售又形成了一条较为完整的价值创造链条——横向管理线条出现在企业中，通过制定内部转移价格让不同“阿米巴”的劳动成果在链条上实现流转。

一旦一个组织中横向线条与纵向线条同时具备，那么它的组织结构就非矩阵型莫属。由于具有明显的管理功能，因此它还未演变到流程型结构，这也与京瓷的产业特征和企业现状相吻合。“阿米巴组织”是一种动态的组织系统，“阿米巴”需要根据市场变化不断进行分拆（分裂）、集成（合并），形成新的“阿米巴”，以满足客户需求的变化。在京瓷公司，组织变动已经成为一种常态，不变倒是反常，这些都是矩阵型结构的典型特征，如图 7-6 所示。

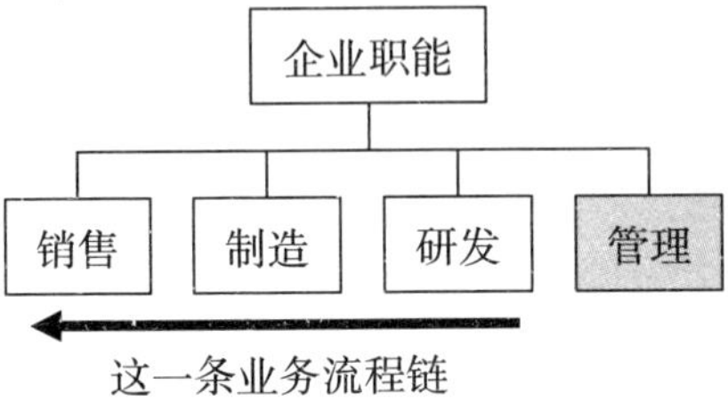


图 7-6 “阿米巴组织”的结构特征

“阿米巴组织”必然要采取集成化、系统化的管理方式，否则所有“阿米巴”都将处于一种无序的状态中。在京瓷公司，虽然每个“阿米巴”都是价值中心，但是管理人员和团队有着共同目标，他们共同参与整个业务流程的经营，这样就能够把每个独立经营、独立核算的“阿米巴”集成在一起，形成更大的“阿米巴”。每个“阿米巴”都能进行相对独立的价值创造活动，满足内部客户需求，集成在一起时，又能满足一个共同的外部客户的需求。

长期以来，日本公司给人们最深的印象就是年功制，即以员工在企业中的工龄和功劳，决定员工的薪酬和晋升。年功制的基础是职位管理，显然京瓷公司没有这样做，只要有能力就能担任领导角色，不论年龄和资历。培养和提拔具有经营意识的人才，是“阿米巴组织”保持强大生命力、竞争力的根本，因此在“阿米巴组织”中，管理机制建立在角色管理基础上，各类“阿米巴”要想有效运行，就离不开角色管理机制，因为它让“阿米巴组织”的灵活性充分地体现出来。

## 三、“阿米巴组织”在中国的实践

“阿米巴组织”受到了中国企业，尤其是制造型企业的追捧，主要原因有三：一是京瓷本身是制造型企业，与中国绝大多数传统企业的相似度较高，可借鉴性较大，因此在长三角、珠三角的生产基地引入“阿米巴组织”的较多，在其他行业则很少看到，例如互联网行业、金融行业等；二是“阿米巴组织”给人最深的印象就是共同经营、风险共担，很多传统企业在经济效益每况愈下、市场压力越来越大时，看到“风险共担”这一理念，就如同找到一根救命稻草，对它们具有极强的吸引力，它们认为，这至少能够解决一些燃眉之急，给企业经营者减轻一些负担；三是“阿米巴组织”针对的的确是传统企业的弊病，很多中小型企业很清楚传统管理模式难以为继，沿着老路只有死路一条，正当迷茫与困惑转向恐惧与绝望时，看到了“阿米巴组织”，就仿佛看到了新的希望。

至于“阿米巴组织”在中国的实践是否成功这里暂不评价，但这其中的确出现了一些状况，比较典型的是一些中国企业在设计“阿米巴组织”时，把重点放在了“阿米巴”上，反而忽略了“组织”，让“阿米巴组织”这一理念分了家。它们没有理解京瓷公司背后的整体运行逻辑，单纯从财务角度期望能够设计出一个新组织，从根上偏离了航道。京瓷公司不是传统企业形态，“阿米巴”的价值核算无论有多清晰，都是一种修修补补式的改良，而不是一个系统性的组织变革，至少在中国企业的实践还没有实现。这不能说明稻盛和夫的理念有问题，更不能说明京瓷的实践有问题，而是中国企业在“拿来”时出了问题。

中国企业这次转型是从精英价值形态转变为客户价值形态，除非构建一个全新组织，否则一定是由精英领导并完成这次变革的，没有精英的推动，骨干根本无法崛起，更谈不上全员参与经营。“阿米巴”的变形能力也是由精英设计并引导出来的，京瓷的“阿米巴组织”之所以能成功是因为有稻盛和夫这类精英，如果一个企业没有精英领导这次变革，转型必然失败，IBM、GE 变革的成功也是这个道理。这不是一次自发的变革，现阶段任何试图通过企业内部人员的自觉性完成这次变革的设想，都是天方夜谭。

前面介绍过，与京瓷同时期的企业都是以这样的逻辑进行的变革，如 IBM、GE、惠普、宝洁等，它们虽然处于不同行业，但是由于都属于传统企业转型，因此依据的原理和采取的逻辑均相同，只不过结合企业实际特点，在变革的方法、措施上打上了各自的标签。如果说京瓷的“阿米巴组织”与 IBM 的“让大象跳舞”以及 GE 的“无边界行为、群策群力、零层管理”都一样的话，可能绝大多数人不相信，但从原理和逻辑的层面来看，三者没有任何区别。不仅如此，中国的华为、海尔等企业进行的变革也同样如此，这也是我们不提倡中国企业向过于先进的企业学习的原因。

Chapter 8

# 新组织变革逻辑与方法

任何组织结构的设计都不是在图纸上画个结构图就能解决的问题，图形好画，但是运行机制却难构建。组织结构设计除了画好组织结构图外，还要把配套管理机制设计出来，保证组织结构能够顺利运行，这才是组织结构设计最重要的环节，矩阵型结构更是如此。

无论企业是否愿意，矩阵型结构都将成为企业转型的不二选择，西方企业早就已经是矩阵型结构，IBM、GE、惠普、宝洁、京瓷无一不是，再看目前的中国企业，采取矩阵型结构的少之又少。矩阵型结构并非新鲜事物，之所以没有被普遍采纳，原因在于我们的企业没有理解矩阵型结构的运行逻辑，反而习惯于用职能型结构的运行思维看待矩阵型结构，以至于相当一部分企业虽然披着矩阵型结构的“马甲”，但却是地地道道的职能型结构。继续采用职能型结构只会让企业的运行效率越来越低，迟早沦为市场中的一具僵尸，而新组织变革也将成为未来企业最大的战略。

自《进化：组织形态管理》一书出版以来，笔者一直在探索理论与实践结合的路径，经过近几年的实践与摸索，终于形成了一套完整的新组织管理体系设计方法与步骤，即一个“中心”、两条“路径”、三个“引擎”、五项“机制”。一个“中心”，即以客户价值为中心，这是传统企业转型的基本目标与宗旨，毕竟客户价值形态是工业 3.0 时代的最佳组织形态；两条“路径”，即职能部门以内部客户需求为导向时必然要转型升级，业务部门以外部客户需求为导向时必然要重新整合；三个“引擎”，即矩阵型结构、项目管理方式以及二元管理基础，为新组织搭建基本框架；五项“机制”，即合伙人制度、人才管理、绩效管理、薪酬管理、股权激励等管理机制，这五项管理制度涵盖了价值创造、价值评价、价值分配三个过程，回答了“人才”如何与公司共同成长、共同取得成功；“人才”如何在公司创造价值；“人才”如何在公司分享价值；“人才”如何在公司实现长期价值；“人才”如何在公司尽快取得成功等“人”与“组织”之间价值关系的基本命题，如图 8-1 所示。

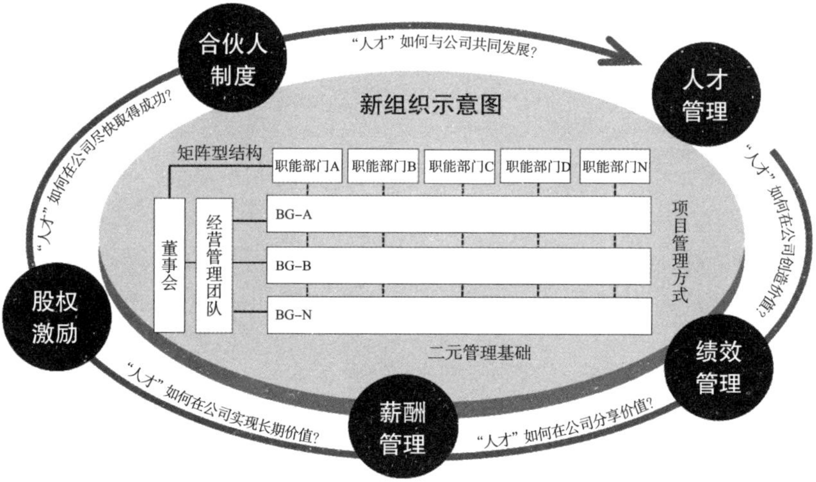


图 8-1　新组织设计基本方法

这套方法论从目标到路径、从路径到方法、从方法到工具、从工具到实施步骤，形成了一个完整的管理模式系统闭环。到目前为止，这是我国第一套，也是唯一一套完整的新组织设计方法论，涵盖了目前所有新组织设计的基本逻辑，如平台型组织、生态型组织、敏捷型组织、创新型组织、无边界组织……无论什么新组织，进入新商业时代时都将具有客户价值形态特征，这套新组织设计方法就建立在组织形态管理理论的基础之上。

本章的重点在于介绍与矩阵型结构相匹配的管理机制设计逻辑，而非具体过程，至于其中的内容、步骤将在其他著作中以案例的形式专门介绍。

第一节

## 路径一：业务系统重新整合形成“链”

矩阵型结构虽然相对复杂，但有其自身运行逻辑，掌握逻辑就能结合企业特点，设计出矩阵型组织结构。在一个“中心”目标的指导下，新组织设计的两条“路径”主要体现在两个方面，一是业务流程重新整合；二是职能系统转型升级，两条路径同步运行，缺一不可，必须由矩阵型结构提供有力支撑。

在现实中，由于市场变化较快，业务系统的重新整合相对更快一些，这种整合是企业对市场的本能反应，企业深知分工与协作已经解决不了问题了。重整的根源在于对外部客户需求的理解，是客户需求在指引企业对业务系统的流程进行再造，再造之后就能与项目管理方式对接，从而更好地满足客户需求。

“分工”在某种意义上是在做加法，而“集成”是在做减法，“加法”是为了实现企业规模化，而“减法”则是为了提高企业灵活性。当市场发生改变时，就需要用“减法”替代“加法”，以更好地适应市场变化。

## 一、基于外部客户需求的重新整合

与职能型结构相匹配的产品管理是一种“分工”与“协作”，把一个完整的业务流程分割成不同业务部门，目的是提高业务部门的专业性，这一目标在工业 2.0 时代已经实现，由于专业性提高，传统企业能够为市场提供小批次、大批量的产品，直到产能出现过剩才会有所收敛。

分工让客户需求在一个业务流程上层层分解，每分解一次，客户价值就会降低一分，分工越细，业务部门越多，越不利于客户价值的实现。在市场相对稳定的状态下，这个问题还不明显，一旦客户需求频繁变化，分工就会带来大量消耗，在协作中就会出现各环节价值诉求无法达成一致的问题。一旦各部门各执己见，企业运行的效率就会立刻降低，影响企业的市场竞争力。这时，只要出现问题，业务流程上的各部门就会开始推诿扯皮，而且推卸责任的理由都很充分。其实，这是整个流程的问题，任何一个环节都难以承担整个流程的责任。

要想满足客户需求，就必须想尽一切办法实现内部协同，这就是为何说横向管理线条的出现具有历史性意义：它把原来割裂的环节进行集成。为了实现系统化管理，自然要弱化原来的纵向管理，加强横向管理，直到完全实现横向管理。在这个过程中出现的所谓弱矩阵、平衡矩阵、强矩阵，都是横、纵两种线条的博弈。

当传统企业转型时，业务部门就需要重新整合成为集成化、系统化的业务单元，目的是提高灵活性，满足客户需求的变化。业务部门经过重新整合后，逐渐形成一个新的业务链条，每个业务链条都具备两种特征：一是能够进行相对独立的经营管理，成为独立核算、自负盈亏的价值中心；二是尽可能覆盖全流程，让价值创造活动更加完整，这些业务链条将成为横向管理的载体。

业务系统如果没有重新整合，就无法与矩阵型结构进行融合，很多中国企业在这个地方都出现了问题，导致矩阵型结构很快被打回到职能型结构。

## 二、能整合多少算多少

传统企业转型初期，其实无力对所有功能环节进行集成，这在中国企业中是普遍现象，究其原因主要有以下几点。

首先是创新能力的原因。这是最重要的原因，由于创新能力不足，不同业务流程才会共享某个功能，传统企业中经常被共享的是研发、销售或生产等功能。创新能力的强弱决定了整合业务链条的长短、难易程度。转型企业的创新能力都是从横向管理线条开始的，甚至可以毫不夸张地说，没有矩阵型结构的支撑，根本谈不上任何有价值的创新。

其次是资产配置的原因。无论是职能型结构还是产品管理，都将导致企业资源按照分工与协作的方式进行配置，每个部门各管一段，只要自己管理的这一段不出问题，就能理直气壮地向公司要奖励。要想整合就必须重新对企业资源进行配置，这在转型过程中的难度较大，这也是轻资产企业转型动作快一些的原因。

再次是人员素质的原因。有些环节无法集成的原因在于没有合适的人，传统企业培养的人才是专业型人才，而不是专业综合型人才，这也是分工造成的结果，只要跳出自己的专业领域，就无法胜任，而整合过程恰恰需要能够胜任不同业务环节的人才。所有企业在转型初期的重整过程中都会出现无人可用的问题，这也给企业转型造成了很大的困难。然而转型通常都是在新旧更替中进行的，由于这个原因，很多企业往往对变革犹豫不决，不到万不得已不去轻易“犯险”。

最后是经验习惯的原因。经过多年的高速发展，传统管理的思维与习惯早已根深蒂固，让企业深信不疑。除了公司“一把手”外，几乎都是各管一摊，管好自己，万事大吉，一旦需要打破边界进行整合，就必然会触及很多人的利益，此时问题便接踵而来。

无论问题多少，中国企业变革的第一步必须是对业务系统进行重整，这里需要遵守两个基本原则：一是能整合多少环节算多少环节，如果某个环节无法集成在一个业务流程的话，几个流程可以共用一个环节，一旦时机成熟，就立刻拆散，集成到不同的业务流程，让每个业务流程都能相对独立地运行，这在转型初期的企业中比较常见。二是分段整合，如果流程链较长，且流程之间的交叉较多，就可以对业务流程进行细分，分类、分段进行整合，然后再进行集成。对于业务较为复杂的公司，这两种原则都将会使用到。

矩阵型结构本身是一种动静结合的结构形式，动态部分需要不断对业务线条进行整合，即便矩阵型结构确立后，也同样需要对业务流程进行不断重整：所有的重整都是为了应对客户需求变化，提高整个业务单元对市场的响应速度。如果一个采取矩阵型结构的企业，业务系统没有经常进行拆分、重组、新设、取消等活动的话，这个企业就可能存在严重的问题。

虽然中国没有客户价值形态的企业，但也有一部分较为优秀的企业进入了过渡阶段，采取了矩阵型结构，只要仔细观察就能发现，这些企业始终在积极整合其业务系统，这使它们组织结构的调整非常频繁，也让供应链管理和信息化系统显得格外重要。

## 三、以产品类型划分的事业部

业务系统重新整合的目标是形成以产品类型划分的业务单元，如事业部、子公司之类，便于对某类产品进行集成化、系统化的管理，这也是矩阵型结构设计的特点。很多企业在构建矩阵型结构时，折腾了半天，却始终没有形成这类业务单元，所有职能型结构中存在的问题，在这里必然都会重新上演一遍。

矩阵型结构中通常会出现三种类型的业务单元，规模小的可以是业务部门，规模大点的可以是集团公司，无论怎么称呼，总之，都是一种相对独立的事业部。第一类是以区域类型划分的事业部，这类事业部通常承担区域范围内的生产或销售功能，在中国企业中比较常见；第二类是以产品类型划分的事业部，即把与某种类型产品的相关价值创造功能集成在一个事业部中，进行系统化管理；第三类是以客户类型划分的事业部，即把与某类客户相关的价值创造功能集成在一个事业部中，进行系统化管理。

这三类事业部在矩阵型结构中被定位为“两主一辅”：产品类型事业部、客户类型事业部为“主”，代表矩阵型结构的横向管理线条，而区域类型事业部为“辅”，代表矩阵型结构的纵向管理线条。区域类型事业部只能与产品类型事业部、客户类型事业部共同出现，而不能单独出现，这就是“辅”的含义，而产品类型事业部、客户类型事业部却可以单独出现，这就是“主”的含义，如图 8-2 所示。同样，不同类型事业部的责、权、利的配置也有主、辅之分。

虽然矩阵型结构是一种动态的平衡结构，但横向管理线条取代纵向管理线条才是企业发展的方向，然而企业在转型初期并不一定非得是这样的定位，需要结合企业发展的实际情况进行判断。

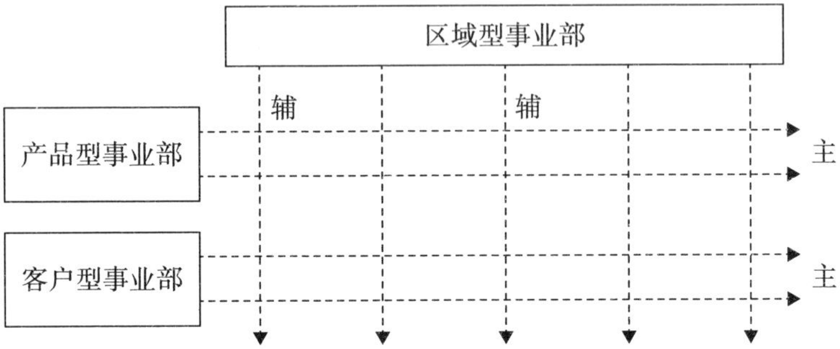


图 8-2　矩阵型结构中的“两主一辅”

在转型阶段，只能出现以产品类型划分的事业部或以客户类型划分的事业部，如果是区域型事业部，那么这不是矩阵型结构，而是职能型结构，因为区域型事业部没有依据市场需求对不同功能进行集成，所以还是传统组织结构。产品类型事业部与区域类型事业部或者客户类型事业部与区域类型事业部同时出现，将构成一种二维矩阵，产品类型事业部、区域类型事业部、客户类型事业部同时出现，将构成一种多维矩阵，这也是到目前为止最复杂的矩阵，IBM 在转型阶段就是这种多维矩阵型结构。

产品类型事业部、客户类型事业部在转型过程中并非同时出现的，首先出现的是产品类型事业部，然后是产品类型事业部、客户类型事业部共存，接下来是单独的客户类型事业部，这个过程严格遵循了矩阵型组织结构演变三部曲的规律。区域类型事业部可以一直存在，因为这是传统组织特征的遗留物，转型阶段结束、新组织彻底构建成型后，在公司层面就不会存在区域型事业部了，但是在二级业务单元内部可能还会保留区域类型事业部，这部分内容将在集团管理黄金法则中继续介绍。

## 四、重整之后进行封装

每次重整之后都需要把业务流程进行封装，这个功能可以由事业部承载，在矩阵型结构中选择“封装”一词更恰当，主要体现在两方面：一是独立性，封装之后每个业务单元都是一个相对独立的主体；二是系统性，封装之后的业务单元在管理上将会被视为一个相对完整的主体。

把集成后的业务流程封装起来，这就是矩阵型结构中的横向管理线条，这个线条的出现具有历史性意义，是传统企业转型必须迈出的一步，如果没有这一步，企业始终都会原地踏步。

封装之后的业务单元内部无边界，而外部边界更清晰。业务系统重新整合实现集成化后，在业务流程上被集成过的功能开始交叉融合，“功能墙”就会消失，人才可以在集成后的业务流程上自由流动，依据其能力素质，获得相应的角色。无边界组织从矩阵型结构的构建开始，通过业务流程再造，让内部边界消失，但是不同流程之间的边界却异常清晰。

封装之后，业务单元的价值核算更准确。人、财、物都将按照业务流程进行归集，每个业务单元消耗多少资源、创造多少价值在封装之后变得更清晰，很多间接费用转变为直接费用，原来看不清的费用，封装之后就会看清，所有业务单元对公司的价值贡献情况一目了然。

封装之后，业务单元实现差异化管理。不同流程之间由于边界清晰，价值衡量准确，就为每个业务单元采取不同的管理政策创造了条件。例如，可以单独对某个业务单元实施股权激励，而它不会影响到其他业务流程的正常运行，在矩阵型结构中，通常会对业务单元进行分类管理，业务单元之间避免了“一刀切”带来的不公平，这也体现了矩阵型结构动态平衡的特点。

封装之后，业务单元更容易进行创新。矩阵型结构是集分权平衡的结构，业务单元具有一定的自主经营权，可以依据客户需求，在业务单元内部进行创新，在提高业务单元价值创造能力的同时，也能提升客户满意度。

对业务系统进行重整和封装是集成化、系统化的必要条件，也是流程管理的核心思想，所有企业的转型都是从这里出发的，这也是构建新组织的第一条路径。虽然这一路径走起来难度不小，但如果企业可以拿出壮士断腕的勇气，还是可以实现的，问题在于大部分企业常常受困于第二路径。

第二节

## 路径二：职能系统转型升级为“三种角色”

传统企业转型是一个系统工程，业务系统重新整合的同时，职能系统也开始了相应的变革，在新组织设计中，这两条路径正好可以相互作用，共同推动企业转型的进程，否则任何一方的改变都会受到另一方的制约。

相对于业务系统，中国企业职能系统的转型升级显得比较缓慢，变革难度也明显较大。很多企业转型到这一阶段时，就无法继续进行下去了。业务系统的重新整合是依据外部客户需求变化而进行的变革，而职能系统的转型升级是依据内部客户的需求变化而进行的变革，本质上也是一种重新整合，这是在一个“中心”目标下进行的两个方面的转变，因此称作两条“路径”。

很多时候，外部客户的需求显而易见，而内部客户的需求却容易被“视而不见”，这就是传统组织形态的特征：封闭型组织的管理重心在内，而开放型组织的管理重心在外。如果用“壮士断腕”来形容业务系统重新整合的难度，那么职能系统转型升级的难度就可以用“舍生取义”来形容，企业必须对内部管理功能重新进行“格式化”，才能实现升级的目的。

## 一、基于内部客户需求的重新整合

前文曾经说过，传统企业采取的是产品管理方式，围绕产品生命周期开展一系列价值创造活动。企业不仅对外部客户提供产品，对内部客户提供的也是产品：职能部门的工作产出就是在为内部客户提供产品，而且是一种标准化的产品，所有内部客户获得的都是标准化、同质化的产品。

以传统企业的人力资源功能为例说明。通常，这个专业职能部门被分为六个功能模块，即人力资源规划、招聘与配置、培训与开发、绩效管理、薪酬福利管理、劳动关系管理，除了人力资源规划不是产品外，其余都是人力资源部为其他部门提供的产品。由于人力资源规划功能不是产品，所以由人力资源部门提供的人力资源规划几乎没有发挥过任何作用，在传统企业中这个功能可能甚至不应该归属于这个部门，因为这根本就是经营管理团队的功能，如何能放到人力资源管理部门？不同的功能模块在人力资源部由相应的职位承载，内容清晰、分工明确，这是产品管理方式的典型特征。也就是说，职能部门在提供专业服务时，并没有关注多少内部客户需求，其他职能部门也都是这种情况，因此所有在外部客户身上出现的问题，同样发生在了内部客户身上：当市场相对稳定时，产品管理的问题还不明显，一旦市场频繁变化，内、外部客户均不会满意。

职能部门的转型升级本质上是要改变传统的产品管理方式，以内部客户需求为出发点，提供个性化、差异化的服务，因此必然转变为集成化、系统化的管理方式。一旦职能部门的价值创造方式发生改变，职能部门的定位也将发生彻底的改变。

如今在很多西方企业中也存在职能部门，但是这些职能部门与传统企业的职能部门的工作性质并不一样，已经实施了集成化、系统化的项目管理。例如人力资源管理功能中的绩效管理，一个做的是绩效管理，另一个做的却是绩效考核，两者的工作性质都不一样，只不过很多传统企业还没认识到两者存在本质区别。

与业务系统的整合逻辑一致，职能系统的转型升级将导致分工与协作逐渐消失，职位的管理作用将逐渐减弱，当分工彻底被消灭时，职位管理基础也将彻底瓦解。让职位管理基础瓦解的是职能系统中出现的三种角色：一是战略指导中心，也称为 COE（Center of Expert）；二是共赢业务伙伴，也称为 BP（Business Partner）；三是共享服务中心，也称为 SSC（Shared Service Center）。

这三种角色的出现是职能部门以客户为导向的结果，它使职能系统与业务系统之间由原来的“母子”关系转变为“伙伴”关系，功能定位发生了彻底改变。

## 二、职能部门如何转型升级

所有能够标准化、规模化的产品都是大众化产品，传统企业职能部门的产品也是如此。它的转型升级过程是在原来的功能中增加三种角色，这三种角色以内部客户需求为导向，对原来的产品功能进行完善、补充，并提高专业技术含量。其中，需要进行“完善”工作的是 SSC：随着新事物的涌现，SSC 需要对现有产品进行完善，及时跟上市场变化，这部分工作在转型过程中相对容易完成，现有人员都能胜任；需要进行“补充”工作的是 BP：BP 为其他部门提供专业支撑，这在传统职能部门中体现很少，而这次却成为转型升级的核心，这部分工作在转型过程中是相对较难完成的部分；需要进行“提高技术含量”工作的是 COE：COE 为其他部门在专业领域提供策略性指导，这在传统职能部门中几乎没有，转型过程中也很少有人能胜任，实现这部分功能非常困难。从三种角色的定位中可以看出，所有角色的功能都是面向客户的，为内部客户业务发展提供全面支撑，正因如此，我们把职能部门的变革称为转型升级。

三种角色其实是把职能系统的功能划为高、中、低三个层次：战略指导中心属于策略性功能，共赢业务伙伴属于支持性功能，共享服务中心属于服务性功能，三种角色、三个层次正好与业务系统的重整进行全面对接。只有在矩阵型结构中才能把功能划分出层次，这在职能型结构中根本无法实现。

业务系统进行整合后形成可以封装的“链条”，彻底改变了职能部门（中心职能）与业务单元的传统关系。职能系统中的这三种角色开始与具体业务相结合，尤其是 BP 功能，更是实现职能系统与业务系统对接的桥梁。传统企业中存在的“协同”不畅在转型过程中开始有了解决途径，虽然在这个阶段还无法彻底解决这一问题，但是两部分功能毕竟能够对接在一起了。三种角色的形成使职能部门开始关心每个业务的成败，让两个系统的利益终于结合在一起，这是企业由“分工”走向“集成”迈出的关键一步。至此，“分工时代”正式结束，企业成为一个不可分割的有机主体指日可待。

这时，职能部门提供的不再是单纯的产品管理，而是一种集成化、系统化的项目管理，只有 COE 出现，所有战略性功能才能归属于各职能部门，例如只有到了这时，人力资源部门才能真正开展人力资源规划工作。

人力资源工作者也许对三种角色比较熟悉，没错，这就是“HR 三支柱”方法的运用，它确实被广泛应用于人力资源管理领域，但也同样适用于所有专业职能部门的转型升级。

## 三、“HR 三支柱”的基本逻辑

“HR 三支柱”方法虽然是人力资源管理领域的，但原理却是大家的，财务管理、风险管理等专业职能部门都可以以这种方式实现转型升级。在实践中效果最好的反而不是在人力资源部门，而是财务部门。

为何说“HR 三支柱”是职能部门转型过程中的方法、工具，从“HR 三支柱”的基本逻辑中就可以发现。

“HR 三支柱”从业务单元需求的角度进行设计与定位，把人力资源管理分为三种：HRSSC、HRBP、HRCOE。HRSSC 为所有业务单元提供常规性、基础性的人力资源服务；HRBP 对不同业务单元实施具体的、差异化的人力资源管理；HRCOE 则对不同业务单元进行策略性、战略性的人力资源功能指导。“HR 三支柱”既是从三个层面，也是从三个角度，有效支撑了业务单元的发展，三种角色缺一不可，相互作用，使人力资源管理功能的定位彻底发生改变，第一次实现了人力资源管理活动从产品导向转变为客户导向。此时，业务单元是矩阵型结构中的被封装后的横向管理线条，如图 8-3 所示。

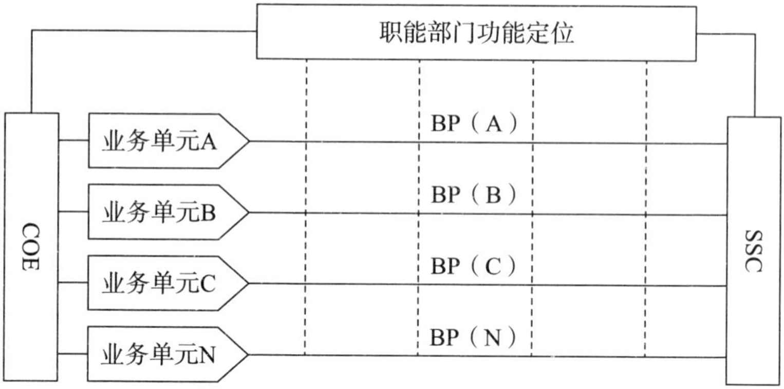


图 8-3 “HR 三支柱”的基本逻辑关系

需要说明的一点是，“HR 三支柱”只有在企业转型阶段才能发挥作用，随着客户价值形态特征日益明显，“HR 三支柱”也将消失：流程管理逐渐成熟后，SSC、BP、COE 之间的角色差异将无法明显划分。在一些优秀的企业中，“HR 三支柱”已经开始被放弃，它们中的相当一部分已经进入转型尾声，但对于中国企业而言，这才仅仅是开始而已。

“HR 三支柱”是以内部客户需求为导向进行转型升级的方法与工具，是集成化、系统化管理方式的产物。它缓解了职能部门与业务单元“协同”不畅的问题，虽然还无法彻底解决，但从某种意义上看，职能部门与业务单元不再是“两张皮”。尤其是 BP 角色的设计，让职能部门与业务单元有了零距离接触的通道，这一点对转型企业而言非常重要：原有的因“分工”与“协作”导致的各自为政的现象开始有所转变，在功能设计上有了结合的可能，例如，BP 对业务能力要求的不断提升，就是为了更好地了解业务部门的需求。但是，“HR 三支柱”也对“人”提出了更高要求，“人”的问题也将成为中国企业转型的最大障碍。

## 四、“HR 三支柱”背后的故事

谈到“三支柱模型”，就不得不说戴维·尤里奇（Dave. Ulrich），他提出的“HR 三支柱”模型几乎改变了所有跨国公司的人力资源管理实践，不了解他的一些经历，很容易会走回传统思维框架，让这套方法沦为鸡肋。

早在 20 世纪 80 年代末期，尤里奇就已经活跃在学术和咨询界。值得一提的是，他是 GE“群策群力”专家团队的核心成员，曾以 GE 为研究样本写过《通用电气模式》《无边界组织：打破组织结构链》等著作，在国内均有译本。

80 年代是韦尔奇大刀阔斧地改造 GE 的时期，在这一轮变革中，他尝试了矩阵型结构、群策群力、无边界组织、零层管理等诸多变革措施，最终重新激发了组织活力，推动 GE 实现了脱胎换骨式的飞跃。尤里奇亲眼见证了这一过程，可以说，“HR 三支柱”本身脱胎于企业的转型阶段，又经过了其他转型企业的实践，如 IBM，并取得了良好效果。

然而“HR 三支柱”在中国企业的实践却不太理想，原因在于尤里奇的研究样本是变革中的企业，因此这套方法在传统企业中效果有限，或者说传统企业与“HR 三支柱”不兼容。很多中国企业并没有理解它真正的含义，或解读有误，因此把“HR 三支柱”运用得不伦不类。“三支柱模型”备受互联网公司推崇，原因是这些公司不再是传统企业，很多互联网公司采取的都是矩阵型结构。

尤里奇来过中国多次，每次都会语重心长地告诉中国兄弟，BP

要贴近业务，说白了就是职能部门的功能要服务于内部客户、满足内部客户的需求。不知道急于合影留念的中国兄弟是否领会了其中深意，这是集成化、系统化管理的基本要求，而它只能在矩阵型结构中实施，一旦到了传统企业中，三种角色就必然“分家”。由于 SSC 的工作范围属于常规工作，轻车熟路，难度不大；而 COE 的工作无论是市场变化环境，还是人才现状，都无法使其发挥价值。因此，现阶段几乎所有建立“HR 三支柱”的传统企业，最后都只“单练”BP 这一个角色，生生把“三支柱”干成了“一支柱”，结果不言而喻。“HR 三支柱”不是为传统企业准备的，但如果说一点效果也没有，倒也不至于，至少 BP 角色的出现，让职能部门与业务单元可以直接沟通，仅此而已。

第三节

# 新组织变革五项重要管理机制

在一个“中心”、两条“路径”、三个“引擎”、五项“机制”中，五项“机制”分别为人才管理机制、绩效管理机制、薪酬管理机制、合伙人机制、股权激励机制，这五项机制分别回答了组织与人之间的五个基本命题。虽然很多企业都有，但是不同形态的企业，对这五个基本命题的答案不同，在矩阵型和职能型两种不同组织结构中就会出现不同的效果，有些甚至只有在矩阵型结构中才有意义。

在新组织变革过程中，矩阵型结构仅仅是设计出组织基本的运行秩序，迈出了新组织变革的第一步，新组织能否高效运行，关键还在于管理机制建设。如果把矩阵型结构看成骨架，管理机制就是血肉，最终还是要依靠管理系统让组织灵动起来，如果没有这些管理机制，矩阵型结构就会很快退化到职能型结构。因此在矩阵型结构变革过程中，必须同时考虑与其相匹配的管理机制变革。

理解五项管理机制的变革，需要从企业形态进化规律中寻找答案，因为管理系统变革必然服务于组织形态的进化，也会呈现出一种规律性的变化，只要依据规律进行有序调整，就能顺利实现变革目标。

关于五项管理机制的变革，本节将重点阐述其变化逻辑，更详细的内容将在其他作品中进行专门介绍。

## 一、人才管理机制变革

人才管理机制回答了“人”如何与组织实现共同发展的命题，人才管理变革遵循了人才管理演变规律。

在股东价值形态中，人才管理的主要特点是人才挑选。“挑选”是指辨别、选择，从众多的同质化的人才中选择出能够胜任工作的人来，不需要建立详细、明确的标准，只需要依据工作特征对号入座，适合于工作难度不大、技术含量不高的工作内容。这种人才管理完全以结果为导向，合则用、不合则弃，通常比较随意，人才完全处于一种被动、被挑选的状态，这是因为工作简单，而能够胜任的人较多。

在精英价值形态中，人才管理的主要特点是人才选拔，“选拔”是指建立完善的人才标准，按照标准进行层层筛选，选择出能够胜任工作的人来。其中“选”是指选择、辨别；“拔”是指抽出、拉出、吸出，意为按条件进行挑选，最终找到适合的人。这种方式依然注重结果、轻过程，但已经考虑到了人才从进入到退出的过程，对人才而言，仍然具有明显的被动性，由于工作的复杂程度、专业技术含量明显提升，人才的进退都需要通过标准判断，这也是传统企业人才管理的特点。

在客户价值形态中，人才管理的主要特点是人才成长。“成长”

是指在企业中沿着一定的成长路线，逐步提高价值创造能力，并体现出自身价值。其中“成”是指形成、变成，成为企业以及个人所期望的状态；“长”是指长成，意为沿着成长路线，不断长成、成熟的过程。这种人才管理方式注重过程、轻结果，不仅有明确的方向，更有实施步骤，同时开始强调主动性，这种主动性体现为企业内部出现了人才市场，让人才有了选择与流动的空间，便于个人天赋以及创造力的发挥，能够加速人才成长的速度，使人才更容易在工作中取得成就，这也是自管理组织的人才管理特点。

在利益相关者价值形态中，人才管理的主要特点是人才发展。“发展”是指个人在企业发展过程中逐步由小到大、由弱到强的变化过程。这种人才管理方式完全注重过程，始终追求个人价值的不断呈现，结果与过程互为因果，因此没有终点。人才在一个企业中的基本目标就是追求自我价值的实现，一旦无法实现价值，即没有了留在企业中的意义，对于人才而言，具有了完全的主动性。

截取精英价值形态到客户价值形态这一进化历程，转型阶段人才管理的特点是人才培养。何谓“培养”？“培”是指在根基部分加土，“养”是指抚育，意为以适宜的条件促使其发生、生长，这种方式体现出过程与结果并重，强调被动性与主动性相结合，这是一种半强制、半自觉的行为。随着转型不断深入，人才出于对成功的追求以及自我价值实现的动机，将会在企业中自觉成长，此时的人才管理机制将会从人才培养转变为人才成长，企业内部人才市场形成，如图 8-4 所示。人才培养的基本目标是提高骨干人才的创造力，让骨干群体不断崛起，在满足不断变化的市场环境的同时，顺利实现企业形态进化。

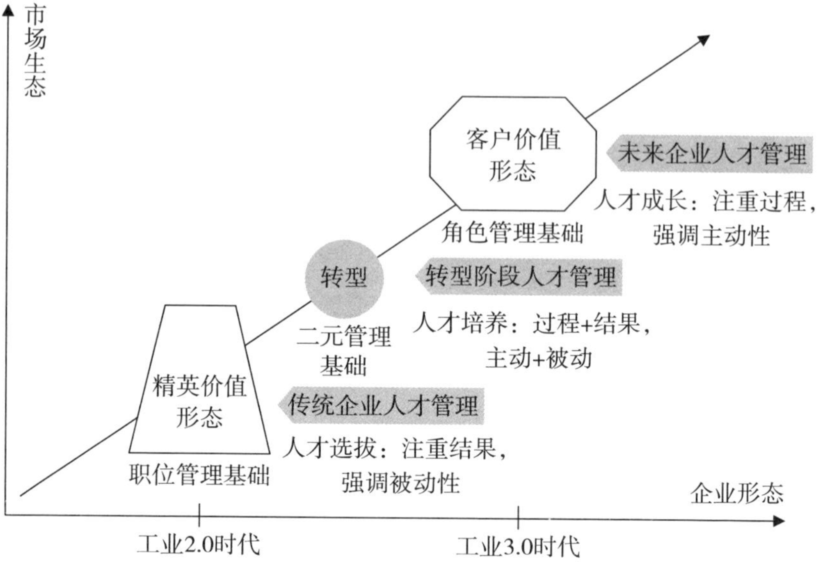


图 8-4　人才管理的演变规律

在矩阵型结构中，由于形成了横向管理线条，人才将沿着业务流程进行培养，能够参与或管理的业务链条越长，人才的价值越大。人才的培养路径需要由公司进行规划设计，体现了一定的被动性，而人才如何成长起来取决于个人努力，又体现了一定的主动性。这一变化为骨干人才的大量涌现创造了条件，能够让员工清楚看到自己发展的路径、阶梯及标准，自觉追求下一个发展阶段，这是转型企业在人才管理活动中的重大转变。

## 二、绩效管理机制变革

绩效管理机制回答了人才如何在公司中创造价值的命题，绩效管理变革遵循绩效管理演变规律。

在股东价值形态中是以结果为导向的绩效管理，由于缺乏对过程的思考，是一种粗放式的管理方式，通常以奖惩作为管理手段，对于短期绩效会产生明显的效果，但是不利于长期绩效形成，也不利于企业与员工之间形成良性的价值循环关系，在一些相对封闭的市场环境或者在特定的商业竞争中能够发挥一定作用，但从市场发展趋势来看，这种注重短期效果的绩效管理形式将会逐渐消失，进而迈向以业绩为导向的绩效管理。

在精英价值形态中是以业绩为导向的绩效管理，其先进之处在于开始注重长期与短期绩效相结合，体现出以结果为主、以过程为辅的特点。由于对过程投入了一定的精力，也使得企业管理逐渐走向系统化，而 KPI 指标恰恰能够体现这一特点，因此 KPI 不仅得以广泛应用，而且成为传统管理的一种最佳配置。这种绩效管理与产品管理的思想不谋而合，主要目标是实现产品价值最大化。而产能过剩与这种绩效管理形式有着必然联系，索尼当年兵败绩效管理，就是这个原因。

在客户价值形态中是以客户为导向的绩效管理，它始终体现客户价值最大化，所有的管理活动皆围绕客户需求进行，要求企业必须实施集成化、系统化的流程管理，因为只有流程管理才能把客户需求贯彻在流程的每一个环节中，由不同的角色完成，这也是一种角色绩效。角色绩效体现出以过程为主、以结果为辅的特点，与新商业时代的市场特征相匹配，不仅能够满足分散且多变的客户需求，也让企业战略从“洞见”转化为现实的每一个步骤。

在利益相关者价值形态中是以价值为导向的绩效管理，关注每个人的价值创造活动，包括他们的价值创造、价值评估以及价值实现，目的是体现每个利益相关者的价值。工业 4.0 时代的客户需求是一种独特的需求，这也导致价值创造者与客户必须充分融合才能完成价值创造活动，因此价值创造过程本身就是一种绩效管理。

绩效管理演变规律生动地演绎了“结果”与“过程”之间的关系，从“结果”转变为“过程”、组织管理活动从粗放变得精细、组织发展战略从方向转变为每个成员的具体行为。

截取精英价值形态到客户价值形态这一进化历程，转型阶段的绩效管理特征是兼顾了结果与过程，严格意义上说是平衡了结果与过程之间的关系，这恰恰与矩阵型组织结构特征相吻合，如图 8-5 所示。在转型企业中，战略目标可以沿着业务流程进行分解，分解到不同项目（团队）上，再从项目分解至不同角色，这是战略实现的第二条路径，如图 8-6 所示。项目管理本身是一种集成化、系统化的管理方式，绩效管理被集成在项目管理系统当中，因此项目管理本身就是角色绩效管理的一种形式，项目团队管理的本质就是发挥出每个角色的创造力，不断追求项目上的成功，项目难度越大，创造力越强。

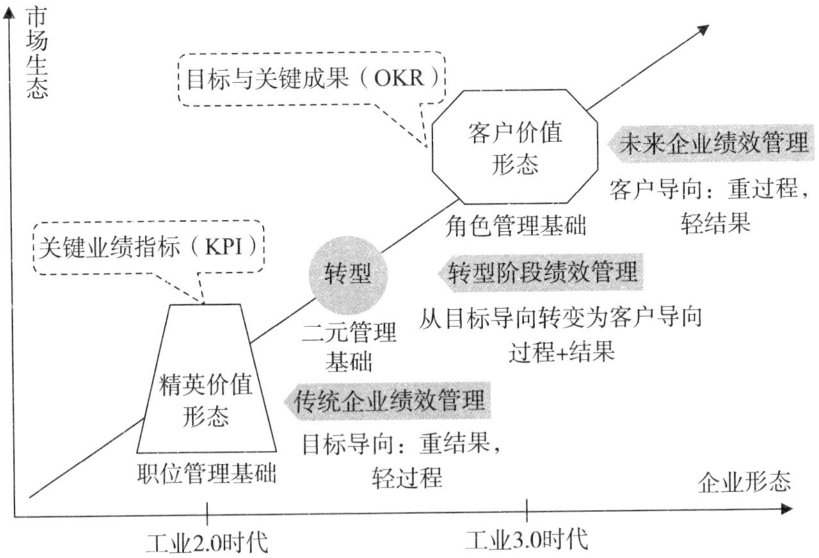


图 8-5 绩效管理的演变规律

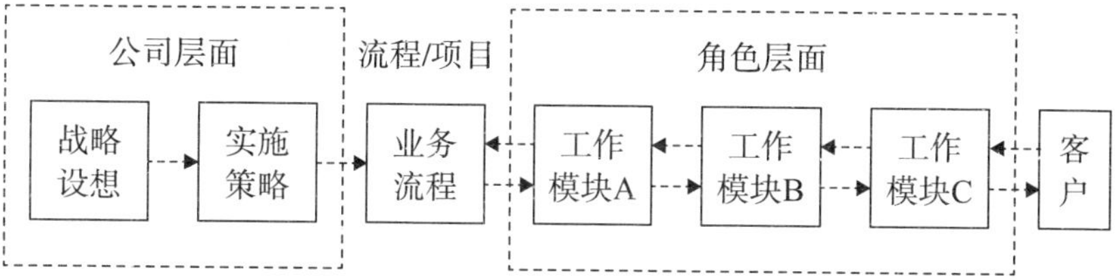


图 8-6　战略实现的第二条路径

如今很多传统企业开始痴迷 OKR（Objectives & Key Results），即"目标与关键成果"之意，这是角色绩效管理的另一种形式。OKR 体现出了"结果"与"过程"之间相互转换的逻辑关系，这一点与项目管理非常相似，但还不是项目管理，原因在于项目管理的重心还处于平衡客户价值与产品价值之间的关系上，而 OKR 则旗帜鲜明地倒向客户价值，因此 OKR 更加关注员工的创造力提升与客户的满意度，仔细体会谷歌对 OKR 的描述就能发现这一细节。

随着新商业时代的到来，传统绩效管理形式显然无法满足企业的转型要求，但是 OKR 相对于中国企业而言仍然有些超前，尤其是对那些还在采取职能型结构的传统企业而言，构建 OKR 没有任何意义，还需要先把矩阵型结构和项目管理做好。

## 三、薪酬管理机制变革

薪酬管理机制回答了人才如何在公司中分享价值的命题，薪酬管理变革遵循薪酬管理演变规律。

在股东价值形态阶段，薪酬管理重点体现组织价值而非个人价值，以组织公平性为主，价值分配机制向组织倾斜，员工薪酬水平通常由雇主定价，因此也称之为雇主薪酬，薪酬主要由奖惩情况决定。

在精英价值形态阶段，薪酬管理重点体现精英价值，维护组织稳定运行，因此以内部公平性为主，价值分配机制向精英群体倾斜，员工薪酬水平主要由职位价值决定，这就是传统薪酬的特点，薪酬主要由职位决定，在这个时期分别出现了等级薪酬、薪点制薪酬与传统薪酬三种形式。

在客户价值形态阶段，薪酬管理重点体现多数人价值，尤其是突出骨干的创造力，促使组织能够灵活敏捷地响应市场变化，因此以外部公平性为主，员工薪酬水平主要由个人特质与外部市场共同决定，通常以角色薪酬形式体现，薪酬变动影响因素主要由角色变动与市场行情决定。

在利益相关者价值形态阶段，薪酬管理重点体现所有个体的无差别价值，维护组织人格（品牌）特征，价值分配机制将是一种无差别形式，因此以自我公平性为主，员工薪酬水平由客户依据市场交换原则决定，通常以价值薪酬的形式体现，薪酬主要由个人的价值创造能力特点变化决定。

截取精英价值形态到客户价值形态这一进化历程，转型阶段的薪酬管理将采取宽带薪酬，如图 8-7 所示。

宽带薪酬具备了传统薪酬与角色薪酬的双重特征，既考虑了职位的影响，也考虑了角色（能力素质）的影响。何谓“宽带”？欲知“宽带”，须知“窄带”。在薪酬管理的专业术语中有一个名词叫“带宽”，“带宽”中的“带”指薪酬变动层级，在传统薪酬中与职位等级相对应；“带宽”中的“宽”指薪酬变动范围，是同一职位层级中最高与最低薪酬水平之间的差距，在传统薪酬中，“带宽”

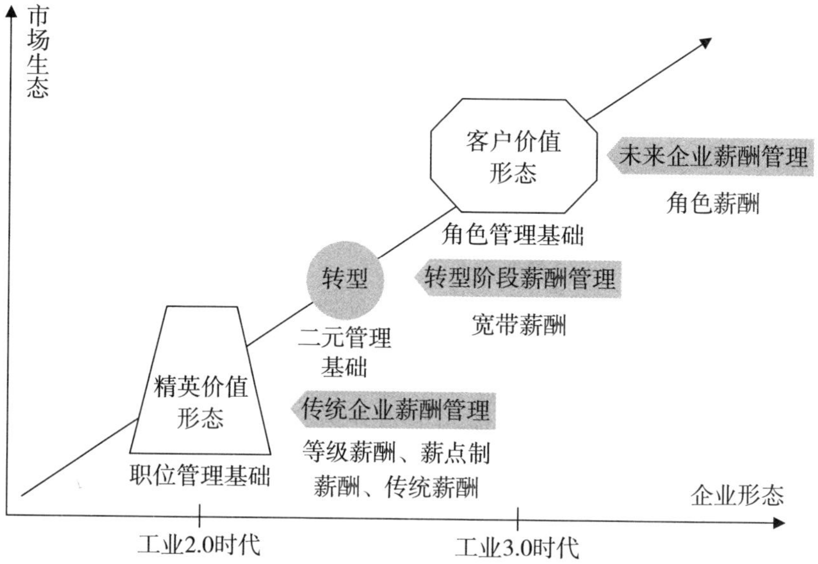


图 8-7　薪酬管理的演变规律

即特定职位等级的薪酬范围。在“带”与“宽”的框架下，薪酬其实是以一种矩阵的形式呈现出来的，因此通常被称为薪酬矩阵，所有员工都能在这个薪酬矩阵中找到自己的薪酬标准。

宽带薪酬如同对传统薪酬矩阵进行了改造，把矩阵型中的“带”压缩，同时扩展了“宽”，即压缩了职位层级，拓展了角色影响范围，这一薪酬变化最大的受益者是处于薪酬矩阵中间位置的骨干群体，如图 8-8 所示。

从宽带薪酬的特点可以看出，职位价值或职位差异对薪酬的影响力已经大幅度降低，而角色的影响力逐渐提升，体现为薪酬变动范围加大——这意味着员工的薪酬水平可以通过多元化的路径得到提升，而不再完全依赖职位晋升，让更多的人可以通过创造力的提升改变自己的薪酬水平。宽带薪酬不仅为员工打开了增

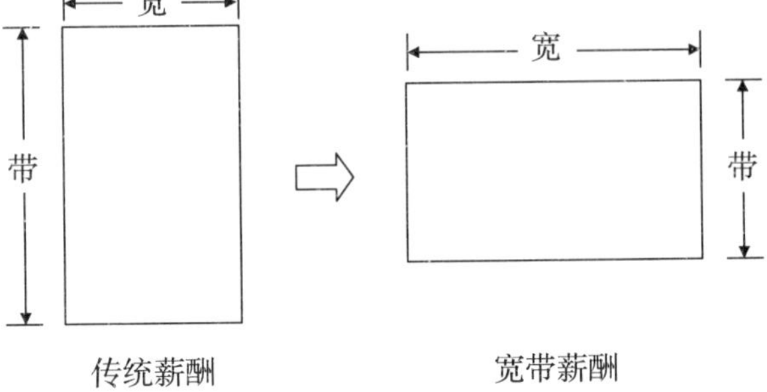


图 8-8 从传统薪酬到宽带薪酬

长通道，也提高了薪酬管理的灵活性、激励性，这恰恰是企业在转型阶段对薪酬管理的期望。

宽带薪酬是一种动态的薪酬管理机制，需要与能够动态变化的组织相匹配，想获得宽带薪酬的效果，至少要与矩阵型结构和角色管理基础相匹配，因为只有矩阵型结构才能弱化职位层级对薪酬的影响，体现出动态的平衡性，而角色差异则可以为薪酬的灵活变动提供有力支持。

## 四、合伙人机制建设

合伙人制度回答了人才如何在公司尽快取得成功的命题。

在一些人眼中，合伙人制度似乎就是“股权 + 合伙人”，如果这么简单的话，中国企业早就纷纷建立合伙人制度了。合伙人制度并不是原来的高级人才的华丽转身，也不是一份合伙人制度文件能解决的问题，很多企业在宣称实行合伙人制度后，除了有几个被称为“合伙人”的人出现之外，几乎没有发生明显变化，其原因就在于此。

合伙人是员工职业发展中的一个里程碑，是取得成功的一个标志。追求合伙人身份就是追求成功，它将促使骨干群体大量崛起。合伙人团队的出现让企业从少数人创造主要价值逐渐转变为多数人创造主要价值，因此构建合伙人制度，能够有力地推动团队发展壮大，让企业形成百花齐放的局面。从这个意义上讲，合伙人制度的“使命”就是转变企业形态 DNA，尤其是对于平台型组织、生态型组织，合伙人团队对企业发展具有决定性作用。

合伙人是一个符号，只要具备以下四点，就可以说具备了合伙人的特征，但不一定非要称为合伙人。

第一，拥有股权，合伙人与一个时间相对较长的战略任务相关，需要通过股权与战略任务进行捆绑，便于清晰地体现其价值创造过程，没有股权，其他长期激励形式也可行，只是效果会被弱化。

第二，掌握战略任务的经营权，合伙人的权力范围应该覆盖一个相对完整的业务流程，而不是某个功能环节，目标是必须能够主导该项任务的正常开展，便于实施集成化、系统化的管理。

第三，基于个人能力获得合伙人资格，意味着其有能力胜任与公司发展相关的战略任务，便于提高企业的价值创造能力，否则公司就无须设置这样的角色。

第四，能够新陈代谢，当战略任务结束时，合伙人的使命即告终结，他将离开或者转换到下一个战略任务中。

总之，合伙人的价值被封装在某项具体的战略任务之中，始于战略任务，也终于战略任务，这是合伙人与高管最本质的区别。显然职能型结构并不具备达到这一目标的条件，因为所有职能部门都必须通过协作共同进行价值创造，谁也离不开谁，无法把合伙人的责、权、利封装起来，更无法清晰地衡量合伙人到底为企业创造了多少价值。在现实中我们看到，大部分传统企业构建合伙人机制其实是为了给这部分群体更高的激励政策，管理系统并没有发生任何改变，只不过合伙人的名号更具吸引力而已，殊不知这个制度背后需要一整套全新的管理机制支撑。

流程型结构才是合伙人制度的最佳实践平台，但由于目前中国企业还未进化到这个阶段，只能从转型阶段开始，因此矩阵型结构将是合伙人制度的最低配置，如图 8-9 所示。在矩阵型结构中，每个合伙人都将与横向集成后的业务链条捆绑在一起，还可以依据战略任务对企业发展的重要程度，分为不同类型的合伙人。

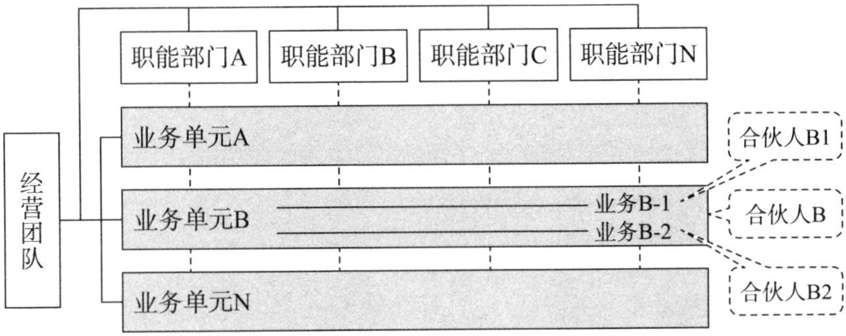


图 8-9 合伙人的责、权、利范围

## 五、多层次股权激励系统

股权激励机制回答了人才如何在公司实现长期价值的命题，股权激励机制变革遵循股权激励演变规律。

如今，股权结构分散且多元化已经成为一种趋势，这为股权激励提供了必要条件。虽然股权激励形式多种多样，但随着企业形态的不断进化呈现出一种规律性变化，这就是股权激励演变规律，如图 8-10 所示。

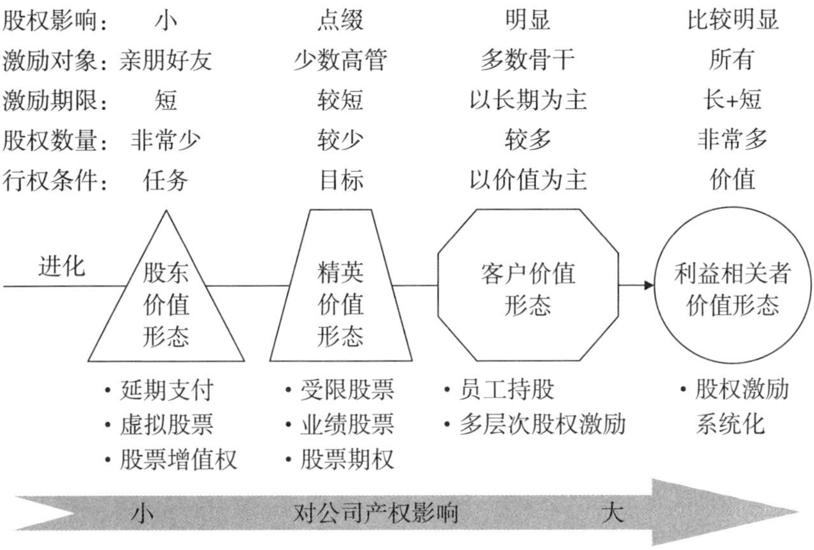


图 8-10　股权激励的演变规律

如果企业处于股东价值形态阶段，那么股权激励通常会采取延期支付、虚拟股票、股票增值权等方式。这些方式与股权并没有直接关联，激励对象没有获得真实股权，而只是获得一种基于股权的收益而已；延期支付更是连股权的边都不沾，只是一种长期激励。此时，资本收益力为企业创造主要价值，看不到人的价值贡献，虽然也有个别企业会采取干股的形式，但这仅仅是对创业元老历史贡献的肯定，或是对亲朋好友的关照，或是为了解决融资难等问题，这些目的与股权激励的核心思想没有任何关系。

如果企业处于精英价值形态阶段，那么股权激励通常会采取受限股票、业绩股票、股票期权等方式。这些方式开始与股权建立直接联系，股权激励理念也是在这个阶段被正式提出来的，但激励的对象往往都是精英团队，目的是进一步提升精英的价值创造能力。这时，精英领导力为企业创造主要价值，几乎看不到其他人的价值贡献，即便扩大激励对象范围，意义也不大，这些股权激励通常与业绩目标进行捆绑，或采取其他限制条件，不仅股权数量少，而且频率低，对公司股权结构的影响不大。

如果企业处于客户价值形态阶段，那么股权激励通常会采取员工持股计划、多层次股权激励系统等方式，只有组织进化到多业务复杂系统时才开始采用。这时，团队创新力为企业创造主要价值，激励对象开始变得多元化，对不同类型的激励对象需要采取不同的股权激励方式，其中也包含了股东价值形态、精英价值形态采用的形式，股权激励范围覆盖到绝大多数核心骨干，这对于稳定骨干力量、激发创造力起到了决定性的作用，不仅股权数量增大，而且频率提高，对公司的股权结构也产生明显影响。

如果企业处于利益相关者价值形态，所有人才都将与体现其价值所在的公司股权进行捆绑，要让每个人的价值都能得到清晰呈现，而这时股权激励将彻底系统化，成为一项价值创造活动的基本原则，只要进行价值创造，就必然通过股权体现。

中国企业正处于从精英价值形态迈向客户价值形态的过程中，各类业务骨干正在崛起，在一定范围内可以建立多层次的股权激励机制，矩阵型结构恰恰创造了条件。多层次股权激励系统原则之中有一条重要的逻辑，那就是：人才的贡献在哪里，价值体现就要在哪里，股权激励就应该在哪里，如图 8-11 所示。在一个多业务的复杂系统中，不同人才的价值创造活动范围不同、价值呈现的形式不同，因此不宜在一个业务单元主体中实施股权激励计划，否则将会由于无法清晰体现激励对象的价值，而让股权激励变得异常僵化，好在矩阵型结构让组织逐渐平台化，每个业务单元都能相对独立地运行，不同类型人才的价值创造活动都能被封装，让多层次股权激励变得相对简单，这也是多层次股权激励系统绝不会出现在传统企业中的原因：不需要，也没有必要。这一原则恰恰与合伙人机制背后的逻辑完全一致，因此这两项机制完全可以集成在一起，发挥出合力。

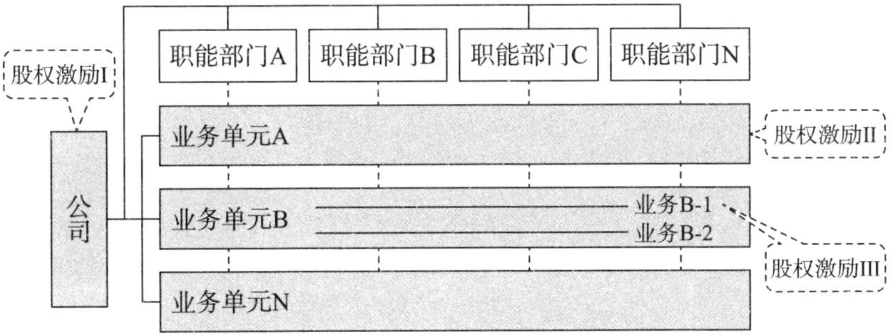


图 8-11 多层次股权激励系统

一个“中心”、两条“路径”、三个“引擎”、五项“机制”形成了一套相对系统化的新组织变革方法论，有助于把中国企业转型过程中出现的“孤岛”连成一片，同时能够避免通过不断试错带来的风险与负担，有效推动企业变革的顺利进行。

第四节

# 为何中国企业很难驾驭矩阵型结构

矩阵型组织结构早在 20 世纪 60 年代就开始在西方企业中出现，到 21 世纪初，几乎所有我们熟知的西方企业都已经是矩阵型结构，甚至还有相当一部分进化到了流程型结构。而中国企业却依然坚守着职能型结构这块阵地，除了少数互联网公司以外，矩阵型结构的企业可谓寥寥。为何中国企业很难驾驭矩阵型组织结构？找到这个问题的答案，也就理解了为何中国企业很难驾驭矩阵型结构。

## 一、矩阵型结构复杂很多

矩阵型结构难驾驭的一个原因是复杂，其构建的难度远远超过职能型结构，主要体现在三方面。

首先，矩阵型结构是一种平衡架构，除了需要实现动态与静态的平衡、集权与分权的平衡、开放与封闭的平衡、横向与纵向的平衡，还需要实现短期利益与长期利益的平衡。平衡是为了与频繁变化的市场相匹配，在长期稳定的职能型结构中待久了的中国企业，很难适应这些变化。在构建矩阵型结构时，很大一部分企业无法把握矩阵型结构的这种平衡性，依然从职能型结构的视角看待矩阵型结构，结果不问可知。

其次，矩阵型结构并非新鲜事物，这也让很多企业不以为然。殊不知，正是这种不以为然导致很少有人研究这种结构。矩阵型结构的复杂性不在于如何布局，而在于如何集成各类功能，需要较高的管理技术。建一个卫生间和建一个摩天大厦的工程承载着完全不同的技术含量，直到今天，IBM、GE、惠普、宝洁等企业依然在不断调整组织结构。目前，最复杂的矩阵型结构是 IBM 的多维矩阵，很多人恐怕连多维矩阵之间的逻辑关系都看不懂，何谈驾驭?

最后，对“人”的要求较高，这是笔者体会最深的地方。矩阵型结构的平衡属性以及技术要求完全不是职能型结构所能比拟的，在矩阵型结构阶段，组织会开始建立自管理系统，因此“人”的因素变得至关重要：且不说职业素养，即便是专业技能也还有很大的提升空间。这也是为何企业在进行矩阵型结构变革后，几乎无一例外地进行了裁员：很多人根本无法满足矩阵型结构对“人”的要求。

传统企业都是精英价值形态，属于一种低级组织形态。20 世纪 80 年代后出现的管理思想，由于“拿来”得过早，在中国企业中的实践都不理想，导致水土不服，这也让很多企业对这些管理思想失去了信心，矩阵型结构就是其中之一。殊不知今日恰是矩阵型结构的用武之时，反而被忽略。

## 二、经验难以解读矩阵型结构

中国的管理者、学者传统上属于经验主义流派，大多依靠经验、习惯指导管理活动，缺乏严谨的管理逻辑。经验来自于历史实践，中国在农耕时代就已经采取了职能型结构，典型的就是三省六部制，因此当企业走上制度化道路后，职能型结构就变得水到渠成、轻车熟路，加上各项管理机制又巩固了职能型结构，这也让组织管理深陷于这种固化的思维之中。矩阵型结构也许在中国历史上曾经出现过，但是没有历史记载，自然无经验可循，只能向西方企业“取经”。

西方企业的矩阵型结构来自于实践，并没有形成系统的科学理论。而出于自身发展需要，这些企业的矩阵型结构各具特色、形式多样，导致中国企业无法掌握矩阵型结构的运行逻辑，这就是IBM、GE、惠普、宝洁等西方企业早就实施矩阵型结构，但中国企业却并没有从中获取多少有价值的东西的原因。有的企业凭借经验，不是望文生义，就是断章取义，以为画出个矩阵，就是矩阵型结构，却不知矩阵型结构的外衣之下依然是职能型结构的内核，例如前面提到过的，矩阵型结构有“真”有“伪”，许多企业经常把事业部制结构与事业部矩阵型结构弄混。

在与一些学者的交流中也能发现，他们对矩阵型结构的认知几乎都来自于书本，内容贫乏得出乎意料。这说明，我们对矩阵型结构的研究远远不够，至于流程型结构更是如此，恐怕中国企业变革也将会像西方企业那样在实践中摸索，需要面临成本高、风险大的局面。

新商业时代到来，所有规则都在改变，中国企业以往的变革经验不仅不能推动转型，还会适得其反。经验从来都是对已知世界的解释，如何能面对变幻莫测的未来世界？

## 三、缺乏本土管理科学理论

中国企业变革需要的是管理科学，而不是经验，然而这恰恰是今天最缺乏的，当然其他领域也是如此。与科学相比，经验是一种原始状态，经验重复 100 次，还是经验，而绝不是科学。科学可以让人们走出习以为常的误区，避免故步自封，直达事物的本质；只有当管理进入到科学的层次时，才不会被误导，才是可累进的，科学是对事物真相的无偏见的呈现，是对正确性的追求与无条件接受。

中国企业靠经验走过了工业 1.0 时代、工业 2.0 时代，然而在即将进入工业 3.0 时代时，就会发现以前表面的弯道超车让企业失去了很多有价值的东西——市场迟早会让企业把这些缺失的东西加倍弥补回来。后工业时代将是人与人之间知识的竞争、创造力的竞争，而这些恰恰是经验主义无法渗透的领域。西方管理学理论与实践从来没有分过家，伴随着工业时代的进程积累了大量的管理思想与实践案例，能够让涌现的新兴企业沿着这些轨迹不断进行创新，而中国的管理学到目前为止的积累还比较匮乏，太多的企业一边打着先进管理理念的旗帜，一边却坚守着传统管理思想的“初心”。

虽然没有管理科学理论，但是中国从来不缺管理新概念。新概念来自于实践经验与个人感悟，两者结合就产生了众多的本土化新概念，几乎隔一段时间就会涌现一批。但没有科学研究就不会有逻辑，所有概念只要一到实践中就会现出原形。

还有一些企业在发展历程中形成了自身独特的管理模式，也提出了一些管理新概念，这在中外企业中都很常见，这些新概念几乎都打上了企业的印记。但是这种概念却具有唯一性，要想从概念理解这些企业的管理全貌，其结果都是“学不会”，因为这种概念是企业实践的成果，而没有揭示事物变化背后的规律，最后只有通过大量的工程性或者破坏性实验进行检测，在不断否定中寻找正确的路径，变革成本之高，令人咋舌。当然，很多企业在经历一次失败后就彻底放弃了。

概念仅仅是事物认识的浅层，而科学理论则是事物认识的深层，是对事物变化本质的解析，只要有科学逻辑，任何事物其实都能“学得会”。只有掌握科学理论才能把企业特点与概念相结合，形成一种独特的管理方式，甚至上升为一种管理哲学。遗憾的是，如今人们对“概念”趋之若鹜，而对理论却弃之如敝屣，虽然大脑中充满了各种吸引人的“新概念”，却依然没有找到适合的组织变革方法。也许很多人奇怪，为何自己如此努力地学习，却没有见到应有的效果，归根结底，还是因为没有掌握让人“学得会”的科学原理。

构建矩阵型结构远比我们想象的要困难，尤其是它的动态平衡性，以往的经验并不足以让中国企业驾驭这种组织结构形式，而从职能型结构进化为矩阵型结构是中国企业转型的关键一跃，也是对企业变革能力的极大考验。

Chapter 9

# 集团企业组织结构变革

中国的工业 1.0 时代正处于半殖民地半封建社会，虽然一直发展缓慢，但也成了全球产业链上的一个必要环节，直到改革开放才迎来发展机遇。这个时期都是股东价值形态，采取了直线型组织结构。

1993 年之后，中国企业开始进入工业 2.0 时代，标志是中国第一次颁布了《中华人民共和国公司法》，象征着中国企业全面从股东价值形态迈向精英价值形态，组织结构从直线型演变为直线职能型。20 世纪末，相当一部分企业进入集团企业阶段，组织结构也从直线职能型转变为事业部型，此后，集团企业几乎成了主流，集团管控自然也成了组织管理的核心课题，直到现在，集团管控依然是热门话题。

西方学者迈克尔·古尔德（Michael. Goold）提出的集团管控三分法——运营管控型、战略管控型、财务管控型，开始广泛应用于中国企业的实践，无论效果如何，至少给中国企业提出了一套成熟的方法论，让集团管控有了依据。其实仔细研究不难发现，除了运营管控型以外，战略管控型、财务管控型的效果均不理想，甚至找不到一个成功标杆。尤其是在中国经济转型升级阶段，集团管控三分法更是问题重重，需要重新思考一下。以下，我们将从组织形态管理的角度对集团企业转型以及集团企业管理进行探索，并提出新的解决思路。

第一节

# 为何是“管控”而不是“管理”

集团管控到底是什么？回答这个问题需要分析两个概念，何谓“管理”？何谓“管控”？

“管理”一词在“现代经营管理之父”亨利·法约尔（Henri. Fayol）看来，就是企业的管理者通过计划、组织、指挥、协调、控制等一系列的操作，实现一个组织资源最优配置和运作效率提升的活动。而“管控”一词更强调管理者对企业进行的价值创造活动的控制过程。不难看出，其实“管理”一词就已包含“管控”的含义，也可以说“管控”属于“管理”。

那么，为什么还要搞出一个“管控”来？因为企业内部出现了“分化”，这是事业部型组织结构的必然结果，所以才会形成“管控”，没有“分化”也就谈不上“管控”。这种“分化”体现为集团企业中出现了相对独立的成员单位——事业部（或子公司等），这里的关键词是“相对独立”，它导致职能单元与相对独立的成员单位之间，以及这些相对独立的成员单位相互之间的关系开始变得复杂，出现了诸如“母子矛盾”“子子矛盾”等。为了处理这些矛盾，就诞生了“管控”这一理念，这一理念属于中国企业特色，西方管理学中没有这个名词。当企业从单体发展成集团时，事业部出现，并且随着规模扩张不断增多，中国传统集权文化的惯性让企业经营者们开始对“分化”产生忧虑，随着忧虑越来越大，“管控”就显得越来越重要。

无论集团管理还是集团管控，都是处理成员单位之间的关系，目的是提升集团企业的价值创造能力，实现集团整体价值的最大化，任何成员单位的单独表现都不是集团管控的最终目标。然而在现实中，集团管控往往忽略了这一点，把目光集中在成员单位上，从逻辑上就出现了问题。

## 一、集团内部到底是什么关系

集团企业与成员单位应该是什么关系？这个问题非常重要，它的答案是集团管控的核心内容、关乎集团企业与成员单位的定位，而定位将决定管理模式。

“母子关系”是我们长期以来形成的意识，原因很简单，既然子公司处于集团内部，当然要服从集团的统一管理。所以“母子关系”成了人们的基本共识，有些人甚至直接把“集团管控”写成“母子管理”，显然已经把集团企业与成员单位之间的关系定格为“母子关系”。

如果把集团企业与成员单位的关系定格为“母子关系”，那么其实只有一种集团管控风格，没有其他选项，这就是运营管控型。如果是这样，问题就变得简单多了，因为运营管控型的确是最简单的一种管控风格，所有的管控活动及内容都有详细规定。

显然，中国集团企业的实践没有那么简单，因此需要回过头来重新回答刚才的问题：集团企业与成员单位之间应该是什么关系？谁说只有“母子关系”一种？正因为存在其他关系，所以集团管控才会有其他选项，这将是集团企业在转型过程中必然面对的问题。“母子关系”不是唯一关系，也不是唯一选择。

集团管控的目标是实现集团价值最大化，因此无论是什么关系，都要服从这个目标，并直接或间接地体现它。否则忙活了半天，管控措施搞了一大堆，却忘记了初心，为了管控而管控，这就变得滑稽了。当“母子关系”无法实现集团企业价值最大化时，就必须改变原来的集团管控方式，将集团企业与成员单位重新定位，建立一种新型关系。在这种新型关系中，再次实现集团企业价值最大化。

中国企业在实施集团管控过程中的最大问题，是在既定的“母子关系”管控思维下，不断尝试新型管控方式，并煞有介事地设计了各种管控方法、管控制度，最后发现无济于事。这就如同前提假设错了，无论如何论证，都苍白无力。

## 二、集团企业遇到“天花板”

新商业时代到来，处于精英价值形态的集团企业按照原来的经营模式发展，必然会遇到“天花板”，就是所谓的巅峰状态，前面在事业部型结构中也说明了这一点。“天花板”是指，集团企业规模无论如何扩张，单位边际效益都在递减，直到递减为零。也就是说无论如何努力，都是“瞎折腾”，不产生任何新增价值，宣告传统模式的彻底失败。今天的集团企业正在上演这一幕。

这时候，集团企业的很多问题开始显露，诸如市场反应速度开始减慢、集团运行效率逐渐降低、内部消耗增多、成员单位发展更加不平衡、创新迟迟无法实现预期……

所有问题归纳起来，不是“母子矛盾”就是“子子矛盾”。这些都是职能型结构必然产生的“硬伤”，在传统管理模式中无解，很多企业还以为是公司战略出了问题。其实这时候即便战略正确，也依然无法实现，任何一项战略举措在传统企业集团中的推行都显得异常艰难。这不是集团战略出了问题，而是整个组织出了问题，市场不断发展变化，导致精英价值形态的历史使命已经结束。

以前通过修修补补，或多或少还能缓解一下“伤痛”，如今却根本无济于事，这是因为市场对企业提出了新的要求，违背市场发展规律，必然遭到市场抛弃。集团企业要想突破发展瓶颈，只有改变现有的组织形态与管理模式，重新满足市场对企业的发展要求，而“母子关系”也将在新商业时代彻底结束。

未来集团企业与成员单位之间应该如何定位、采取什么样的管理方式，恐怕已经成为现阶段很多集团企业在思考的问题。如果找不到这个答案，所有的传统集团企业都将在消耗中度过余生，至于所采取的竞争战略——低成本战略，只不过是在通过不断压缩生存空间，获得市场给予的喘息之机。

## 三、集团企业的未来是生态型组织

未来的新组织叫什么并不重要，重要的是它们都将具有客户价值形态。在众多对未来组织的描述中，笔者个人比较倾向于“生态型组织”这一概念，因为它不仅体现了客户价值形态的基本特征，诸如开放、灵活、新陈代谢等，更形象地体现了集团与成员单位之间的关系：如同生态系统与物种之间的关系，每个物种在生态系统中都扮演着不可缺少的角色，物种与生态相生相息。

这时候就需要对集团企业与成员单位进行重新定位。如果说，传统的集团企业与成员单位之间是一种“母子关系”的话，那么在生态型组织中，它们之间就应该是一种相互依存、共同繁衍的生态关系。如果把传统集团企业看成一个平面图形，那么生态型组织就应该是一个立体图形：生态系统中存在错综复杂的食物链，成员单位之间既是物种与物种之间的关系，也是食物链上下游之间的关系，每个食物链都能独立运行，在相互竞争的同时，还能相互补充，共同推动生态系统的繁荣发展。

无论是相关多元化的集团企业，还是非相关多元化的集团企业，最终都将走向生态化，用生态的力量实现集团企业价值最大化。集团企业构成越复杂，越需要走向生态化，这也是生态型组织的最大优点：它让各类成员单位对集团发展发挥协同作用，传统集团企业的硬伤也将迎刃而解。今天，已经有一些集团企业变革开始朝着生态型组织的方向转变，即便还没有成熟，也已经在很大程度上解决了传统企业中的一些问题，生态型组织将是集团企业未来发展的方向。

若干年前，两家著名的互联网公司曾经对平台模式（或生态模式）与垂直模式进行过争论。由于当时市场正处于快速发展阶段，优劣尚未定论，但如今我们应该能够作出判断：平台模式必然要取代垂直模型。如今，轮到传统集团企业进行这样的选择，集团企业的转型就是迈向平台化、生态化的过程。

当然，迈向生态型组织绝非易事，如同精英价值形态与客户价值形态的区别一样，传统集团企业至少需要经过三个阶段才能实现这一转变：第一个阶段是从“链”到“链群”，第二个阶段是从“链群”到“平台”，第三个阶段是从“平台”到“生态”。今天，越来越多的企业提出平台化战略，也是看到了这一点，“平台”在某种程度上已经不再是“母子关系”，否则无论如何设计，都无法体现出“平台”的特征。

母子管理是大型企业发展曾经的必然要求，但不代表永久，集团“管控”一词具有历史局限性，随着市场变化加剧，集团企业与成员单位将会被重新定位，届时集团“管控”也将重归集团“管理”。

第二节

# 集团管控“三分法”的误区

集团管控“三分法”对中国企业的影响太深刻，在集团管控领域仅有这一家之言，几乎言必称“三分法”。“三分法”也成为中国企业进行集团管控的法宝，大部分咨询公司都以“三分法”为蓝本进行集团管控模式的咨询服务。

虽然集团管控“三分法”被广泛应用于中国企业的实践，但效果到底如何？仔细研究不难发现，除了运营管控型以外，战略管控型、财务管控型的效果均不理想，甚至找不到一个成功标杆——尤其是在中国经济的转型升级阶段，几乎所有集团企业的管控措施都出现了问题。显然，中国的集团管控被带入了误区，在中国企业转型之际，需要重新理解集团管控“三分法”，否则就无法顺利渡过这一关。

## 一、集团管控“三分法”

集团管控“三分法”由 20 世纪 90 年代的战略管理大师迈克

尔·古尔德等人提出。当时，他们在其合著的《战略与风格》等专著中指出了企业集团的三种控制文化偏好，大致可以分为财务管控型、战略管控型和运营管控型三种。值得注意的一点是，这里提出了“管控风格”，而并非“管控模式”，如果是模式，就应该有明确的标准或规则，显然这里并没有给出，这也给中国企业留下了改造空间，直接把“管控风格”改成了“管控模式”，如图 9-1 所示。

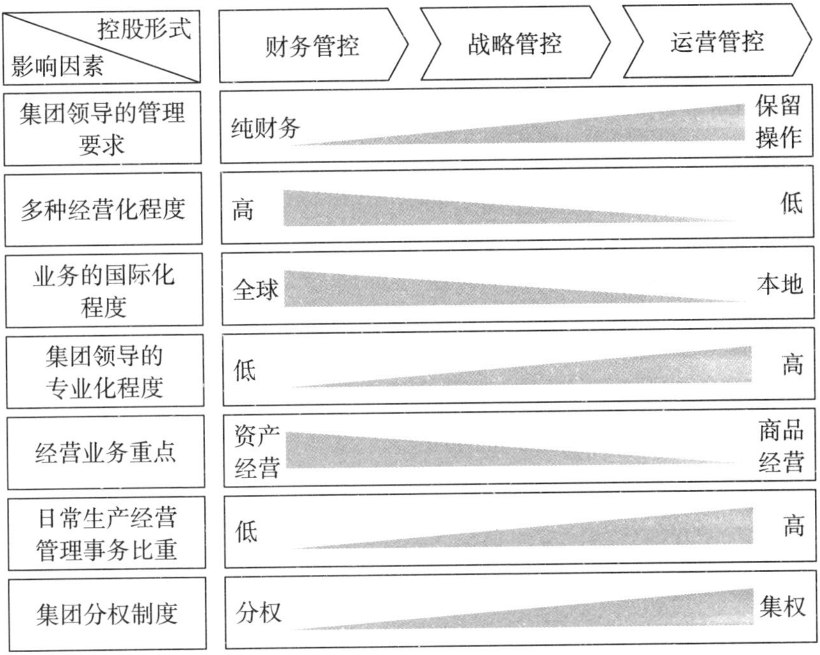


图 9-1　三种集团管控风格

财务管控型主要以财务指标对成员企业进行管理和考核，总部一般无业务管理部门，关注投资回报，集团主要通过投资业务组合的结构优化来追求公司价值的最大化。战略管控型主要以战略规划为主，主要关注成员单位的协调发展、投资业务的合理优化以及战略协同效应的提升，通过对成员企业的战略施加影响而达到管控目的。运营管控型主要通过总部管理部门对成员单位的日常经营运作进行控制与管理，这是一种全方位的管控风格，包括对财务、营销、人力资源、新业务开发等诸多功能的管理。显然，从管控力度上说，财务管控型、战略管控型和运营管控型之间呈现出一种递进关系，到了运营管控型，几乎是集团企业对成员单位进行托管。

自“三分法”被提出以来，因其定义明确、区分清晰、简单易记，受到推崇并广泛流传。“三分法”中的每一个都具有典型意义，对于企业认识集团管理也具有启蒙作用，让中国企业在进行集团管理时终于有了“抓手”，并通过这个“抓手”把其他管理理念装入其中，完成集团管控的整体设计。

由于“三分法”并不是管控模式，给中国企业对“三分法”的实践留下了空间，并衍生出了各种解释与尝试。在集团管控领域，“三分法”如同一个箩筐，什么中外管理理念都能装进去，而且头头是道。

## 二、“三分法”在中国企业中的尴尬

集团管控“三分法”在中国企业中的实践到底如何？

在现实中我们发现一个令人非常沮丧的事实：经过这么多年的实践，只有运营管控型比较成熟，其他两种形式的实践效果均不理想。在中国，至今却没有一个成功标杆，任何宣传都没有令人信服的依据，甚至还出现了昨天刚被点名夸奖，今天就被现实“打脸”的尴尬情况。

虽然集团管理的复杂程度明显提升，但还没有到无法规划设计的地步，实践不佳的主要原因在于在传统企业形态中，无论如何设计，集团管控最终只有一种形式，即母子管理形式，中国企业往往忽略了这一个基本事实。几乎所有传统企业采取的都是分工与协作的职能型结构，这种组织结构分为两种：一种是直线职能型结构，常见于单体企业；另一种是事业部型结构，常见于集团企业。“母子矛盾”与“子子矛盾”是事业部型结构与生俱来的“顽疾”，缓解“母子矛盾”就会加重“子子矛盾”，同样，缓解“子子矛盾”也会加重“母子矛盾”，这两种矛盾符合二律背反的规律，要想解决这两个矛盾，只有改变传统企业形态。在传统企业形态中只有“一分法”，即运营管控型，而没有“三分法”。

财务管控型对绝大多数集团企业而言并非管控，而是一种单纯的趋利避险的投资行为。由于股权不占优势，很难对成员单位发挥管控作用，这虽然与当前公司治理制度不完善、董事管理制度以及董事会运作机制不成熟有很大关系，但这也是由传统管理模式特点所决定的，最后“打酱油”“用脚投票”反而变得心安理得。在现实中，财务管控型变得几乎与“管控”一词没有多少关联。

战略管控型处于财务管控型与运营管控型的中间地带，对于传统企业形态而言，仅仅是在理论上可以实现，但现实中很难把握这个“度”：要么力所不及，要么矫枉过正，因此战略管控型的问题最多。“母子矛盾”“子子矛盾”频繁出现在战略管控风格的集团企业中，而且“按下葫芦起了瓢”，管理者无不焦头烂额，根本没有达到战略管控的效果。

中国企业对“三分法”最大的微词在于“缺乏和集团战略的有机结合”，这也是“三分法”在中国进行实践的最大悲哀，前面反复强调集团管控的目的是实现集团价值最大化，如今搞了半天却无法与集团战略有机结合，这难道不是很可悲的事情吗？

## 三、新商业时代对集团管控的要求

新商业时代的市场特征主要体现为两点——客户需求分散且多变。从全球经济发展趋势来看，通常是产业之间不断融合，并沿着产业价值链向下游延伸。这个过程将催生大量新兴产业，并逐步取代传统产业，使市场网络化、生态化的格局越来越明显。这种趋势其实一直存在于市场发展的规律中，只不过在新商业时代变得异常明显，尤其是新技术的不断发展与运用，更让安逸惯了的企业有些措手不及。

“船大难掉头”“大而不强”似乎成了今天集团企业的标识，分散且多变的市场环境无疑是对金字塔形的传统企业的致命一击，一旦在竞争中处于劣势，内耗就会把传统企业的竞争力一点点吞噬殆尽。集团企业要想适应新商业时代的市场，只有使自己的运行系统灵活高效，同时具有较强的创新能力。这里“灵活”对应市场需求的“分散”，“创新”对应市场需求的“多变”——这将是新商业时代对集团管理的两项具体要求。

传统的集团企业几乎都是运营管控型。这已经成为一种成熟的管控风格，也是上个时代的主流，但显然与新商业时代的市场要求相悖。运营管控型极大地削弱了事业部（子公司）的市场反应速度，使集团企业运行系统日益僵化。其实这种现象早就出现了，为了改变这种局面，一些集团企业开始尝试战略管控型，只不过一直效果不佳，很多集团企业都是在磕磕绊绊中凑合着——

因为也没有其他解决方案，于是就自然出现了“缺乏和集团战略的有机结合”的现象。

从现状看，集团企业在转型阶段还必须采取战略管控型，否则灵活与创新就很难体现出来，西方企业在 20 世纪进行的转型早已把这个通道打开。那么，中国应该如何进行变革？只有转变企业形态与管理模式，除此之外别无他法，变革成功的企业都是这么走过来的。

有些集团企业在转型中一边强调总部集权以实现集中管理，一边强调业务单元放权以激活事业部或子公司，就是希望实现战略管控风格。设想虽然美好，但在过程中唯独忘记了强调改变传统管理模式，于是美好的想法就变成了天真的想法，最终会被现实“抽”得体无完肤。前面提到的 IBM，在开始转型时，CEO 艾克斯就是这么想的，也是这么干的，结果大家都看见了。当然，失败也并非毫无价值，至少为我们提供了变革依据。

第三节

# 集团管控黄金法则与演变规律

无论集团管控“三分法”在中国企业的实践效果是否理想，集团管理问题始终存在，而且在从工业 2.0 时代即将迈向工业 3.0 时代之际，这个问题将变得更加明显，所有集团企业都必须面对它。因此，集团管理仍然要有一些基本原则，如前面所说的集团管理的目标是集团企业价值的最大化。这一节将介绍另外两个基本原则——集团管理黄金法则与演变规律，从传统管理思维来说，也可称为集团管控黄金法则与演变规律。

之所以称之为黄金法则，是因为所有企业在进行集团管控时，都会遵循这个法则，无一例外，下一节将举例说明。

无论规模多大，任何企业都有其基本的运行逻辑，符合企业形态进化规律，集团企业也不例外。当企业形态不断进化时，集团管控的逻辑也会呈现出规律性变化，这就是集团管控演变规律，通过规律，可以有效指导集团管理的实践活动。

## 一、集团管控黄金法则

任何一个集团企业，其实都是截取了产业链的一部分，为了让这段产业链价值最大化，才形成了集团企业。当集团企业发展到客户价值形态时，它截取的已经不再是一条产业链，而是一群产业链，其中相互关联的那部分，这样就会形成一个生态系统。

企业形态进化规律揭示了企业形态是如何随着市场发展而不断进化的，从这个规律中其实很容易发现集团管控的黄金法则：由于价值是从产业价值链上游流向产业价值链下游，因此只有产业价值链下游的企业形态可以管控产业价值链上游的企业形态，也就是说只有高级组织形态可以管控低级组织形态，产业链上游的企业将会影响到下游企业的发展，也就是说低级组织形态只能影响高级组织形态。这就是集团管控的黄金法则，它阐明了产业链上不同企业形态之间的基本价值关系，以及集团企业如何实现最佳组合。

从黄金法则中可以判断出，集团管控要想达到目标，就需要具备两个条件：一是集团企业主体形态需要体现高级组织的形态特征，因为只有高级组织形态才能控制产业价值链的价值流向，实现集团企业价值最大化，而要想实现这一点，集团整体框架就需要采取与高级组织形态相匹配的管理模式；二是成员企业必须采取比集团低的组织形态形式，并采取与组织形态相匹配的管理模式，这样集团组合才能符合企业形态进化规律，在保障创造的价值流向集团企业的同时，保证集团管控顺利进行，如图 9-2 所示。

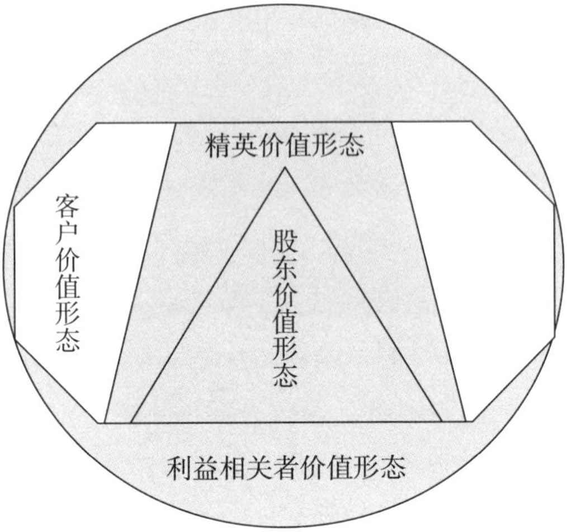


图 9-2　集团管控黄金法则

在一个集团企业中，二级成员企业的组织形态必须低于集团企业的组织形态，三级成员企业的组织形态必须低于二级成员企业的组织形态，这才是最佳组合。在这种组合中，无论采取什么样的管控风格都能实现成员单位创造的价值逐步流向集团层。稍次之的组合是二级成员企业与集团企业的组织形态形式相同，三级成员企业与二级成员企业的组织形态形式相同，但这种组织无法彻底解决集团企业与成员单位之间的价值冲突。总之，成员单位的组织形态不应该比集团企业的组织形态更高级。

这一法则可以在众多的案例中得到印证。

## 二、运营管控风格的成功之道

中国一些企业集团管控出现问题的主要原因在于违背了这一法

则，而运营管控风格之所以成功，也是因为遵循了这一法则。

在工业 2.0 时代，产业集群是市场发展的典型特征，客户需求还比较集中，集团企业为市场提供标准化、规模化的产品，各成员单位完全服从集团企业的发展需要，其定位是完成集团企业内部的某项具体功能，例如生产、销售、物流等，还有一些成员单位是集团产业的原材料供应商。

这时的集团企业通常都是精英价值形态，也是当时最高级的组织形态，成员单位要么采取股东价值形态，要么采取精英价值形态，这种组合符合黄金法则，因此推动了传统集团企业迅速发展。精英价值形态是垂直管理模式，天然强调对功能单元的控制，当精英价值形态管控股东价值形态时，能够有效解决成员单位的资金、市场问题，因此成员单位能够有效提高生产、销售等功能；当精英价值形态管控精英价值形态时，集团可以全方位指导成员单位的发展，虽然会出现一些问题，但由于成员单位的定位较为单一，“母子矛盾”和“子子矛盾”冲突并不严重，这就是运营管控风格在中国的实践比较成功的道理。

然而，这几年来市场发生了很大的变化，标准化、规模化的产品严重过剩，集团企业面临前所未有的压力，期望成员单位能够承担战略发展的重任。这些任务对集团而言，无一不是创新实践，这时成员单位的战略定位就必然要发生根本改变，集团企业和成员单位原本相安无事，一旦定位改变，问题就此出现，并逐渐激化。

这样的案例并不少见。最近几年，很多集团企业把战略转型的重任寄托在成员单位身上，希望能够实现战略突围，为了满足市场频繁变化，对成员企业提出了较高的要求。在集团层面按兵不动的情况下，只要成员企业面向市场进行变革，就会与集团总部产生价值冲突——这是集团企业分工与协作式的基本特征所导致的，对成员单位的发展立刻形成阻碍作用，集团企业采取的所有战略举措都将以失败而告终。此时，成员单位只有两种选择，要么放弃变革，回到原来的状态，要么脱离集团，成为一个独立的企业，总之，集团战略突围的设想化作了泡影。

问题的根源在于当集团企业采取精英价值形态时，无论成员单位如何变化，都不会改变它在这个集团系统中的定位。如果非要让某个成员单位改变原有的定位，这个成员单位就会在外部市场的推动下开始进化，呈现出高于集团企业的形态特征，反过来要求改变原来的母子关系。在这种局面下，成员单位越强大，集团企业就会越被动，甚至出现成员单位变成母公司的结局，这在中国企业中并不少见。这就是违背黄金法则的结果，因为只有高级组织形态才能管控低级组织形态。

## 三、转型企业黄金法则应用

前面提到过，集团管控“三分法”出现在20世纪90年代，这时西方企业开始进入转型期，从精英价值形态向客户价值形态演变，高级组织形态的雏形已经出现。在一个大型企业集团中，高级组织形态和低级组织形态形成了多种组合，例如客户价值形态与精英价值形态并存、客户价值形态与股东价值形态并存、精英价值形态与股东价值形态并存等，于是就会形成三种管控风格，也为迈克尔·古尔德等人提供了大量的研究素材。

如今中国企业也走到了这一阶段，由于市场变化加快，多数集团企业在变革中必须实施战略管控以激活各类业务单元的活力、满足市场要求。依据黄金法则可知，集团企业主体形态向客户价值形态演变，二级成员单位逐渐转为精英价值形态，再在精英价值形态的二级成员企业内部塑造股东价值形态的三级成员企业。此时，二级成员单位都是经过集成后的业务单元，完全可以重新定位，承担某项战略任务，只有这样的企业形态组合，才能顺利实现战略管控，同时实现集团企业价值的最大化。

从管理模式上看，无论哪种管控风格，只有高级的管理模式才能管控低级的管理模式。在转型过程中，中国企业在集团层面还无法采取客户价值形态的管理模式，只能采取过渡阶段的“三引擎模型”，用“三引擎模型”管控传统企业的“三支柱模型”，就能实现战略管控。

集团企业进入工业 3.0 时代后，通常会逐步发展为一种生态型组织。这时，生态企业就可以实施财务管控，在集团层面采取新“三支柱模型”，二级成员单位可以采取“三引擎模型”，三级成员单位可以采取传统企业的“三支柱模型”。只有财务管控风格，才能让各成员单位成为活跃的“物种”：集团企业扮演生态系统角色，二级成员单位扮演各式各样的功能物种角色，三级成员企业或团队扮演更小物种的角色，我们将在下一章进一步介绍其他相关内容。

## 四、集团管控的演变规律

仔细研究不难发现，迈克尔·古尔德提出的三种集团管控风格其实还隐藏着一个秘密，运营管控型、战略管控型、财务管控型符合企业形态进化规律，三者之间也呈现出了一种变化规律。运营管控型体现了精英价值形态的管控风格，财务管控型体现了客户价值形态的管控风格，而战略管控型恰恰是转型阶段的管控风格，这就是集团管控的演变规律，如图 9-3 所示。

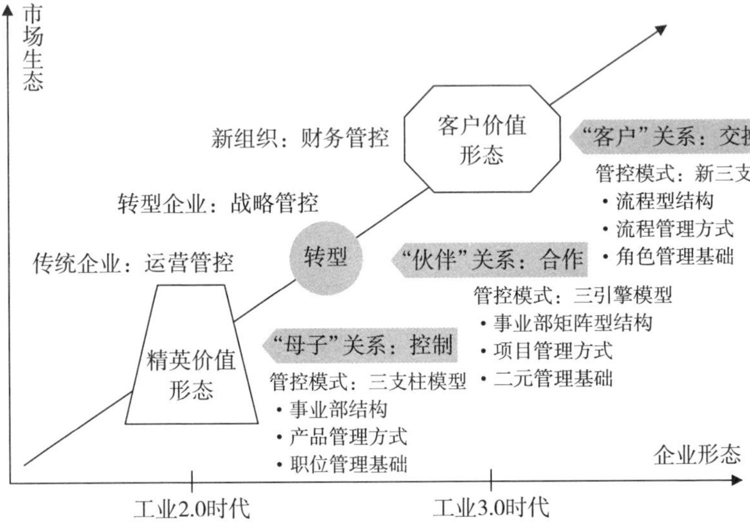


图 9-3　集团管控的演变规律

当企业进化到精英价值形态时，必然会采取运营管控型，进化到转型阶段时，必然会采取战略管控型，而进化到客户价值形态时，必然采取财务管控型。20 世纪 90 年代，一些企业发展成为控股集团公司，这时，二级成员单位也是集团企业，因此在这种控股集团中就会同时存在三种集团管控风格，迈克尔·古尔德的研究对象很多都是这类超大型集团企业，所以才能发现三种风格。中国企业在“拿来”后，显然没有去考虑这一研究过程，改良后就变成了现在的三种管控模式。

在集团管控演变规律中，集团与成员单位之间的关系一直发生着相应的变化：运营管控风格体现“母子”关系；战略管控风格体现“伙伴”关系；财务管控风格体现“客户”关系。进入转型阶段，即采取战略管控风格时，“管控”的色彩就会弱化，中国非传统企业都很少强调“管控”，BP 角色的出现也说明了这点。到了客户价值形态时，自然要呈现“客户”关系，“管控”的色彩将进一步弱化。在中国企业中，笔者认为战略管控风格体现得最明显的是华为，而那些天天喊着战略管控的集团企业反而都是运营管控，这时也就清楚了为何在传统企业中找不到战略管控、财务管控风格的标杆了，因为即便找到了这样的标杆，标杆企业也已经不再是传统企业了。

从集团企业与成员单位关系的紧密程度来看，“母子”“伙伴”“客户”三种关系呈现出逐渐疏远的趋势，但也让“管控”逐渐回到“管理”的怀抱，集团管控再次成为集团管理，而这才符合组织管理的本意，否则如何对得起法约尔。

前几年，战略管控型开始在中国企业中获得尝试，这其实是一个很明显的信号，它象征着传统企业开始转型。可惜的是，传统管理模式对变革的影响根深蒂固，这些企业没有及时建立与战略管控风格相匹配的管理模式，例如在集团层面构建“三引擎模型”，因此很多战略管控型被打回了运营管控型。今天，在传统企业转型迈向新组织时，需要突破传统思维禁锢，尽快解除内部的“母子”关系、建立“伙伴”关系。

下面让我们从西方企业的集团管理实践中，印证一下这个逻辑。

第四节

# “母子”关系变“伙伴”关系

对于集团企业而言，在传统管理模式下，其与成员单位之间必然形成“母子关系”，这是垂直管理模式下实施分工与协作所导致的；最佳实践是运营管控风格，它使集团总部与成员单位之间的“母子”关系非常清晰，战略管控风格则无法顺利实施。要想实现战略管控效果，集团内部就必须转变为“伙伴”关系，此时集团总部必须转型升级，成员单位需要重新整合，集团企业的结构也需要从事业部型转变为事业部矩阵型，同时调整各项配套机制。

## 一、传统管控定位：“母子”关系

传统集团企业属于精英价值形态，总部与成员单位之间将会形成“母子”关系，支撑“母子”关系的是“三支柱模型”，即职能型结构、职位管理基础与产品管理方式。

集团企业通常采取事业部型结构，由于事业部（子公司）在集团企业中承担着某种特定的功能，如生产、销售、物流等，因此也属于职能型结构的一种形式。在“母子”关系格局下，无论成员单位是否具有法人资格，在经营管理中几乎都没有自主决策权，全面执行集团总部下达的经营计划，为了便于上下沟通，集团通常会在成员单位内设置对接功能，视成员单位规模设置相应的职能部门或岗位，便于执行集团总部对成员单位的管理，如图 9-4 所示。一旦形成“母子”关系，总部与成员单位之间的关系就变得顺理成章，战略管控型就显得不合时宜，太多的实践案例可以说明这一点。

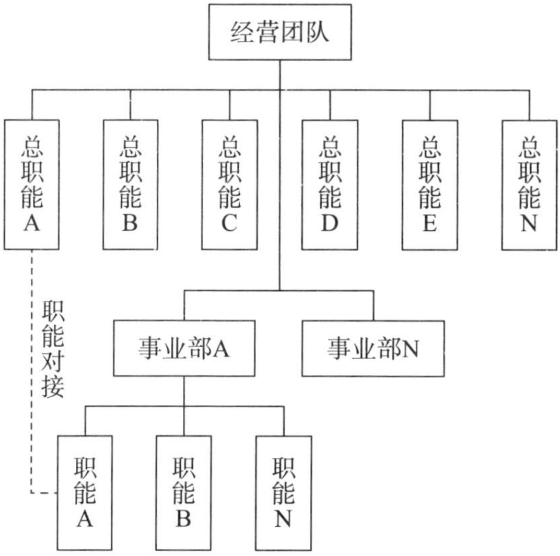


图 9-4 事业部型结构形成“母子”关系

随着市场需求变化越来越明显，事业部必须具备灵活应对市场变化的能力，然而“母子”关系让集团企业的运行系统日益僵化，总部鞭长莫及，成员单位又发展无力，“母子矛盾”“子子矛盾”集中爆发。为了让成员单位具有一定的活力，集团通常会明确一些事权边界，并认为事权边界越清晰，管控效果越好，总部与成员单位之间越可以相安无事。但恰恰相反，“母子矛盾”愈演愈烈，因为市场的频繁变化根本不是事权能够涵盖的：事权越明确，成员单位越容易被掣肘、被限制，凡事都要严格按照规定执行，任何一点改变都需要上报申请，等待集团总部的批复才能行动。这种情况下，何来市场反应速度？即便有些创新的想法，也会被烦琐的汇报流程消磨得干干净净。

如同人一样，“母子”关系只适合作为成员单位在起步阶段时与总部的关系存在，彼时，集团总部需要利用资源优势扶持成员单位，“扶上马送一程”，仅此而已，一旦成员企业打开了市场局面，就必须采取战略管控，否则所有成员单位都将“长不大”“弱不禁风”，很难提升市场竞争能力。

## 二、管控新定位：“伙伴”关系

集团企业在转型时需要突破传统管理思维，重新审视内部功能定位，把“母子”关系变为“伙伴”关系，集团在管理模式上要用“三引擎模型”取代“三支柱模型”。

事业部矩阵型结构兼有垂直管理线条与横向管理线条，可谓独一无二。有了横向管理线条，不仅能够提升企业的运行效率，提高市场活动灵活性，实现企业形态的扁平化，“母子”关系的定位也将逐渐终结。在矩阵型结构中，集团总部与事业部之间，以及事业部与事业部之间将逐渐形成一种平等关系——“伙伴”关系，如图9-5所示。“母子矛盾”“子子矛盾”转化为“伙伴”之间的矛盾，传统企业的“硬伤”将得到缓解。

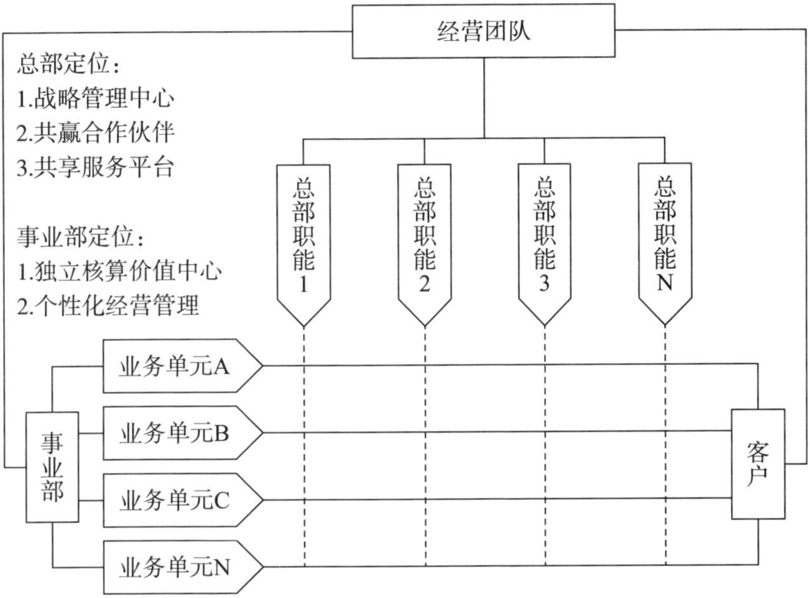


图 9-5 事业部矩阵型结构形成“伙伴”关系

业务单元，即事业部矩阵型结构中的横向管理线条，采取项目管理机制。这是一种个性化且独立的价值创造方式，因为不存在两个完全相同的项目，每个项目都会围绕客户需求进行调整，甚至是创新。横向管理线条的出现打破了集团企业内部分工与协作的方式，把所有业务功能有效地集成在一起，封装成为一个相对独立的系统，让每个事业部都能实现个性化经营。横向管理线条使“母子”关系失去了存在的土壤，逐渐培育出“伙伴”关系。

集团企业还要建立角色管理体系，让责、权、利等管理机制配置在角色上，无论是事业部、子公司，还是个人，都将通过承担的角色，获得与之相匹配的责、权、利。角色管理将原来集团企业内部的“母子矛盾”“子子矛盾”转化为“伙伴”之间的矛盾，而这也是战略管控风格的系统性问题。

此外，还要在转型过程中构建“三引擎模型”，总部与事业部（子公司）都需要进行相应调整。集团总部在定位上主要有三点变化：一是转变为战略管理中心，二是转变为共赢合作伙伴，三是转变为共享服务平台；事业部在定位上主要有两点变化：一是转变为能够独立核算的价值中心，二是要逐渐能够进行个性化的经营管理，同时建立配套管理机制，让“伙伴”关系得以充分体现。

## 三、多业务复杂系统管理

新商业时代到来，市场需求变得分散且多变，作为市场价值创造主体，企业也必然随之改变。工业 2.0 时代的市场特点是以某个核心产业为主的产业集群，集团企业其实是截取了部分产业链，目的是让这段产业链实现价值最大化，这也是传统企业实施集团管控的目标。

当开始向工业 3.0 时代转变时，核心产业链由一个变为多个，产业集群开始向产业群落演变，多个核心产业链之间通常具有一定的相关性。这时，集团企业已无法再截取，而是聚拢某一特定范围内的产业链，目的依然是使这一范围内的产业链群实现价值最大化，前几年流行的“互联网 +”“跨界”之类的关键词不就是在描述这种变化吗？当我们急切地想要看到未来时，反而需要仔细研究过去，因为所有事物的发展都有其发展变化规律，看不懂过去，就看不清未来。

集团正在从单一的核心产业向多业务复杂系统演变，尤其是那些超大型企业，如果以前还能清晰地说出某个企业具体是做什么的，那么未来将越来越难以描述。以前是产业聚焦，未来是产业扩散，所有集团企业都将形成多核心业务发展的态势：企业触角力所能及的领域，都将是企业发展的方向。例如谷歌这类公司，我们只需要知道它是高科技公司就足够了，凭借强大的创新能力，它的业务范围可以扩散到任何领域，而且在这些领域都可以做到出类拔萃。

这种集团企业的状态通常要经历三个阶段："链""平台""生态"；核心产业也将逐渐增多：单一产业是"链"，多产业时就会是"平台""生态"，到了生态阶段反而没有了核心产业，因为太多了，没有必要再区分。集团企业也会变得越来越复杂，前几年，在一些中国大型企业的组织结构变革中出现了"事业部群""BG"（Business Group，业务群），也充分说明了这一点。单一核心产业的集团企业将会被多核心业务所兼并，成为其中一个产业的同时，也变成了其中一个成员单位，兼并重组活动将在集团企业内部频繁进行，集团企业所有的变革都是在适应市场正在发生的变化。

当然，这种扩散并非没有限制，它是基于企业的价值基础的，价值基础回答了"企业依靠什么为社会创造价值"这一基本命题。价值基础越坚实，集团企业的扩散范围越大，反之亦然。价值基础来源于人的创造力，这是一个企业价值创造能力的集中体现。

当集团企业变成多业务复杂系统时，管理系统将会彻底改变。传统的"三支柱模型"应对目前的市场变化就已经感到束手无策，更不用说未来市场的频繁变化。集团企业必须面对"母子"管理时代结束的现实，运营管控风格必然要被战略管控风格取代，"三支柱模型"也要被"三引擎模型"取代。

Chapter 10

# 平台型与生态型组织

新商业时代到来，市场环境发生巨变，这对沉浸在高速发展的喜悦中的中国企业无疑是当头一棒，彻底影响了中国企业发展的轨迹。金字塔形的传统企业受到了重创，于是在接下来的几年里，困惑、焦虑和恐惧弥漫在企业中，转型已经成了企业发展的核心课题。

依据企业形态进化规律可知，未来组织无论怎么称呼，都将具有客户价值形态的特点。工业 2.0 时代，传统企业形态是最佳组织形态，职能型结构是最佳组织结构，到了工业 3.0 时代，客户价值形态是最佳组织形态，流程型结构是最佳组织结构，这样的企业形态运行灵活且富有创造力，团队创新力为企业创造主要价值。由于流程型结构的特点，客户价值形态彻底颠覆了传统的金字塔形的组织形态。

平台型组织与生态型组织的出现并非偶然，而是企业形态进化的必然结果，且两者之间存在必然联系。客户价值形态本身就是一种生态型组织，各类团队就是生态中的不同物种，业务流程就是生态中的食物链，流程型结构就是食物链网，食物链上传递的是不同物种创造的价值，当这些基本元素开始出现在企业中时，企业自然会演变为一个生态系统，集团企业的未来，都是生态型组织。只有生态型组织才能符合未来市场发展的要求。

第一节

# 生态型组织的三个阶段："链""平台""生态"

新商业时代到来，生态型企业发挥了强大优势，在全球市值Top10中，生态型企业已占据超过半壁江山：谷歌、苹果、微软、亚马逊这些都是生态型组织，在这一梯队中，传统企业的数量越来越少。这个现象印证了企业形态发展规律，GE、IBM、惠普、宝洁等著名企业是工业2.0时代的霸主，而生态型企业则是工业3.0时代的霸主，未来将是生态型组织的天下，客户价值形态是最佳组织形态，而流程型结构也将成为最佳组织结构。

如何才能进化为一个生态型组织？通过对西方生态型企业进行研究可以发现，要想形成一个生态，必然要经历三个阶段："链""平台""生态"。不同的阶段有不同的使命，这个过程也体现了企业从精英价值形态进化成为客户价值形态的过程，如图10-1所示。

经过这种演变过程的生态才具有强大的生命力。今天有些中国企业喜欢把自己称为生态型企业，但其实它们根本不具备构建"生态"的条件，很多都是一厢情愿，只是出于对"生态"这个新概念的向往而已。前面介绍过，矩阵型结构在中国企业中有“真”有“伪”，自然，平台型组织、生态型组织也有“真”有“伪”，初期“李鬼”较多，须知并非画个“中台”出来，就可以称自己是“平台”；在中国，最早自称生态型组织的企业已经烟消云散。成熟状态的生态型组织最终是一种自管理系统，显然在相当长的一段时间内，中国还不会出现这种系统。中国企业依然需要从传统企业阶段起步，逐步朝这个方向迈进。

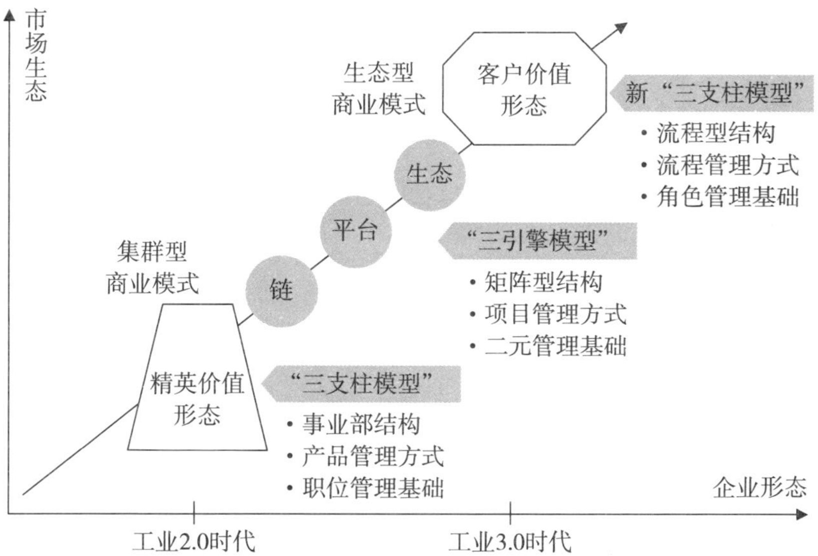


图 10-1　迈向生态型组织的三个阶段

## 一、第一阶段：“链”

生态型组织必须经过流程再造。流程再造后的企业内部形成的一定是“链”，对于集团企业而言，应该是“链群”，这是企业迈向生态型组织的第一阶段。

什么是“链”？“链”就是一个相对完整的业务流程，即企业为满足客户需求进行的价值创造活动。传统企业中也有“链”，只不过这条“链”被不同的分工割裂了，每个环节都存在垂直管理，因此在满足客户需求的过程中，就会出现“各自为政”与“推诿扯皮”的现象。传统企业转型首先是要把“链”集成在一起，让它不可分割，成为一个完整的“链”。

前面介绍过，在传统企业转型的过程中，必须通过矩阵型结构，实现对业务系统的重新整合，整合后的业务单元就是“链”。在业务线条上，矩阵型结构消灭了分工与协作，取而代之的是系统化与集成化的项目管理，此时，组织形态开始扁平化，而且能够通过增减业务流程及时对市场变化作出反应，提高了企业在转型阶段的灵活性；“部门”与“职位”开始消失，没有了“部门墙”与“职位墙”，出现了众多团队，在业务流程上扮演不同的角色。这个过程相当于新物种的形成，业务流程把这些团队有机集成在一起，形成了“食物链”。

在“链”的阶段，转型企业需要完成两项重要工作内容，见表10-1：一是企业需要扮演“上帝”的角色，在传统企业内部进行改造，使企业内部形成各类“物种”。“物种”就是企业内部可以相对独立运作的价值单元，在单体公司内部通常表现为各类型的团队，在集团企业内部通常表现为各类型的事业部或子公司。二是通过业务线条的重新整合，形成相对完整的“食物链”，每条“食物链”都能够独立运行。这是同时进行的两个过程，显然在职能型结构中根本无法实现，只能借助矩阵型结构实现，而且通常是产品矩阵型结构或产品事业部矩阵型结构：这毕竟是转型阶段的初期，也是矩阵型结构的第一部曲。

**表 10–1 生态型组织的三个阶段**

| | 第一阶段 | 第二阶段 | 第三阶段 |
|---|---|---|---|
| 发展过程 | “链”（“链群”） | “平台” | “生态” |
| 实现功能 | 1. 改造成“物种”<br>2. 形成“食物链” | 1. 价值交换规则<br>2. 内部市场建设 | 1. 加快“新陈代谢”<br>2. 维护价值基础 |
| 结构形式 | 矩阵型结构 | 矩阵型结构 | 流程型结构 |

无论是管理模式，还是商业模式，在第一阶段中都必然会形成“链”，否则就无法与频繁变化的市场相对接，这对金字塔形的传统企业而言是一个巨大的挑战，也是我们判断一个组织是不是矩阵型结构的重要依据。

当一个企业的业务形式多元时，“链”就会变成“链群”，“链群”的出现说明企业开始向“平台”演变，因为平台是由“链群”构成的。

## 二、第二阶段：“平台”

众多的“链群”会形成“平台”，这是企业迈向生态型组织的第二个阶段。

“平台”是由“链群”构成的，而中国很多企业竭尽全力实施的平台化战略却往往忽视了这一点。任何一个平台都不是杂乱无章的，而是一条条相对独立的“链”的有序、高效的运行。“链”与“链”相互交错，又会衍生出新的“链”，让“平台”得以迅速扩张。

"链"之间的价值交换越频繁，企业的构成越复杂，"平台"越稳、竞争力越强。

在"平台"阶段，转型企业需要完成两项重要工作，见表10-1：一是必须在"链"与"链"之间、"链群"与"链群"之间建立价值交换原则，否则"平台"规模越大，就越容易陷入无序运行，因为价值交换原则通常以内部转移定价的形式出现，没有价值交换原则，就无法衡量"链"或"链群"创造的价值、传递的价值以及交换的价值；二是尽快形成内部市场，让所有的价值交换活动遵守市场法则，这不仅有利于内部形成良性竞争，也容易进行优胜劣汰，提高所有"食物链"价值创造活动的效率。没有内部市场以及交换原则，企业就无法驾驭"平台"，中国一些企业认为业务类型多样化后，就成了"平台"，但这样的"平台"只能说是个"大拼盘"，根本不具备"平台"的特点，一旦市场风险凝聚，这种"平台"就会土崩瓦解。

处在"平台"阶段的企业，采取的依然是矩阵型结构。由于平台上业务的多样化日益明显，且推陈出新的速度加快，这时候通常是混合矩阵型结构、客户矩阵型结构或者是混合事业部矩阵型结构、客户事业部矩阵型结构，视企业规模而定。前面反复提及，矩阵型结构是处理多业务复杂系统的最低配置，因此在"平台"阶段，必然要通过矩阵型结构把"平台"搭建起来，原有的业务系统逐渐成为"平台"的主体部分，原有的职能系统则逐渐成为"平台"的功能性部分，两者共同组建成一个"平台"。与传统企业相比，业务系统与职能系统将逐渐实现无缝对接，越来越难以区分。

中国只有极少数企业迈进了这个阶段，其形态特征已经与传统企业大相径庭。无论是管理模式，还是商业模式，在第二阶段中都将以一种“平台”的形式出现，只有平台型的管理模式才能驾驭平台型的商业模式。

## 三、第三阶段：“生态”

一旦“平台”具备了新陈代谢的功能，就会成为“生态”，这是企业迈向生态型组织的第三个阶段。

一个“生态”系统应具备三大特征：高度灵活、新陈代谢、自我更新。与“平台”相比，“生态”自我繁殖、自我发展、自我修复的特征更加突出。“平台”阶段的主要使命是构建内部市场以及设计交换规则，当进入“生态”阶段时，企业的内部市场逐渐成熟、价值交换日益频繁。内部市场与外部市场的竞争活动让“生态”的新陈代谢速度加快、业务内容更加复杂，促使“生态”系统越来越繁荣。这时，企业形态从封闭型迈向了开放型，企业边界将会变得模糊，产业链上的客户可以很容易地进入企业生态系统中，成为“生态”系统中的一个“物种”；同样，企业内部的“物种”也很容易走出“生态”系统。这时，开放性以及价值创造能力将使生态型组织与外部市场同频变化。

在“生态”阶段，转型企业需要完成两项重要工作，见表10-1：一是要形成新陈代谢，新陈代谢是一种自管理行为，当内部市场进入成熟期后，“食物链”将通过内部市场规则对所有“物种”发挥“物竞天择”的作用，除了战略管理功能由董事会承载以外，企业的其他功能都将融入“生态”系统中，扮演某类特定“物种”的角色，“生态”系统越繁荣，新陈代谢的速度越快；二是维护价值基础，价值基础即企业的价值创造能力，这是一个“生态”系统不断发展的动力，所有“物种”都会直接或间接地与价值基础产生联系，价值基础对应了某类市场需求，当市场发生变化时，价值基础必须能够及时改变。维护价值基础需要强大的创新能力，这也让创新力成为“生态”系统存在的源泉，没有了创新力，“生态”系统就会很快凋零。

处在“生态”阶段的企业要采取流程型结构，而不再是矩阵型结构，流程管理将覆盖整个企业。显然，中国目前还没有成熟的生态型组织，但今天所有实施平台化战略的企业最终都将迈向生态型组织。

无论是管理模式，还是商业模式，在第三阶段中都将以一种“生态”的形式出现，只有生态型的管理模式才能驾驭生态型的商业模式。

传统企业通过流程再造形成“链”，“链”交叉、繁衍产生“平台”，“平台”在形成“新陈代谢”功能后就会形成“生态”，从“链”到“平台”，再从“平台”到“生态”，历经三个阶段后，传统企业将会演变为一种生态型组织。如何才能完成这三个阶段？需要通过“三引擎模型”、矩阵型结构、二元管理基础以及项目管理机制，“三引擎模型”贯穿全程，最终使传统企业从精英价值形态进化为客户价值形态。

第二节

# 平台型组织结构特征与运行逻辑

平台型组织是企业迈向生态型组织的第二个阶段。企业在第一个阶段完成了新“物种”的改造并在企业内部形成了“食物链”，在第二个阶段，“有形之手”将发挥重要作用，企业必须利用“有形之手”完成内部市场的构建以及价值交换原则的设计，这将为第三个阶段打下坚实的基础。不经历“平台”阶段，自然无法进入“生态”阶段。

“平台”二字对中国企业并不陌生，很多企业都喜欢自称平台型企业，并设计了一些管理机制，例如股权激励，认为这就让人才有了发挥价值的舞台。显然，这是在用传统思维解读平台型组织。

有“平台”就应该有“合伙人”，两者本身是一对管理理念，没有平台，要合伙人做什么？而采取合伙人制度的企业都应该是平台型组织。转型企业发展到“平台”阶段，有特定功能要实现，否则所谓的“平台”就只不过是一个“大拼盘”而已。

## 一、平台型组织的特征

“平台”和“生态”有何区别，这是很多读者比较感兴趣的地方，也是很多企业比较困惑的地方，甚至经常把两者弄混。

“平台”需要“有形之手”的推动才能正常运行，而“生态”则是“无形之手”推动运行的。“有形之手”需要企业主导运行机制的设计，而“无形之手”则是由“物种”与“食物链”自发形成的。在“链”的阶段，这些运行机制其实就已经存在了，只不过企业的价值创造活动并不频繁，运行机制的作用还没有充分发挥出来。一旦到了“平台”阶段，业务活动将逐渐活跃起来，频繁的价值创造活动将必须依赖内部市场规则以及价值交换原则，否则“平台”系统就无法运行起来。

要发挥“有形之手”的作用，平台型企业就必须采取矩阵型结构。矩阵型结构具有明显的中心功能，虽然比职能型结构弱了很多，但至少还存在。中心功能就是用来制定“平台”的各种运行机制的，最重要的是制定价值交换原则与构建内部市场，并在企业内部强制推行这些管理机制，所有“物种”与“食物链”必须遵守。当然，这些制度的设计并非“拍脑袋”决定的，而是经过精心设计的，平台的运行机制设计是一个系统工程，“有形之手”的作用就体现在这里。在“平台”阶段，企业还不具备自我运行的能力，因此企业这时候需要继续扮演“上帝”的角色，把各类“物种”纳入到平台运行系统中，让各类“物种”能够在“平台”上有序开展价值创造活动，为顺利进入“生态”阶段奠定基础。

在“链”的阶段，企业通常采取产品矩阵型结构或产品事业部矩阵型结构，而在“平台”阶段，企业则开始采取混合矩阵型结构或混合事业部矩阵型结构，主要原因在于平台型企业能够聚焦某类特定客户。由于创新能力在“链”的阶段得到了极大提升，产品线逐渐丰富，以客户类型或特征划分的业务单元出现在企业中，这时，企业已经有能力满足这些特定的客户需求，因此矩阵型结构也将演变到第二部曲。

中国一些所谓的“平台”企业发展到一定阶段后会陷入“瓶颈”，原因就在于没有在“链”的阶段培育创新能力，即便此时市场需求旺盛，但企业已无法满足目标客户需求，平台上的“物种”和“食物链”发展停滞，这种“平台”将会一直停留在这个状态，直到被其他更具创造力的“平台”所取代。

## 二、平台型组织的运行逻辑

有了“物种”，有了“食物链”，作为“上帝”，接下来企业必须让它们创造价值，而且要创造比传统企业更多的价值。因此进入工业 3.0 时代后，开始出现了市值超过万亿的企业，这在工业 2.0 时代根本无法想象，当企业进入到“生态”阶段，创造的价值更是难以估量。

要创造价值就必须有市场和规则，这就是企业进入到“平台”阶段后的主要工作。通过内部市场让所有的“物种”和“食物链”有序运行，一个业务流程就是一个“食物链”，业务流程上传递的价值就是“食物链”上流动的能量。要衡量“物种”创造了多少价值，就必须设计交换原则，以便看清价值是如何在“食物链”上流转的，最后通过满足客户需求，把价值呈现出来。

无论何种“物种”，在“平台”阶段都是价值中心，价值中心意味着每个“物种”都有存在的必要性，没有价值或价值不清晰的“物种”都将被“平台”逐步排除在外，而通过竞争留下来的都将对“平台”的发展具有推动作用。价值交换原则就是为了让所有“物种”都能清晰地体现价值，这是企业迈向“生态”的必然要求。

价值交换主要体现在两个方面：一是在同一个“食物链”上，前一个“物种”创造的价值转移到下一个“物种”时，必然会产生价值增值，以此类推，这时，就必须清晰地衡量出每个“物种”在“食物链”上创造了多少价值，以便将责、权、利进行合理配置，让整条“食物链”高效运行；二是不同“食物链”会进行交叉，产生新的“食物链”，只要出现交叉，就需要分清不同“食物链”创造了多少价值。价值交换原则的核心是成本核算，“食物链”一共创造了多少价值有市场参照，而成本归集则需要平台企业根据需要进行设计。构建内部市场、设计价值交换原则的本质是构建“适者生存、优胜劣汰”的生态法则，目的是使“平台”规模不断扩大，并在筛选适合“平台”的“物种”和有效“食物链”的同时提高它们的活跃度，任何偏离内部市场规则、违背价值创造原则的行为都会被“平台”淘汰。

在“链”的阶段，业务系统实现了角色化，而进入“平台”阶段，职能系统也将实现角色化，职能部门将逐渐消失，但功能将会留下，由不同类型的团队承载，前台、中台、后台的出现也是逐渐平台化的结果。随着“平台”不断发展，平台建设需要的各类功能将会越来越多，届时，“前台、中台、后台”也将很难进行区分，都将成为“平台”上的“物种”。

## 三、“平台”与合伙人机制

传统企业在新商业时代越来越僵化，而平台化战略与平台型组织的出现，让人们眼前一亮，于是把众多的变革诉求诉诸平台型组织。但如果这个“平台”依然承载着传统企业的管理模式，又有什么意义？无非是换了身“行头”而已，而这恰恰正发生在中国企业转型的过程中，即用“平台”掩盖了传统管理模式特征，但这改变不了企业现状。

没有合伙人，为何要构建“平台”？这是显而易见的问题。平台型组织需要合伙人，“物种”和“食物链”的负责人就是各类合伙人。一个“平台”的活跃程度需要由众多的合伙人来体现，平台的繁荣程度也取决于合伙人的业务多元化程度，合伙人越活跃，平台越繁荣、平台价值越大。平台型企业必须保障从合伙人的进入和退出平台，到价值创造、价值衡量和价值分配，都能有明确的管理机制支撑。

没有“平台”，为何要设计合伙人机制？这也是显而易见的问题。每个合伙人都具有相当大的独立性，之所以选择与一个组织“合伙”，只能说明这个系统能够让个人价值发挥得更好，因此两者之间存在平等的价值关系。一个合伙人也许说明不了什么，合伙人多了，“平台”才会有意义，只有“平台”才能承载“合伙”的含义。

合伙人需要一个“平台”，而“平台”则让合伙人的价值充分放大，两者相辅相成：合伙人团队规模在一定程度上能够说明“平台”的价值，在这个“平台”上，合伙人之间是相互补充、相互促进的关系，而不是相互依赖的关系，任何一个合伙人过于强大，都会违背“平台”百花齐放的本意。因此，从平台设计到运行规则，从功能配置到价值实现，都需要为每个合伙人创造良好的环境。

构建平台型组织管理模式就是在构建合伙人机制，无论是在平台化战略中，还是在合伙人机制设计中，两者都是无法分割的。如果说以前我们把两者进行区分的话，那只能说明我们并没有充分理解这两者背后的逻辑。在传统企业中，海尔就能说明这点：平台化战略下的海尔与创客（小微、自主经营体）之间，本身就是平台与合伙人的关系；在互联网公司中，阿里巴巴也能说明这点：淘宝与电商之间，也构成了平台与合伙人的关系。无论是商业模式还是管理模式都是这种关系，这些都充分说明，平台型组织与合伙人背后的逻辑完全一致，而不必纠结于是否一定要出现“平台”与“合伙人”的字眼。

后工业时代的典型特征是个体的独立性越来越明显，组织与个体之间的关系也将会彻底发生改变。越是由人创造价值的企业，越需要平台与合伙人，这意味着平台型组织与合伙人机制，将成为新组织建设过程中的一种普遍形式。

第三节

# 生态型组织结构特征与运行逻辑

任何生态型企业都是基于人类的某种需求动机而存在的，可以是健康动机、安全动机、社交动机等。最先出现的生态型组织是基于人类的缺失需求的，这类需求相对具体且清晰，后期出现的生态型组织将是基于人类的生长需求的，这类需求相对抽象且模糊，符合工业时代人类整体需求动机的特点，即高层次的缺失需求到低层次的生长需求，见本书第一章。事实上，基于缺失需求的平台型企业已经存在，还没有演变到生态阶段，这仅仅是开始，未来就会有很多。生态型企业的出现就是为了更有效地进行价值创造，在更大程度上满足这个范围内的人类需求。

传统企业转型进入第三个阶段才是“生态”，在“链”的阶段出现新“物种”“食物链”，在“平台”阶段形成内部市场机制、价值交换原则，而在“生态”阶段则具备了新陈代谢、自我更新的能力。在平台型企业中，“有形之手”发挥了重要作用，而在生态型企业中，“无形之手”则将发挥重要作用。

生态型组织在成熟的内部市场、价值交换原则的基础上，能够依据客户需求自发地运行，因此，生态型组织将采取流程型组织结构，中心功能完全角色化，融入到生态系统中成为某类必要"物种"。目前，西方已经开始出现生态型组织，尤其集中在一些竞争激烈、风险较高的领域——生态型组织恰恰与这种环境相匹配。但在中国还没有出现这种企业，也是因为市场还没有发展到这个阶段，但是从趋势上看，这是迟早的事，生态型企业将会是未来的主流，如金字塔形的企业成为工业 2.0 时代主流形式的道理一样。

## 一、生态型组织的特点

如果说"平台"阶段还有明显的中心功能的话，到了"生态"阶段，中心功能将彻底消失，只有"物种"和"食物链"。"物种"，是各类型的功能单位，大的可以是集团公司，小的可以是个人，所有的"物种"都将是一种价值中心，这是存在于生态系统的必要条件。"食物链"是物种创造的价值的传递与交换的通道，也是我们常说的各类型、各层级业务流程。

生态型组织必然采取流程型结构，而且覆盖整个"生态"系统，实施集成化、系统化的流程管理，这也是"食物链"的基本管理方式。企业在"平台"阶段构建的内部市场在"生态"阶段变得成熟，让所有"食物链"自发依据市场规则完成价值创造活动，"物种"之间、"食物链"之间开始为客户需求进行有序竞争，"物种"与"食物链"都将遵循"适者生存"的法则，此时的生态型企业具备了"新陈代谢"的能力。这是一个生态型组织的基本特征。

流程型组织结构与流程管理，让“物种”和“食物链”在“生态”系统中纵横交错，但错落有致。“物种”创造的劳动成果在“食物链”上被频繁传递、交换，“物种”的价值得到充分体现。当市场频繁变化时，“食物链”能够依据市场变化及时调整，对企业的冲击将沿着“食物链”进入到“生态”系统中被消化，或经由“食物链”从“生态”系统中转移到外部市场。所有的生态型组织都具有高度灵活、新陈代谢、自我更新的能力。这些都是工业 3.0 时代，市场发展对企业提出的必然要求，也是笔者反复强调客户价值形态是工业 3.0 时代的最佳组织形态的原因。

到了“生态”阶段，“生态”系统内外部的价值交换将会越来越频繁，企业将从封闭形态转变为开放形态——任何一个“生态”系统都是开放形态：企业与客户的边界、“生态”系统与市场环境的边界将变得模糊，客户很容易沿着“食物链”进入“生态”系统，同样，“物种”也很容易沿着“食物链”走出“生态”系统。只有这种开放性才能让企业更好地满足客户需求，把客户价值放在第一位，同样，这种开放性也让企业的价值创造力获得突飞猛进的增长，创新能力得到充分体现。

显然，中国企业距离“生态”阶段还有一段较长的路要走，但是在一些市场竞争充分、风险聚集明显的领域会率先出现这类企业的雏形，因为生态型企业天然与这种环境相匹配，这也是笔者从不提倡中国企业采取前沿管理理念的原因：任何一个企业都是市场生态的“物种”，必须遵守市场生态法则，“物种”并不是越高级、越先进越好，而是与市场生态越匹配越好，这时，企业价值才能最大化。过于超前的企业变革对企业有害无益，甚至死亡率更高。

## 二、生态型组织的运行逻辑

由于流程管理是以客户为导向的，因此所有“物种”都有清晰的角色定位，所有“食物链”都有明确的价值创造目标，它根本不需要“有形之手”过多地干涉，依靠“无形之手”完全可以高效运行。到了“生态”阶段，企业的自管理特征就非常明显了，无论物种类型多么繁多，“食物链”的构成多么复杂，流程型结构都能轻松应对，甚至还可以说“物种”类型越多、“食物链”构成越复杂、“生态”系统越繁荣，抵抗市场风险的能力越强、满足市场需求的能力越强。我们通常把这样的“生态”称为“富生态”，相反，“物种”类型较少、“食物链”构成简单的，则被称为“贫生态”，这类“生态”系统抵抗市场风险的能力较弱、满足市场需求的能力也有限。当然，所有的“富生态”都是由“贫生态”发展而来的。

加快新陈代谢和维护价值基础，是进入“生态”阶段的企业必须做的工作。要想维持繁荣的“生态”系统，就必须不断引进新“物种”，替代原有“物种”。与传统企业不同的是，并不是要等到原有“物种”完全没有价值创造能力时才会被放弃，而是只要原有“物种”的价值创造能力降低，就会被新“物种”取代，这样做的目的是使企业的“新陈代谢”始终保持与市场变化同频，所有“物种”都必须扮演好“生态”系统赋予的角色，而这一过程将通过成熟的市场规则实现。“开放”与“竞争”让“生态”系统的“新陈代谢”加快，并促使“生态”系统更加繁荣。

任何一个“生态”系统都需要有价值基础，要么具有某种独特的价值创造能力，使所有“物种”都需要依靠它才能产生价值，这样的生态被称为价值型生态；要么能够为物种提供不可缺少的服务，让所有“物种”在“生态”系统中都能更容易地创造价值，这样的生态被称为效率型生态。总之，“生态”系统通过价值基础维系“生态”与“物种”之间相辅相成的关系，维护价值基础就是维持“生态”系统赖以生存发展的根基。这需要强大的创新能力，因为进入新商业时代后，人类的需求动机始终处于变化中，价值基础必须能够及时对这种变化作出反应，否则“生态”系统将会立刻停止运转，开放性随之消失，“生态”于是慢慢枯萎，或被其他“生态”取代。

“生态”系统的“新陈代谢”功能发挥了“物竞天择”的作用，“物种”的创新能力决定了它是否能够“适者生存”。这样的“生态”系统会进入一种良性循环状态，此时无论市场如何变化，企业都能作出适当反应。生态型企业开始与外部市场融合，企业不必再由于市场变化而被迫进行战略调整，在发达经济体中已经出现这样的企业。只有强大的创新能力才会允许这样的从容，也只有这样的企业才具有强大的生命力。

## 三、商业模式的演变规律

从组织形态管理的视角来看，市场、组织、人，三位一体，管理模式解决组织与其个体之间的价值关系，而商业模式解决组织与外部市场之间的价值关系。管理模式是实现管理活动价值最大化的一种稳定的程式，而商业模式则是实现商业活动价值最大化的一种稳定的程式。实现组织价值最大化是管理模式以及商业模式的共同目标，因此，设计管理模式和商业模式的本质都是在追求企业价值最大化。本书绝大部分内容介绍的都是管理模式，但其实商业模式也不复杂，由于在工业时代只有四种最佳组织形态，所以也会有四种最佳商业模式。

四种最佳商业模式之间也存在规律性变化，这种变化被称为商业模式演变规律。这四种最佳商业模式分别是：垄断型、集群型、生态型、价值型，它们分别对应了四种企业形态，也是从低级向高级演变、从简单向复杂演变，越高级越复杂，创造的价值越大，如图 10-2 所示。

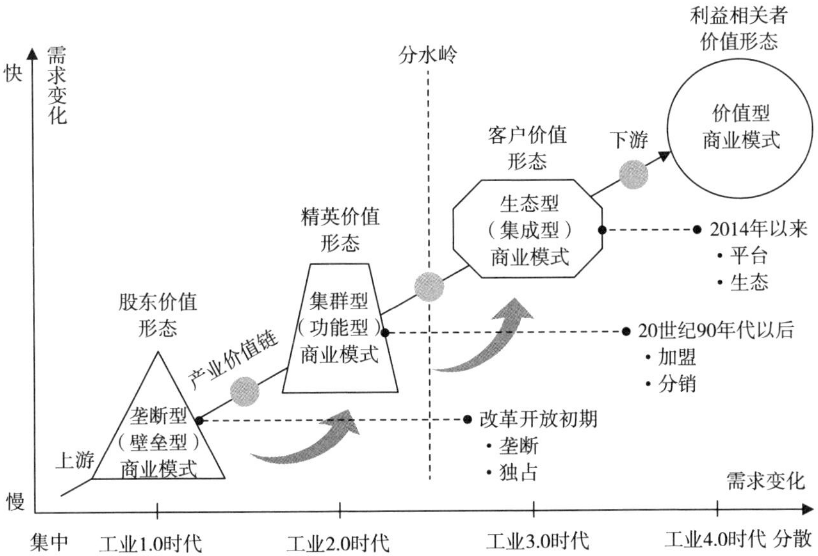


图 10-2　商业模式的演变规律

垄断型是股东价值形态采取的商业模式，也被称为壁垒型商业模式，它有两种表现形式：垄断与独占。当市场需求高度集中且聚焦时，只要能够设置一定的壁垒，使企业成为客户需求的唯一选择，即可实现价值最大化。因此垄断型商业模式最大的特点就是尽快占领市场，想方设法设置进入壁垒，尽可能把竞争对手屏蔽在外，实现价值独占。同样，一旦壁垒形成，市场需求总量即被限定，垄断型商业模式因而受制于需求总量，一旦需求动机被满足，这种企业的发展就会停滞。

集群型是精英价值形态采取的商业模式，也被称为功能型商业模式，它主要有两种表现形式：加盟与分销。人们常说的传统商业模式多指这种类型。当市场需求较为集中且具体时，只要个别企业能够做到技术领先，并在产品功能与质量上始终保持一定优势，即可迅速成为行业寡头，通过复制与标准化经营，不断扩展企业规模并放大产品功能。分销、加盟都是集群型商业模式的典型特点，谁的产品在功能上有明显优势，谁就可以率先拥有市场份额、提高市场竞争力。因此，集群型商业模式的最大特点是抢占市场先机，力争做大做强，但这种特点也导致集群型商业模式在市场需求饱和的状态下，容易出现产能过剩。

生态型是客户价值形态采取的商业模式，也被称为集成型商业模式，主要有两种表现形式：平台与生态。当市场需求相对分散且多变时，客户变得“喜新厌旧”与“见异思迁”，为了满足客户需求的这种特征，企业必须立足于某类客户价值需求，既能不断推陈出新，还能为客户提供集成式的价值创造服务。要实现这一目标，只能建立一种生态系统，衍生出“新陈代谢、自我更新”的功能，并通过生态系统中的各类“食物链”覆盖目标客户，捕捉具体需求。“食物链”的构成越复杂，生态的价值创造能力越强，越容易满足客户需求。生态型商业模式需要企业有较强的创新能力，一旦创新停滞，客户就会立刻离散。

价值型商业模式是利益相关者价值形态采取的商业模式，由于距离今天尚远，不作介绍。

从商业模式演变规律中可以发现，四种商业模式对应四种市场需求特征，当需求特征发生改变时，商业模式必然要进行相应改变，否则必然会被市场淘汰。今天，如果说传统商业模式已死，其实是指集群型商业模式已无法再让企业实现价值最大化，必须迈向生态型商业模式。在工业 2.0 时代，所有企业要么加盟（分销）商业伙伴的经营系统，要么商业伙伴加盟（分销）企业的经营系统，别无选择；同样，在工业 3.0 时代，要么成为商业伙伴“生态”系统中的一个“物种”，要么让商业伙伴成为自己“生态”系统中的一个“物种”，也别无选择，这就是最佳商业模式的含义。

进入新商业时代，一个生态型企业的内部并非仅有一种商业模式。如同集团管理黄金法则一样，只有高级商业模式才能兼容低级商业模式，对于任何一个企业而言，管理模式与商业模式的变化其实都是同步的，因此管理模式和商业模式既是同步建立的，也是同步崩溃的，如果说传统企业商业模式已死，那说明它对应的管理模式也已经失效。同样，新组织的管理模式正在建立之中，说明商业模式也正在建立之中，而且都是按照“三引擎模型”的逻辑进行的，感兴趣的读者可以仔细观察一下，本书不再进一步介绍。

第四节

# “自管理组织”乃大势所趋

今天，如果把中外优秀企业进行对比的话，最大的区别是什么？

研究这个问题的目的是发现差距，推动中国企业变革。西方学者来到中国进行演讲与交流，最大的问题并不是语言障碍，而是不了解中国企业。相同的管理理念在不同的企业形态中，会有不同效果，这就是为什么中国企业学了这么多西方管理学理念，真正发挥作用的却没多少，还是传统管理思维起了决定性作用。

其实，两者之间最大的区别在于“被管理”与“自管理”的差异。中国优秀企业“被管理”的特征比较明显，而西方优秀企业“自管理”的特征比较明显。这个答案与中国企业的转型和新组织的构建密切相关。

中国企业变革持续深入，“人”的影响变得越来越大，如何让“人”积极投入到价值创造活动中，就成了决定转型成败的关键因素，甚至可以说，转型的最后一战是人才之战：企业转型最终是由

“人”的转型而结束的。调动“人”的主观能动性将成为组织管理的首要目标，客户价值形态是团队创新力为企业创造主要价值，然而从现状来看，我们还远远达不到要求。这次变革需要“人”的自主性，而具有自主性管理的企业被称为“自管理组织”。

“平台”阶段的组织还不是“自管理组织”，而到了“生态”阶段，则必须是“自管理组织”，否则根本无法进行“新陈代谢”，这是基本常识。然而，一个组织的“自管理”能力需要在“链”阶段就开始培养，矩阵型结构的特征恰恰能够承担起这一企业发展使命。

## 一、何谓“自管理组织”

“自管理”也称自主性管理。自主性不是主动性，主动性是个体按照自己设定的目标行动，而不依赖外力推动的意愿，带有时效性；而自主性是个体自由地、独立地支配言行的状态，带有长效性。两者都强调从自身出发，积极进行价值创造，能够实现“自管理”的组织被称为“自管理组织”。

与“自管理”相对的是“被管理”，“被管理”是个体需要被动地服从指令，按照他人计划行事的状态。以这种方式进行价值创造活动的组织被称为“被管理组织”。当然，绝对的“被管理”或“自管理”都是不存在的，只是程度上的差别。

从企业形态进化规律可知，“自管理组织”一定呈现出一种高级组织形态，它不会出现在工业 1.0 时代、工业 2.0 时代。股东价值形态中，股东实现了自管理，精英价值形态中，精英团队实现了自管理，这都是少数人为企业创造主要价值的时代，都是“被管理组织”的时代。只有进入工业 3.0 时代、工业 4.0 时代，“自管理组织”才会出现。客户价值形态中，骨干群体实现自管理，利益相关者价值形态中，所有人都能实现自管理，都是多数人为企业创造主要价值的时代，是“自管理组织”的时代。

如今，中国企业正处于从工业 2.0 时代迈向工业 3.0 时代的关键时期，中国企业要从精英价值形态进化为客户价值形态，这是企业形态进化的分水岭，无论组织形态还是管理模式都将发生彻底改变，“自管理组织形态”和“自管理”都将为适应市场的变化而出现。生态型企业必然是“自管理组织”，其中的绝大多数“物种”具有“自管理”特点，能够自发地进行各项价值创造活动，否则如此庞大、复杂的“生态”系统如何能运行起来？但平台型企业还不能算是“自管理组织”，很多机制仍然需要强制执行。

前面提到，世界正在进入一个新时代，事物的复杂性越来越明显，不了解事物的运行逻辑，根本无法看清这个世界，对于未来的新组织也是这样。进入到“生态”阶段，无论是组织规模还是业务多样性，都是前所未有的，生态系统的复杂性决定了它不可能通过被管理实现有效运行。只有通过自管理，才能让组织管理由繁入简，这是由自管理系统的特点决定的，如表 10-2 所示。

**表 10-2 不同组织形态的管理属性**

| | 股东价值形态 | 精英价值形态 | 客户价值形态 | 利益相关者价值形态 |
|---|---|---|---|---|
| 特点 | 被管理组织 | | 自管理组织 | |
| 导向 | 以结果为导向 | 以业绩为导向 | 以客户为导向 | 以价值为导向 |

进化到“自管理组织”阶段时，企业对业绩不再有明确要求，

因为当一个组织的业绩变动与市场变化保持相同节奏时，强调业绩没有任何意义，这是自管理组织与被管理组织最明显的区别之一。股东价值形态以结果为导向，精英价值形态以业绩为导向，进入到客户价值形态时以客户为导向，而到了利益相关者价值形态则是以价值为导向。越强调业绩的组织，传统色彩越浓重。“链”阶段、“平台”阶段虽然还对业绩有所要求，但这种要求已经开始弱化，而到了“生态”阶段，业绩将不再成为衡量组织发展的主要标准（KPI、OKR 等当下盛行的企业管理理论也将彻底告别历史舞台）。这一点，可以让我们把未来新组织看得更清晰。

那么，自管理系统具有什么样的特点呢？

## 二、“自管理”的三大特点

“自管理”具有三大特点：自觉性、独立性、创造性，这是判断一个组织是否具有“自管理”特征的标准，所有“自管理组织”都充分体现了这三点，如前面所说的，采取合弄制的捷步以及全球最大的番茄加工企业晨星都是这样。

自觉性是指员工能够清晰地意识到工作的长远目标，自觉、自愿地执行或追求实现目标，其外在表现为热情、兴趣等，内在表现为使命、责任感、工作意识等，内在表现和外在表现都具有一贯性，这是一种自然而然的流露。独立性是指员工遇事有主见、不依赖他人就能独立处理事情、积极主动地完成各项实际工作的心理品质，并伴随勇敢、自信、认真、专注、责任感和不怕困难的精神。创造性是指员工无论是在思维还是实践活动中，都具有强烈的成就动机，具有不因循守旧、不墨守成规、敢于积极探索未知领域并勇于承担责任的特质，如图 10-3 所示。

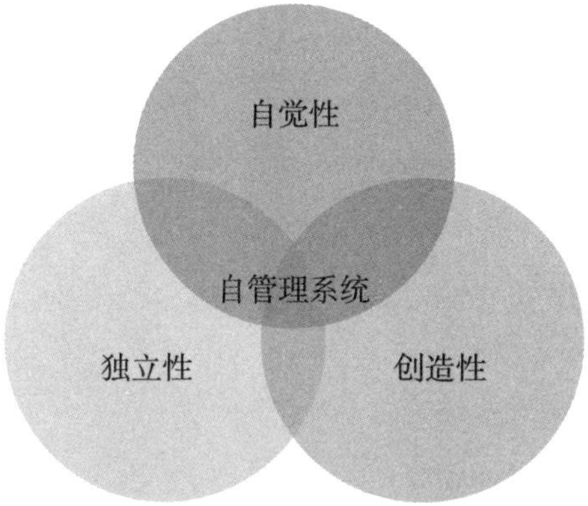


图 10-3　自管理系统的三大特点

“自管理”的三个特点并非孤立存在，而是相辅相成的，尤其是创造性，这是自主性区别于主动性的最明显标志。从某种意义上来说，没有创造性的主动性，即便被调动起来，价值也不大。同样，今天人们常说的“激活”“赋能”，潜意识中都把员工当成了被动主体，出发点已与“自管理组织”相背离。自主性绝不是主动性，主动性可以通过多种管理手段调动起来，而自主性却不行，企业必须改变组织形态与管理模式，创建“自管理”的条件。从中国企业这么多年来的管理实践中可以得出这样一个结论，即在传统组织形态和管理模式下，无法实现自管理，即便是主动性的调动都需要设计出有针对性的办法。要想实现自管理，企业形态必须进化。

管理学的发展一直以来都以解决“组织”与“人”之间的价值关系为主线，“被管理”是依靠“有形之手”，通过设计一系列的管理制度，要求“人”遵守这些“组织”规则。这种价值关系带有一定的强制性，在相对稳定的市场环境中，能够起到相当不错的效果。由于这些制度都是显性存在，因此可以称为管理“有招”，目的非常明确，一招一式也都清清楚楚。“自管理”则是依靠“无形之手”，通过意愿形成的一种相互认同的规则，“人”们自觉遵守这些规则，从而形成一种组织契约，通常以会议、约定、协议等形式体现，这种价值关系不具有强制性，是一种自愿和选择，但具有同样的约束力。由于这些规则形式多样，通常都是隐性存在，因此可以称为管理“无招”。它并不针对某一具体目标，而是要解决相关的某类问题，这种方式在变幻莫测的市场环境中就会显得异常灵活。

从某种意义上说，市场变化越稳定，如工业 1.0 时代、工业 2.0 时代，“被管理”的优势越明显，而市场变化越频繁，如工业 3.0 时代、工业 4.0 时代，“自管理”则更具有优势。什么样的市场决定了什么样的组织管理特征。今天，世界经济格局正在发生剧变，组织管理也将全面从“被管理”向“自管理”转变，“有招”要变成“无招”。

## 三、“自管理”是发挥“人”的价值

如果对“组织管理”做进一步剖析的话，可以把“组织”当成主体，而把“人”当成客体。“被管理”通常强调主体作用，其实是以一种主体视角看待管理，而从“自管理”的三大特点可以发现，它通常强调客体作用，即“人”的作用，这其实是以一种客体视角看待管理。

“自管理”的本质就是要发挥“人”的价值，因此才会体现出自觉性、独立性、创造性等特征。当市场发展越来越成熟，组织也将变得越来越开放，不仅外部力量很容易“渗透”到组织内部，而且内部构成单位之间也会越来越活跃，这让管理者们深深感到“管理”越来越难做，传统管理系统处于土崩瓦解的状态。这时就会发现，所有“创新”都受到传统模式的制约，所有的战略举措都被打了折扣，今天的中国企业正在上演这一幕。未来，只能让“人”解决自己的问题，由被动变自觉，由强制变自愿，这意味着“被管理”时代即将结束。

如今，西方的一些先进管理模式都体现出了“自管理”特征，如捷步的合弄制，晨星的自管理系统等。“自管理”的管理机制简单到不可思议，捷步的管治会议制度（Governance Meeting）和晨星的同事理解备忘录（CLOU）都没有进行复杂设计，然而就是这样简单的制度，却驾驭了一个高效的组织，所有组织成员都能有条不紊地履行自己的职责，同时让每个“人”的价值得到充分体现。

这样的机制运用到中国的传统企业中，能产生同样效果吗？显然不能。因为中国的绝大多数企业还处在一种“被管理”状态，管理者们还在绞尽脑汁思考如何激励、如何赋能。所有这些努力都在把员工往“被管理”系统推送，导致企业与员工越来越注重短期利益，管理逻辑从一开始就背离了“自管理”的方向，在这种情况下，无论多么努力地变革，企业的创造力依然只能体现精英的创造力。

对于人类而言，任何“人”本身都具有创造价值的动机以及相应的能力，只不过在“被管理”系统中，这种动机和能力通过激励、赋能被呈现出来，而它们在“自管理”系统中将会自发地呈现出来。“自管理组织”就是在为“自管理”创造这样的环境，如果我们没有意识到这一点，就根本无法构建出这样的一个组织。

## 四、从“被管理”到“自管理”

“自管理组织”都是客户价值形态，新“三支柱模型”是其管理模式特点——流程型结构、流程管理方式、角色管理基础。无论生态型组织或“自管理组织”多么令人向往，目前中国企业的管理现状远远达不到这个程度。从“被管理”迈向“自管理”是一次划时代的变革，不可能一蹴而就，需要一个较长的过程。

在这个过程中，企业需要对“被管理”系统进行彻底改造，不仅要培养“人”的“自管理”意识，更重要的是培养“自管理”的能力，这也是笔者为何反复强调现阶段合弄制之类的模式根本不适合中国企业。趋势不等于现实，原因就在于绝大多数“人”并不具有这方面的意识与能力，在相当一部分“人”的身上，我们看不到任何创造力，企业的价值创造活动依然需要在少数精英的带领下完成——流程型结构与流程管理机制在中国企业中还没有适合的土壤，如何能实现“自管理”？

能够推动企业迈向“自管理组织”的是“三引擎模型”——矩阵型结构、项目管理方式、二元管理基础，其目标就是让多数“人”的价值得以体现，从而改变“组织”与“人”的价值关系。

为何是矩阵型结构？因为矩阵型结构消灭了“分工”与“协作”，把不同的业务环节集成在一起，体现了独立性，让人们更容易看清每个业务线条、每个团队创造了多少价值，这是“自管理”的必要前提。

为何是项目管理方式？因为每个项目天然具有差异性，没有完全相同的两个项目，这种差异性使每个业务线条都必须持续创新，同时每个项目又能相对独立地运行，这也是“自管理”的必要条件。

为何是二元管理基础？在保留传统职位管理基础的同时，构建角色管理基础，让责、权、利配置在不同的角色上，扮演什么角色就会获得什么样的责、权、利，不需要被动激励、被动赋能，这种自觉性来自于人们对价值的本能追求。

“三引擎模型”是一种转型企业的管理模式，与传统管理模式有明显区别，其目的是让企业在转型过程中，逐渐出现“自管理系统”的三大特征——自觉性、独立性、创造性，为“自管理”奠定基础。通过“三引擎模型”，让传统企业逐步摆脱“被管理系统”的特点，体现出“自管理系统”的特征。当然，由于无法彻底摆脱“被管理”的特点，激励、赋能依然是这个阶段的重要内容。

从“被管理”到“自管理”，是组织发展的一次飞跃，今天的传统企业已经到了不进化就要“灭种”的地步，这是市场发展的必然要求，它遵循了“物竞天择、适者生存”的生态法则。

附录一

# 组织形态管理理论研究成果

以下是在组织形态管理理论基础上已开发出的研究成果，其中有些在本书中已有介绍：

1. 市场生态发展规律
2. 企业形态进化规律
3. 人性特征演变规律
4. 四种组织形态假说
5. 企业形态进化规律
6. 企业形态 DNA——四种基因片段
7.10S 企业组织形态分析模型
8. 企业进化—危机线路图
9. 价值创造能力结构演变规律
10. 股权结构演变规律
11. 治理结构演变规律
12. 组织结构演变规律
13. 人才结构演变规律
14. 价值单元结构演变规律
15. 管理基础结构演变规律

16. 产品结构演变规律
17. 客户结构演变规律
18. 文化结构演变规律
19. 商业模式演变规律
20. 竞争模式演变规律
21. 绩效管理演变规律
22. 薪酬管理演变规律
23. 人才管理演变规律
24. 集团管控演变规律
25. 决策模式演变规律
26. 权力治理演变规律
27. 质量管理演变规律
28. 新商业时代三大竞争战略
29. 传统企业“三支柱模型”
30. 转型企业“三引擎模型”
31. 新组织“三支柱模型”
32. 传统企业转型组织变革三部曲
33. 集团管控黄金法则
34. 二元人力资源管理体系
35. 现代组织激励模型
36. 薪酬管理 4E 模型
37. 人力资源管理演变规律
38. 新组织设计方法论

## 附录二

# 参考文献

1. 杨少杰 . 进化：组织形态管理 . 中国发展出版社，2014

2. 杨少杰 . 集团人力资源管控 . 经济管理出版社，2013

3. 杨少杰 . 互联网时代，企业哪个部门先消失 . 企业管理，2015

4. 杨少杰 . 从“权瘦身”到“权分身”. 企业管理，2015

5. 杨少杰 . 从“龟兔赛跑”看转型企业文化再造 . 企业管理，2015

6. 杨少杰 . 项目管理的“前生”“未来”与“今世”. 企业管理，2015

7. 杨少杰 . 传统银行组织结构变革三步曲 . 中国银行业，2016

8. 杨少杰 . 互联网时代企业培训趋势 . 现代企业文化，2015

9. 杨少杰 . 社群时代新组织的变革：从“同一”走向“统一”. 哈佛商业评论，2016

10. 杨少杰 . 新商业变形记 . 商界评论，2017

11. 杨少杰 . HRBP 是如何成为鸡肋的 . 人力资源，2015

12. 杨少杰 . 引入流程，化解绩效“硬伤”. 人力资源，2015

13. 杨少杰 . 企业转型，宽带薪酬正当时 . 人力资源，2015

14. 杨少杰 . 从“金字塔”到“扁平化”. 人力资源，2016

15. 杨少杰 . 四问全流程绩效管理体系 . 人力资源，2016

16. 杨少杰 . 集团管控“三引擎”. 人力资源，2017

17. 杨少杰 . 编程合伙人制度，模式不简单 . 人力资源，2019

18. 杨少杰 . 从职位管理到角色管理 . 人力资源，2019

19. 杨少杰 . 扁平≠高效 . 首席人才官，2016

20. 杨少杰 . 从职能到流程，矩阵型组织结构的“宿命”. 首席人才官，2016

21. 杨少杰 . 图解人才结构演变 . 现代商业银行，2016

22. 杨少杰 . 传统企业转型“三引擎模型”. 现代商业银行，2017

23. 杨少杰 . 也谈能力素质模型与任职资格的异同 . 现代商业银行，2017

24. 杨少杰 . 高管与合伙人 VS 职位管理与能力管理 . 现代商业银行，2017

25. 杨少杰 . 新组织设计才是企业最大战略 . 现代商业银行，2017

26. 杨少杰 . 工业互联网与组织新模式 . 中国工业和信息化，2018

# 后 记

距 2014 年组织形态管理理论正式提出已经 6 年了。刚开始鲜有人问津，在这少量的读者当中，还有相当一部分反映，理论内容比较“烧脑”，这个反响让我始料不及，本以为这套理论能够为中国即将开始的大变革提供一些理论支撑，现在看来是提前了，而且早了很多年。

这几年情况有了明显变化，由于中国经济形势发生剧变，中国企业普遍面临转型危机，于是纷纷寻求新组织变革之道。人们开始注意并接纳这套理论，甚至有了一些追随者，越来越多的人认知到它的价值，几乎每天都能收到来自全国各地的问候，甚至还有一些外国同仁。令人感到欣慰的是，有些企业已经能够灵活运用这套理论解决实际问题，并取得了令人振奋的成绩，这也让我倍感荣幸。

从经济发展规律来看，中国企业变革已迫在眉睫，希望这本书能够对危机中的企业有所帮助，在本书完成之际，用下面这篇短文表达一下个人感受。

“企业形态的演变是在残酷的市场生态中完成，新型组织形态都是在尸横遍野中诞生，众多倒下的企业支撑着少数企业站立，没有突破瓶颈的主要原因是没有突破人性的桎梏，与其说是企业瓶颈倒不如说是人性瓶颈更准确，所谓‘胜己者强’，战胜自己才是真正的强大，而战胜的那个‘己’即人性，这也是我对杜邦肃然起敬的根本原因。

20 世纪末，相当一部分中国企业遇到了第一次瓶颈，这些企业开始从股东价值形态向精英价值形态转变，立刻遇到前所未有的危机，当时也出现了一次中西、古今管理思想的大碰撞，为这次企业变革提供理论支持。虽然在‘变形’过程中倒下了一大批知名企业，但也有一少部分企业顺利实现转变，为中国企业的发展打开了一个新局面，同时也直接导致一大批精英从瓶颈企业中脱离出来，走上了自主创业的道路，这些精英吸取了失败的教训，对企业管理模式进行根本改造，终于顺利通过第一次发展瓶颈。

如今，中国坚定不移地走深化改革的道路，必然与全球产业价值链结合得更加紧密，中国企业的价值特征将明显发生改变，一些优秀企业开始向客户价值形态转变，这些企业将面临第二次发展瓶颈，这次瓶颈相对于第一次而言难度更大，‘人’的价值特征在这个阶段需要实现历史性的突破。西方优秀企业之所以有今天的成就，很大一部分原因是在工业革命之前经历过多次思想解放运动，前前后后经过四个多世纪，每一次思想运动都使‘人’的价值性得到一定程度的提升。

改革开放以后，中国企业虽然取得了很大的成绩，但是整体来看与世界先进企业还存在明显差距，中国企业多数是资源提供者、标准化制造者，而先进技术多数被西方企业所掌握，产业价值链上的价值也更容易流向这些企业，各项人均指标远远高于中国企业。由于缺乏创新力，中国鲜有优秀企业出现，甚至于西方淘汰的技术在中国产业生态中都能成为先进的代表。产品技术创新仅仅是低层次的创新，高层次的创新是思想制度创新，但这一点中国企业还无法企及。创新力是一种价值创造能力的组合，强调个体之间价值创造能力的互补，这并非短时间内能够形成的，对中国企业而言任重而道远。

全球经济发展趋势以及中国坚持改革开放的决心，必将使中国企业转向开放型组织，历史转折点出现在中国企业面前，这次进化将彻底改变中国企业形态的整体格局，将会有越来越多的企业摆脱低级组织形态。对中国企业家而言，这是一次历史性的挑战，由于封闭型组织不具备主动变革的意识，因此只有具备大智慧、大气魄、大胸怀的变革者，才能力挽狂澜，承担这次变革的历史使命，成为企业生命历程中的传奇。”

本文摘自《进化：组织形态管理》一书正文，对中国即将发生的变革做了预判。时至今日，再次看到这段话时，感慨万分，只想说这次中国企业管理需要一次彻底的格式化，建立一套新的管理系统与管理思维，否则根本没有可能完成这次历史性的转变。

杨少杰

**图书在版编目 (CIP) 数据**

组织结构演变：解码组织变革底层逻辑 / 杨少杰著 .
—北京：中国法制出版社，2020.11
ISBN 978-7-5216-0853-3

Ⅰ .①组…　Ⅱ .① 杨…　Ⅲ .①企业结构－研究
Ⅳ .① F272.90

中国版本图书馆 CIP 数据核字（2020）第 184138 号

责任编辑：潘孝莉　陆伶楠　　　　封面设计：汪要军

---

**组织结构演变——解码组织变革底层逻辑**

ZUZHI JIEGOU YANBIAN——JIEMA ZUZHI BIANGE DICENG LUOJI

著 / 杨少杰

经销 / 新华书店

印刷 / 三河市紫恒印装有限公司

开本 / 880 毫米 ×1230 毫米　32 开　　　　印张 / 11.75　字数 / 282 千

版次 / 2020 年 11 月第 1 版　　　　2020 年 11 月第 1 次印刷

---

中国法制出版社出版

书号 ISBN 978-7-5216-0853-3　　　　定价：69.00 元

北京西单横二条 2 号　邮政编码 100031　　　　传真：010-66031119

**网址：http://www.zgfzs.com**　　　　**编辑部电话：010-66038703**

**市场营销部电话：010-66033393**　　　　**邮购部电话：010-66033288**

（如有印装质量问题，请与本社印务部联系调换。电话：010-66032926）